《清明上河图》里的中国

杜恩龙夜品古代名画

杜恩龙 编著

上海教育出版社

图书在版编目（CIP）数据

《清明上河图》里的中国：杜恩龙夜品古代名画 / 杜恩龙
编著. — 上海：上海教育出版社，2021.6
ISBN 978-7-5720-0607-4

Ⅰ. ①清… Ⅱ. ①杜… Ⅲ. ①城市史 – 研究 – 开封 – 宋代
Ⅳ. ①K296.13

中国版本图书馆CIP数据核字(2021)第116360号

策　　划　　陈杉杉
责任编辑　　陈杉杉
装帧设计　　陈燕静

《清明上河图》里的中国：杜恩龙夜品古代名画
杜恩龙　编著

出版发行　上海教育出版社有限公司
官　　网　www.seph.com.cn
地　　址　上海市永福路123号
邮　　编　200031
印　　刷　上海雅昌艺术印刷有限公司
开　　本　700×1000　1/16　印张 24.25　插页 4
字　　数　348 千字
版　　次　2021年6月第1版
印　　次　2021年6月第1次印刷
书　　号　ISBN 978-7-5720-0607-4/K·0008
定　　价　128.00 元

如发现质量问题，读者可向本社调换　电话：021-64377165

自序　我与《清明上河图》的因缘

小时候我在美术课本上看《清明上河图》，觉得很别扭，人物不舒展，又没有颜色，线条不美，就是不喜欢。

后来，到了一家美术出版社工作，耳濡目染，渐渐对美术有了一点认识，也开始有了一点兴趣。曾经有一段时间非常想策划一本关于小学美术课本背后的故事的书，由此开始关注《清明上河图》。有一次出版社一位新编辑的书稿中用了一张注明为张择端《清明上河图》的图片，我当时负责书稿审读工作，感觉不是张择端的，就建议编辑更改。编辑跟作者（一位权威）电话联系，作者说图片没有问题，就没有改。就这样书印出来了，后来总编辑把我叫去，问为什么这样粗浅的错误都没有审读出来。我把和编辑的交流情况原样说了一遍，总编辑只能表示遗憾。当时，对《清明上河图》的版本没有专门研究，仅仅知道不是张择端的，后来通过查阅资料才知道，作者把清院本《清明上河图》错当成了张择端的了。

再后来，到了大学里的编辑出版专业教书，别出心裁地给学生讲连环画，才发现《清明上河图》妙趣无穷。

前几年，在开封开会，非常想买一件高质量的《清明上河图》复制品，跑了很多地方，没有一种好的，很是失望。

2015年11月，北京大学肖东发教授组织举办"中日韩雕版国际研讨会"，会议期间参观著名书籍装帧艺术家、版画收藏者姜寻先生的工作室，有一家古画复制机构的复制品还不错，花2000多元买了一轴。回来经常把玩，获益不少。

在实际的教学过程中，我发现编辑出版专业学生的艺术素养需要提高，为此，开始尝试讲述《清明上河图》等古典艺术品。由此，开始关注宋代，又开始研究文人雅集。我发现宋人十分风雅，王诜、苏轼、黄庭坚等人参与的"西园雅集"令人神往。

因为此图有趣，在教学研究中小有收获，自己也受到鼓舞，开始刻意寻找中国长卷（手卷）故事性绘画。又开始研究《洛神赋图》《韩熙载夜宴图》《千里江山图》《虢国夫人游春图》《元人秋猎图》《姑苏繁华图》等，在追溯这些绘画之源时，又开始关注、研究汉代画像石，并撰写了一系列的讲义。在没有照相机的时代，这些绘画记载了当时社会大量的生活场景，十分珍贵，对研究当时社会的方方面面有很大帮助。

在这一研究过程中，我发现，一件古代的艺术品，它不仅仅是一件艺术品，而是多元信息的复合体，其中携带大量的历史、文学、民俗等信息，单单从一个学科来研究是远远不够的，是无法彻底解透其中内涵的，需要从多学科的角度来审视，才有可能进入堂奥。但是，跨学科做研究的难度很大，很多问题需要查阅、考证，稍有不慎就容易出错，但是乐在其中。

总体来讲，我的这些讲义只是一个引子、一条线索，想由此引出一系列有趣的话题供大家讨论。

在这一研究和教学过程中，我深深地感到艺术奥妙无穷，让人入迷，让人忘忧，让人不知疲倦。自己好像进入一个妙趣横生的宝库，令人目不暇接，真后悔怎么不早点开始探寻艺术中的奥秘。

为了研究、讲述这些艺术品，我买了大量的书，其中，中国国家博物馆研究馆员孙机先生的《中国古代物质文化》对我启发很大，读孟晖、祝勇的书也获得了很多启发，吴钩的《宋：现代的拂晓时辰》让我获益良多，深深感悟到宋朝的伟大，也从这本书中获得了大量的有益资料。

为了让非出版专业学生也能受益，我开设了"《清明上河图》中的宋代社会""中国古代艺术与文化"两门全校公选课。这本书稿实际上是前者的讲义合集。

我提出了"阅图推广"概念。

在讲课过程中，我发现学生对古代艺术与文化很感兴趣，只不过向他们介绍这些知识时需要用他们喜欢的形式，否则，效果可能不佳。同时，我也在河北省图书馆、山西省图书馆、辽宁省图书馆、北京印刷学院、浙江传媒学院、保定市图书馆等场所举办了关于《清明上河图》《洛神赋图》《韩熙载夜宴图》的相关讲座。在这一过程中，我深深地感到大学生、社会大众对古代艺术品的了解很有限，逐渐意识到"图"的重要性，于是提出了"阅图推广"的概念。阅读推广已经成为社会共识，阅图似乎应该在阅读之中，有必要单独列出来吗？我觉得很有必要。

这些也让我开始思考阅图的相关问题。我觉得这应该是现代人的基本能力，不会阅图的人将会被时代抛弃。我也在思考人们为什么需要阅图？人们为什么更喜欢阅图？

（一）图片的优势

图片比较直观，比文字更加生动，视觉冲击力强，具备较强的可感知性，更加吸睛。1973 年美国心理学家斯图丁做了一项实验，实验证明图片比文字更易记，这被称为"图优效应"。从阅读取向上来讲，当图文并置的时候，人们在心理上更愿意阅图。这些都源于图片的特殊表达力。很多人拿到一本书后，习惯于快速翻一遍，看看有哪些图片。

互联网时代更使图片大行其道，图片的作用发挥得淋漓尽致。现在各种各样的新媒体引导阅读点击的链接都会使用图片，网络文学、手机 App、淘宝网店、直播平台，等等，都在充分发挥图片引导阅读的作用。商品推广需要图片；微信、微博需要头像；网络文学需要封面；抖音、喜马拉雅的每一个内容都需要一张图片的引导（链接）……在新闻报道行业，许多新闻事实难以用文字描述，一张现场照片就能够轻易做到。

图片更加可信，我们经常讲眼见为实，我们更愿意相信看到的东西，尽管有时也不一定是真实的。

图片的力量是巨大的。2015 年 9 月 2 日叙利亚小难民照片在网络上火爆后，原来在难民问题上立场一直很强硬的德国马上改变了态度。1972 年 6 月《越战中的女孩》照片发布以后，在美国引起巨大的反战潮流，直接加速美国结束越战的进程。

一图抵千言。有些东西，你用语言文字描述半天，大家也还是没有印象，展示一张图片，大家立刻明白了。比如，你在介绍一个人的长相时，任凭你表达能力如何高超，听者也很难在这个被描述的人出现在面前时很快辨别出来。但是，如果展示此人的一张照片，就很容易辨认了，所以身份证上面一定要有照片。

美国出版业领袖玛丽莲·罗斯和汤姆·罗斯合著的《售书攻略》中说："我们生活在充满视觉刺激的世界中。据研究，出版物中印刷上图片会增加一篇文章 35%—40% 的读者缘。"

阅图没有门槛，很轻松。应该说，图片也是无国界的，任何人都能阅图，不需要翻译。阅图不需要识字，不需要做前期准备。文字书读累了，看看图，往往还能减轻疲劳。

一本书如果没有图片，简直不可思议。

（二）早期人类的阅读就是阅图

人类最先看到的世界是图像的世界，文字是后生的。据现代考古所知，世界上最早的文字是古代苏美尔人的楔形文字，距今已经有 5200 多年的历史。而人类早在动物时代就在观察周围的图像世界。文字是对图像世界间接、抽象的描述，图像才是最直接的。图画是艺术门类中最具普遍性的一种。早期人类的阅读就是阅图。古往今来，世界上的主要文明最初的文字都是象形文字，也就是每一个字都是图画。古苏美尔早期楔形文字、古埃及象形文字、中国的甲骨文、玛雅古文字无一例外。随着文字使用频率的提高，人们为提高书写速度逐渐把文字抽象化，才与图形相脱离，我们的汉字至今还能看到图的影子。这恐怕也是人们更愿意亲近图片的原因之一。

阅图是读字的引导。直到现在，儿童开始读书，读的都是图画书。然后，以图识字。有些看不明白的原理，用一张插图往往就能让大家明白。

（三）阅图决定雅与俗

人们都向往雅的生活，但是，区分一个人的雅与俗主要是看他的艺术修养，艺术也是一种文明的标志。根据马斯洛需求曲线，艺术是金字塔顶的需求，是人们富足以后的一种更高追求。应该说，我们现在的很多人富而不贵，而贵一定是和艺术联系在一起的。富而不贵，就是暴发户的形象。如何改变，就是增加艺术修养，阅图是一个重要方式。

阅图，尤其是读画直接关系到审美。审美应该是这个时代人们的普遍性需求，不应该是少数人的专利。唤醒大家的审美意识，培养大家发现美、创造美的能力是阅读推广活动者应承担的责任。艺术教育是教育事业的重要组成部分，是国民基础教育不可缺少的重要内容。艺术教育水平的高低已经成为衡量一个国家教育水平的标志之一。艺术教育是素质教育的重要方面，是推进素质教育的重要途径。艺术教育的根本目的在于培养学生的审美能力、人文精神和道德情操。一个人的审美教育除了课堂教育以外，更重要的在于自修和体悟。艺术修养的提高是一个缓慢的过程，通过阅图使得一些艺术观点、知识内化为自己的基本细胞，日积月累，你的谈吐、举止、衣着慢慢就会变得优雅起来。

阅读不一定通过图书来实现，参观美术馆、艺术馆、博物馆也是阅读的方式之一，是提升艺术素质很好的方法。目前很多人的艺术素质不够理想，有不少人对艺术常识很陌生，有不少人想了解一些艺术的知识，又不知道从何学起。据调查，大学生对图画了解有限，不少大学的公共艺术课选修人数不多，上课看手机倒是很多，艺术素质有待提高。这也是我们提倡阅图的原因之一。

在欧洲，一个家庭妇女随便就能说出几十位著名艺术家的名字，在我国这简直是不可想象的。这些年来，我们国家的美术馆、博物馆数量飞速增长，为我们读画提供了很好的条件。博物馆的古代器物都是立体的绘画，隐藏着大量的历史、文学、艺术信息，更具审美价值。

我主张阅图，也身体力行，为了鼓励学生阅图、引导学生阅图，我开设了"《清明上河图》中的宋代社会"课程，还专门准备了"《洛神赋图》中的文学与艺术""《韩熙载夜宴图》中的历史与艺术""解密《姑苏繁华图》""《千里江山图》解析""从敦煌壁画看丝绸之路上的文化与艺术""汉代画像石中的历史与文化""故宫建筑文化""墓室壁画中的历史与民俗""寺观壁画""古埃及文明""古代西亚文明""铜镜文化"等讲义。完全是图式思维，讲义中大量使用图片，通过这些历史图片的分析，告诉大家如何阅图，如何读出图片背后隐藏的信息。其中"《清明上河图》中的宋代社会""《洛神赋图》中的文学与艺术""《韩熙载夜宴图》中的历史与艺术"在河北省图书馆、山西省图书馆、辽宁省图书馆、浙江传媒学院等处做过多次专题讲座，反响很好。

（四）图中有万物

图画是人类记录、表达的一种工具，可以承载丰富的内容，举凡历史、文学、艺术、科学、服装、建筑、农业、地理、医学等都可以通过图片来呈现。历史上的绘画承载的内容几乎是百科全书式的，敦煌石窟壁画尽管主要是为了宣传佛教，但是涉及很多农业、科技、服装、建筑、音乐、舞蹈、外交、民族、医药等方面的知识，当时社会中存在的东西几乎都有反映。敦煌壁画等很多图片中的内容是文字载体所没有的，具有唯一性，图片具有不可替代性。如果不读这些图片，我们就无法获取相关知识。

部分图片具有佐证文字的功能。很多文字性描述难以让人们形成完整清晰的印象，如果有相关图片，就能很好地诠释文字的内容。比如，汉代的画像石对汉代文字文献的佐证作用十分明显，对汉代的服饰、发式、器具、习俗都有很好的呈现，而这些仅凭文字文献的描述是远远不够的。敦煌壁画对隋唐等朝代的服装、农耕、音乐表演、建筑都有很好的佐证作用。没有这些图片，相关研究就会失去很多依据。

由于时代的变迁，社会风俗、制度的变化，有些图片中的内容已经不为当代人所知，需要解读，阅图也需要一定的知识储备和技巧。

（五）阅图容易上瘾

阅图，尤其是读画容易上瘾。历史上的大藏家都是读画上瘾的人，他们为读画废寝忘食，甚至达到痴迷的程度。有的人为一张画不惜用美人交换，甚至不惜倾家荡产。宋代的徽宗皇帝，明代的项子京，清代的乾隆皇帝，近现代的徐悲鸿、张大千、张伯驹等都是看画上瘾的人，这样的人举不胜举。绘画市场正是靠这些看画上瘾的人来维持运转的，他们共同托举了绘画市场的蓬勃兴旺。应该说，看画上瘾需要一定的物质基础，也就是丰厚殷实的家产，在古代具有看画上瘾条件的人不是很多，现在随着社会财富的极大丰富，很多人已经具备了条件。尤其是随着现代复制技术的发展，很多优秀艺术品的复制品已十分精致，而且化身亿万，数量巨大，几乎人人都有机会欣赏传统优秀绘画。

（六）图片内容具有多元性

一幅图片往往具有多种内容，就形式上讲有颜色、线条、轮廓等，内容方面更是具有多元价值，比如服饰、制度、建筑、习俗、车马、船只、器物，等等。同时，不同的人由于知识储备、兴趣不一样，看到的内容可能也就不一样，引发的感想也会不一样。所以，同一幅图，对不同人的价值可能相差很大。

（七）满足快读需求

现在的人们被互联网追逐，疲于奔命，加上工作压力，很少有大把时间来读书，而阅读长篇文字需要大量时间。图片却能满足快读的需求，一目了然。

总之，图与文都是人类文化记录、传播的工具，二者相辅相成，都具有独到的价值和用途，不能互相替代。读书重要，阅图同样重要，二者是车之两轮、鸟之双翼，不能分裂、分割。过去，我们对文字书阅读强调多了一些，现在我们应该把阅图提到一个新的高度，才能更接近阅读的本质，使阅读更全面，也更加符合时代的要求。

目　录

《清明上河图》里面的世界

写在前面

（一）警惕以古为美

凡是崇古、尚古、复古者都涉嫌对古代进行夸张甚至美化、理想化。文艺复兴时期对古希腊、古罗马的崇尚，韩愈的古文运动，中国人对宋元绘画的膜拜无不如此。我们反对把宋代理想化，同时也反对把宋画理想化。宋代绘画确实达到了很高的水平，但是，不可避免还是存在一些问题。如果把宋画理想化，那就意味着国画的发展到了宋代就停止了，这显然不符合绘画史的真实。

（二）"雅者为王"的时代

时下有不少"王"论，诸如知识为王、创意为王、能力为王、财富为王、美貌为王、技术为王等，从一定意义上来讲这些说法都不错，但是就生活品质而言，我认为应该是"雅者为王"。雅会提高你的外观形象，让你显得高贵、典雅，让周围的人顿生敬意，让你活得有尊严；雅能提高你的自信，能让你感觉到生活的美妙与价值。

应该说，由于国家和社会的富足，现在大家都不愁吃穿，我们不禁要问：人们下一步的发展在何方？我认为下一步的发展在艺术。富贵不能淫，但是富贵能艺。富了不在艺术方面发展，就可能会滋生赌博、嗜酒、吸毒等不良嗜好。君不见那些城中村因拆迁暴富的人很多染上了恶习，有些人不仅把钱败光，还欠了很多债，甚至进了监狱。

马斯洛 1943 年出版了《人类动机理论》，将人类需求从低到高依次分为生理需要（physiological needs）、安全需要（safety needs）、社会需要（social needs）、尊重需要（esteem needs）、自我实现需要（self actualization needs）。艺术就属于最高的两个层次的需求。随着社会的发展，随着社会财富的增加，食品等基本的生活消费在居民消费总额中的比例越来越低，而艺术等高层次消费占比越来越高。这是一个普遍的规律。

未来是"雅者为王"的时代。

何谓雅？相对俗而言，不好确定一个明显的界限。举凡言谈举止、穿衣戴帽等都能体现雅与俗。但是有一点是肯定的，那就是艺术是区分雅与俗的重要指标。

雅是我们向往的，但是如何变雅？读书、学点艺术都可以使我们变得雅起来。读书让我们知书达礼，礼就是规范化、艺术化的行为。学点艺术使我们懂得构图、艺术风格、美学名家、色彩搭配方式，等等。近些年来，有不少年轻人穿洞洞装，且不说洞洞装美不美，但是，可以肯定的是，洞洞装绝对不算雅。有些人装修房子，满屋子的金碧辉煌，但是可能让你更觉得很俗，为什么？还是一个审美问题。学一点艺术，最起码可以让我们少一点俗气，多一点雅致。

忘记哪位朋友说过一句话，令人印象深刻，他说："美貌靠遗传，雅致靠培养。"美貌自己决定不了，只能靠遗传。而气质却是靠后天熏陶、培养出来的。

缺乏艺术修养的人可能会把俗的东西当成雅来追求，让人觉得可笑，艺术是辨别雅与俗的重要参照。

艺术不仅让人变雅，同时，艺术让人变得有趣，感到生活有意思。喜欢收藏的人都需要一定的审美能力，器物的外观是一个重要的鉴赏部分。如果一个藏家的艺术修养不高，可能把一些不值得收藏的器物收藏了，甚至上当受骗，这样的人很难成为收藏家。

我认为雅的表现主要体现在以下方面：

（1）庄重。无论男女，庄重都是重要的，也是自重的表现。对于女人来讲，化妆不宜过于艳丽，要恰到好处，像苏轼说的那样，"浓妆淡抹总相宜"。

（2）懂礼。待人有礼是雅的重要表现，彬彬有礼永远让人尊重，比如尊师尊长。

（3）张弛有度，不慌张。遇到任何事情要镇定，慌张解决不了问题，只能增加麻烦。同时，对待任何事情都要把握合适的度，进退要有分寸，凡事有节制力，喜怒有常。

（4）有内涵。有知识，秀外慧中，开口就让人肃然起敬，用学识征服了他人。

（5）善良，知恩图报。有慈悲心、同情心。人们因善良而美丽，美丽却不等于善良。感激那些帮助你的人，滴水之恩，涌泉相报。人的一生需要很多人的帮助，只有知恩图报，才会有更多的人愿意帮助你。

（6）气质好。气质要靠长期养成，不是一朝一夕能够速成的。容颜日渐衰老，气质却可以日渐高贵。

（7）不在公众场合大声喧哗。

（8）就餐文雅。就餐不发出大声音，不要站起来夹菜，不在盘中翻捡菜。

（9）服饰得体。不妖艳、不夸张、不暴露。雅不在于穿多名贵的衣服，通过穿名牌服装来提升自己外在形象的行为是一种不自信的表现。

（10）整洁、干净。保持居所、服装、个人形象等整洁干净。

（11）自信。走路抬头挺胸，腰杆笔直。

（12）倾听别人，赞美别人。学会倾听是对别人的最大尊重，不要轻易打断他人谈话，不要吝啬赞美他人。

（13）宽容，得理也要饶人。宽容的气度是让别人高看一眼的重要因素。

（14）兴趣高雅。比如，书画、音乐、读书等。

（三）艺术痴语

艺术诞生于何时，何为艺术？考古学家已经发现了距今3万年以前的笛子，是用动物的胫骨制作的。人们究竟是为什么发明艺术？难道是和动物一样为了争得异性的青睐？我们在自然界经常看到雄性动物一般都比较漂亮，雌性动物都愿意接近漂亮的雄性动物。

有人说艺术起源于巫术，有人说艺术起源于模仿，有人说艺术来源于游戏，在这一问题上可谓是众说纷纭，很难有一个统一的结论。我不是艺术史专家，更不可能断定孰是孰非。

20世纪分析美学家魏茨说："我们总是寻找艺术的单一的定义，这是错误的，如果我们非要给他一个定义的话，艺术应该是一个开放的概念。"

艺术诞生于何时是一个争议连连的问题。

墨子说："食必常饱，然后求美；衣必常暖，然后求丽；居必常安，然后求乐。为可长，行可久，先质而后文。"一些人拿着奥运会赛跑的视频找非洲的酋长，让他提供赛跑运动员。酋长看后说："我们不会在前面没有兔子时奔跑。"

有人说，原始先民吃不饱、穿不暖，没有心思审美。难道真是这样的吗？

我们不能以现代人的眼光审视原始先民，人类的近亲大猩猩吃饱喝足了，也很高兴，也会玩耍。有人说艺术来源于游戏，在吃饱喝足以后就可能有艺术的追求。原始先民未必像我们想象的那样吃不饱、穿不暖。20世纪30年代考古学家在北京西郊距今约3万年前的山顶洞人遗址发现了用兽牙钻孔制成的项链。说明人们已经有了审美意识。

同时，我们也不要把原始人类看成是每个人都平等的个体，在同一个原始群落中，有首领和一般人之分，一般人获取食物、身体覆盖物有困难，但是首领可能是衣食无忧，他们则可能会有艺术的需求。

有些艺术史家把洞穴壁画作为艺术的起源，但是一些社会学家通过研究认为：原始洞穴壁画不是审美活动的产物，而是巫术崇拜的产物。人们在绘制的动物身上绘上箭头、标枪等，以此来期望在实际的狩猎活动中获得更多的猎物。

美是客观的，美也是主观的，关于这一点一直有争论。

以我个人的体验来说，艺术让人放松，让人忘忧，让人痴迷。酒不能解忧，借酒浇愁愁更愁。一个不懂艺术的人少了人生一半的快乐，对知识分子尤其如此。有些人很有钱，但是感到不幸福，我认为关键是不懂艺术。艺术中的乐趣是无穷的，一旦进入，奥妙无穷。

中国现在已经是奢侈品消费大国。奢侈品最大的特点就是设计制作精美，艺术含量高。苹果公司之所以能够胜出，就是把技术做成了艺术。过去，我们努力吃饱穿暖，外观设计哪有那么重要。现在，人们开始追求更高的生活质量，产品的艺术含量自然就成为一个非常重要的指标。当一个人需要用一种产品彰显自己身份的时候，它的实用功能已经不那么重要了，其外观设计反倒是最被看重的因素。奢侈品正好满足了这种需要。

通过观察全球奢侈品品牌地区分布，我们发现一个有意思的现象，意大利生产的奢侈品占据全球 1/3。汽车类奢侈品品牌法拉利、兰博基尼、玛莎拉蒂都产自意大利。意大利一直是欧洲的文化中心、艺术中心，文艺复兴发源地，是大画家、大艺术家的聚集地。产生过无数的艺术大师，如达·芬奇、乔凡尼·贝里尼、米开朗琪罗、拉斐尔等。

奢侈品的另一个重要产地是法国，法国历史上就是一个艺术氛围浓厚的国家，莫奈、塞尚、梵·高、高更等大师都出生于法国。历史上法国、意大利是欧洲王公聚集地，他们聚集在巴黎、罗马、米兰等城市，他们是最初的奢侈品的消费群体，是他们培育了奢侈品的消费市场。文艺复兴时期艺术的最大金主美第奇家族就住在意大利的佛罗伦萨，没有美第奇家族的订单，很多文艺复兴时期的艺术杰作可能就无法诞生。

同时，艺术会让人专注，无论是对欣赏者来说，还是对绘画者来说都是一样。很多艺术家几近疯狂，实际上是一种痴迷。梵·高、八大山人、徐渭等无不如此，艺术需要这样的疯狂，这种疯狂实际上是一种超级的专注。有些人收藏艺术品也达到了疯狂的程度，唐太宗李世民、宋代的徽宗皇帝、明代的项子京、清代的乾隆皇帝等都是如此。他们为得到一件艺术品，往往使尽各种手段，他们也是艺术品市场的培育者。

（四）中国产业的三次转型

从改革开放到现在，我国大致经历了三次产业转型，第一、第二次产业转型已经完成，第三次产业转型正在进行中。

第一次由传统制造业向劳动密集型产业转型，就是发源于珠三角的"三来一补"产业模式，这些产业技术在国外、设计在国外、市场在国外，仅仅是利用中国的廉价劳动力，产品上看不到中国元素。

第二次由劳动密集型向技术密集型转型。随着我国技术的进步和世界潮流的发展，我们也开始向技术密集型产业发展，这些产业需要高端技术，产品附加值高，利润空间大。但是，我们的产品设计严重落后，产品的实用功能尽管已经很好，但外观设计饱受诟病，虽然占据了很大的市场份额，但是形象不好，而且没有中国符号，没有中国元素。

第三次产业转型是由技术密集型向文化艺术密集型（文创，实际上是艺术）转型。只有文化艺术密集型的产品才代表中国精神、中国符号。"三来一补"再发达，也是替别人创品牌。现在全社会、全世界最流行的是文创产业，而文创产业一定是艺术密集型产业。所以我们关注艺术，不仅有利于自己，也有利于国家和产业转型，这是一个战略问题，不是一个小问题。随着中国产品文化艺术含量的提高，中国元素会逐渐在国际社会流行，随着中国产品走出去，文化自然走出去，使得中国真正成为一个文化输出大国。

这些年来，在世界走向全球化的进程中，我们迷失了，实际上我们忽视了中国元素。随着房地产市场的疯狂发展，全国 600 多座城市外观雷同，传统建筑风格、建筑语言消失殆尽。当你在城市漫步的时候，你可以随意停下来，眼睛 360 度扫视一圈，你几乎发现不了中国元素；我们的服装也是西式的，几乎看不到中国传统服装。一个大国要想在世界立足，一定要有自己的东西，尤其是文化层面的东西。

中国人为什么在日本等国扫货？我们的产品和国外的产品最大区别在于外观设计，功能并无太大差异。我们不舍得在设计上花钱、下工夫，产品外观不雅。比如，本土汽车设计大多能看到外国车的影子，我们在车辆设计中独创性很少，说明我们的整体设计水平还有待提高。产品外观设计不精美，说到底还是一个民族艺术修养的问题。当然，提高民族艺术修养需要一个过程。

（五）文明也要靠艺术

提高人的素质，艺术的熏陶很重要。衣食足而知礼节，礼节就是行为上的雅，行为上的艺术。很多外国人认为中国人不文明，很多也是认为中国人不懂艺术，或者艺术修养不高。大学生、社会大众应该懂点艺术，知道如何欣赏一件艺术品或一场演出。

艺术涉及个人生活的方方面面：行为的艺术、言语的艺术、服装的艺术、用品的艺术、居住环境的艺术等。凡是让我们舒服的地方一定是艺术元素密集的地方。

（六）快就美吗？

艺术需要从容与淡定，慢工出细活。我们的传统匠人往往几十年只从事一种工作，慢慢悠悠，精雕细琢，但是，几乎每一件作品都是艺术品。

受西方工业化的影响，我们开始以速度为美，快就是好，但是快带不来幸福。应该说，我们这个时代最缺乏的是从容与淡定。我们整天像被老虎追着屁股一样狂奔，虽然衣食无忧，但是大家的幸福感并不高。我们每天以飞人刘翔的速度去奔跑，也是一百年，吟着诗，品着茶，慢慢悠悠，也是一百年，何者幸福不言而喻。所以，现在有人提出要过慢生活，把生活过出诗意来。这里的诗意，很多是生活的艺术。

（七）高净值人群与中国艺术市场

我们经常在媒体上看到，某件艺术品拍出了天价。其实，这些艺术品的价格被推高和普通的艺术品爱好者关系不大。"据瑞士学者拉斯·特维德研究认为，艺术品收藏市场的推动力主要来自'高净值人士'。所谓'高净值人士'是指不包括房地产及其他金融资产，资产在 100 万美元以上的人士。统计显示，拥有私人飞机的全球富豪，每人每年平均用于艺术品收藏的资金支出是 174.6 万美元。2006 年 11 月，美国《纽约时报》对 294 位平均身价在 600 万美元的华尔街精英个人消费所做的调查显示，他们每年用于购买艺术品的资金平均支出是 399 万美元，而其他花费如珠宝、手表、豪华游艇等消费的总和是 193 万美元。他们每年购买艺术品的资金总额已达 11 亿美元，占 2006 年艺术品市场交易总额的 5%。"[1] 高净值人群是艺术品市场的主要购买群体，艺术市场风潮往往和这些人有密切的关系，他们是艺术市场的推手，也是"兴风作浪"的人。我国的高净值人群在地域上主要分布在北京、江苏、上海、浙江、广东等经济发达省份，从行业来看，主要分布在金融、贸易、数字媒体、房地产等行业。

21 世纪初，中国艺术品市场出现爆发式增长，不少人用"井喷"一词来形容艺术品市场的发展，"来自不同的统计数字显示，2004 年（2003 年发生了'非典'，让人开始反思人生的意义）1 月至 2009 年 1 月，中国当代艺术品市场价格上涨 583%；另一组数据是 2001 年至 2008 年，中国当代艺术品

---

[1] 张新建.艺术也疯狂［M］.北京：三辰影库音像出版社，2014：48-49.

市场价格增长 780%。"[1]

这种爆发式增长看似偶然，实际上是一种必然，这也是马斯洛需求理论的一种反映。艺术品市场有时候和经济的发展不是同步的，有时会出现滞后效应，但是，这种滞后不会是长期的，到一定时候会有一个矫正过程，这个矫正的表现就有可能是爆发式增长。经济的发展必然带来艺术市场的发展，这是一个规律，但是，二者的发展可能不是同步的。先知先觉者往往能够根据规律正确预测市场的发展趋势，做出正确的投资选择，回报当然会远远超过制造业，甚至会超过金融业。华尔街精英们在自己的投资组合中一定有相当比例的艺术品投资。尽管这些年中国艺术品市场一路高歌猛进，但是，中国艺术品市场仍然会有巨大的发展空间，尤其是本土艺术品单价会有进一步抬升的巨大空间。

中国现在已经具备引爆艺术品市场的经济基础，按照国际艺术市场的发展规律，当一个国家人均 GDP 达到 1000—2000 美元时，艺术品市场启动；人均 GDP 达到 8000 美元时，艺术品市场出现繁荣。2015 年中国人均 GDP 达到 8280 美元，具备引爆艺术品市场的经济基础。

也许大家还不知道，中国现在已经成为全球最大的艺术品拍卖市场。2016 年全球拍卖总额 124.5 亿美元，共拍出 675500 件作品。2016 年中国售出 48 亿美元的艺术品，占全球拍卖总额的 38%，共售出 91400 件艺术品。美国第二，35 亿美元，占全球拍卖总额的 28%，成交 72500 件作品。英国第三，成交额 21 亿美元，占全球拍卖总额的 17%。

而在 2006 年全球拍卖总额中美国占比是 45.9%。2007 年美国的占比是 43%；英国占 30%；中国占 7.3%；法国占 6.4%。

1992 年中国开始有艺术品拍卖，北京国际艺术品拍卖会在二十一世纪饭店举行首场拍卖。1993 年上海朵云轩举行首场特卖，1994 年中国嘉德举办首场拍卖。中国艺术品拍卖只有不到 30 年的发展历史，但是拍卖成交额已经居于国际前列。

[1] 张新建．艺术也疯狂 [M]．北京：三辰影库音像出版社，2014：5.

中国艺术品单价还有很大的提升空间。达·芬奇的《救世主》2017 年在纽约佳士得拍卖价 4.5 亿美元，约合人民币 30 亿元。这幅作品原来被认为是达·芬奇的学生的作品，1958 年拍卖价为 45 英镑。2010 年被一个国际专家团鉴定为达·芬奇真迹。买主为法国第三大富豪弗朗索瓦·皮诺。卖主为俄罗斯首富德米特里·雷波诺列夫，获利 2.7 亿美元。

在世界艺术品市场有一个词，就是西方艺术的"一亿美元俱乐部"，它是指那些单品销售价格过亿美元的艺术家群体。这个群体现在已经有克林姆特、毕加索、蒙克、弗朗西斯·培根、波洛克、高更、塞尚、巴斯奎特、莫迪里阿尼、达·芬奇等。

现在中国艺术品单价还很低。可以预见的是，中国艺术品单价终将超越西方，未来最好的投资是齐白石、张大千、黄宾虹、李可染等中国顶级艺术家。个人参与艺术品投资，前提是要有艺术品经纪人做顾问、代理人。

2010 年黄庭坚的《砥柱铭》在保利春季拍卖会上拍出 4.368 亿元。

刘春华创作于"文革"期间的《毛主席去安源》印刷量巨大，达到 9 亿多张。20 世纪 90 年代，《毛主席去安源》原稿拍出 550 万元。这幅画带有一代人的记忆，增值空间广阔。20 世纪 70 年代荣宝斋 70 元出售李可染的《万山红遍》，2012 年北京保利春拍拍卖成交价是 2.93 亿元。2017 年 12 月 17 日，齐白石的《山水十二条屏》拍出 8.1 亿元价格。可以预测，这一纪录保留不了多长时间。

从上述成交记录可以看出，中西艺术品单价，还相差很多。《万山红遍》还不到 3 亿元，仅是 30 亿元的《救世主》的十分之一。这是一个不正常的现象。难道中国艺术品的艺术水平真的不如西方吗？恐怕很多人会摇头。那问题在哪呢？应该说，原因是多方面的，其中，最关键的是中国艺术品藏家的实力还有待提升。中国自改革开放以来才 40 年，民间藏家的实力相比西方藏家还有一定的差距；另一方面，中国藏家还需要在国际市场上不断确认自己的文化地位；还有一点，就是国际市场对中国艺术品的认识也需要一个过程。随着中国经济的发展，中国艺术品藏家的实力会有一个大幅度的提升，中国艺术品单价也必然会有一个大幅度的提高。

（八）未来三大朝阳产业

我认为，未来最具发展潜力的行业为艺术、娱乐与健康。

近些年来人工智能飞速发展，加上大数据分析、自然语言识别、机器人等技术，人工智能可以代替很多人的工作。应该说，现在的人工智能才刚刚起步，以后人们有了大量的剩余时间去干什么——追求艺术、娱乐与健康。所以，这些行业将会有巨大的发展空间，成为不折不扣的朝阳产业。

（九）跨学科的视野

我的治学思路就是跨学科，跨学科做学问，这样的生活是常新的，不会得抑郁症，令我深深陶醉其中。

互联网思维的重要特征就是跨界，互联网冲决了旧的专业划分，新的专业边界在何方还不知道，还在重塑之中。

我做学问的方法，自我感觉跟古代儒家有相似之处。儒家有经典的一句话叫"一事不知，儒者之耻"。如果在一个村子里，老百姓问到秀才一件他不知道的事，这是儒家的耻辱。这就要求我们的儒生必须是百科全书式的人物，所以古代一个秀才，他不仅仅是学问好，可能还要通医，还要给别人治病，很多方面都有相当的造诣。在中国传统的语境中，如果你给一个知识分子很高的评价，对西方学者来说，"专家""博士"就是最高称呼了，对我们中国人来讲，你给他一个"专家"或者"博士"的称号，他都不高兴，要给他一个什么最高称谓呢？是"通人"。他不仅在一个学科有造诣，而且是一通百通，在很多领域都有很高的造诣，像王国维、陈寅恪、罗振玉、季羡林，等等。

"科学"一词的英文"science"是从古希腊来的，它是把社会和自然切分成很多块，也就是各个专业，所以它是"分科之学"。现在我们国家对大学的管理，都是分学科来治理的，这是科学的合理之处，也是古希腊人的聪明之处，但是经过几百年、几千年，我们在单一学科纵深上的发展已经走到了尽头，现代的发展有一个新的趋势就是跨学科，否则你有很多问题研究不透。比如，我们是自然的人，还是历史的人，还是物理的人？我们既"是"，又"不是"。如果你只从生物学角度上去研究人，肯定研究不透，你还要研究他的道德，还要从自然、文学、心理等方面去研究。

大家都知道埃及胡夫金字塔前的狮身人面像，埃及人为什么要制作狮身人面像？原来埃及人认为在阴间会有邪祟骚扰亡灵，于是就用一种怪异的动物来威慑他们。西亚的亚述帝国萨尔贡二世王宫门口的带翼神牛（拉玛苏），也是一样，让牛长着人头，还带有翅膀。带翼神牛和狮身人面像的功能完全一样，他们在古希腊有很多变种，比如斯芬克斯。再来看看中国汉代霍去病墓前的石雕、唐代乾陵前的石狮子。其功能都是一样的。这些使我们产生了什么样的印象呢？我们经常谈墓前的翁仲、门前的石狮子，它们的老祖宗是谁？就是狮身人面像。也许你会说：中国距离埃及这么远，它能传到中国吗？你想想，中国的丝绸能够传到罗马，就是一个很好的说明。缺乏"跨"的思维和视野，有人就会说大话。举个例子来讲，我看过很多石刻方面的书和文章，但是很少有著作、文章谈到西亚和古埃及的碑刻，实际上在公元前一两千年，古希腊和古埃及已经有了完整的碑刻，我们的碑刻最早是从汉代才有的。如果只看到我们的碑刻是从汉代开始，就缺乏一种跨学科、跨地域的视野，就可能说过头话。大家不妨用"跨"的思维去看待事情，也许会有启发。

在这里需要说明的是，这本书不是一本学术著作，而仅是我读书思考的记录。其中引用了很多他人的资料与观点，比如吴钩先生的观点。目的仅是想通过这本书告诉大家一个进入绘画艺术欣赏的思路。想通过一些有趣味的故事和角度把大家"勾引"到绘画欣赏的路上来，同时为大家提供一些茶余饭后的谈资。如果由此大家开始喜欢绘画了，则我心足矣。

（十）本书书名为什么是"夜品"？

夜晚是安静的，少有人打扰，可以心无旁骛地思考一些事情。夜晚，思绪可以任意飞扬，可以进行思想的冒险，艺术需要思想的冒险。在《清明上河图》中有我们能够看得到的世界，也有很多看不到的世界，隐藏着很多的密码。我们要解开《清明上河图》中的种种密码，需要各种猜想，需要各种尝试，如果得到验证，就能解开一个个谜题。这些工作无疑最适合在夜晚进行。

文化背景

我们的解读理念是走出绘画，还原社会真实，让画中的东西活起来。这种做法和画家是方向相反的，画家是把景物画进画中，我们是把画中的东西还原出来。解读《清明上河图》就是要带领大家穿越一千年，到北宋都城东京汴梁的大街上走一走，看一看市井风貌，和画中人谈一谈他们的日常生活。

在品读《清明上河图》以前，我们有必要回顾一下这幅画的社会背景，是宋代的文化、政治、经济、科技滋润养育了张择端，给他以创作的灵感和素材，如果没有这样的土壤，很难说能够产生这样的令后人顶礼膜拜的鸿篇巨制。

一个出人意料的伟大时代

1. 宋代的百科全书

北宋张择端的《清明上河图》是中国十大传世名画之一，是北宋社会的百科全书。该图是对北宋时期东京汴梁（现在河南开封）汴河两岸、街市景观的全景式描绘。作品场面宏大，画心长 528.7 厘米、宽 24.8 厘米，笔触古拙、刚劲，共描绘了 800 个不同身份的人物，他们姿态各异，但却个个形神兼备、活灵活现，并画有多种动物、植物，不同车辆、轿子，各种各样的船只 20 余艘，房屋 100 多栋。描绘了酒店、茶馆、当铺、作坊、肉铺、说书场、码头、街市、医院、旅店等很多场景，几乎涵盖了东京汴梁市井生活的方方面面。如果你想穿越到北宋，《清明上河图》无疑是你的超级导航。此画生活气息浓厚，非常接地气，让人确实有走在东京汴梁大街上的感觉。该图信息量非常大，用前无古人来形容一点都不过分。我们都知道西方最著名的画作是达·芬奇的《蒙娜丽莎》，但是就信息含量来讲，《清明上河图》百倍千倍于《蒙娜丽莎》。现在河南开封的清明上河园、浙江杭州宋城景区都是按照《清明上河图》来设计建造的。

《清明上河图》实际上是北宋的一个符号图集，这些符号背后有着十分丰富的意义，有些符号可能由于历史的变迁，缺少文献资料的记载，我们已经很难知道它们的含义了，它们有可能永远消失在历史的长河中；有些符号我们可以通过文献的记述与考证还原其含义。从这个意义上来讲，《清明上河图》就是一个谜集，需要我们去解开一个个的谜题。千百年来，有很多人研究《清明上河图》，没有一个人敢说自己把它研究透了。有些专家刚刚对图中某一问题发表见解，可能很快就引来很多质疑的声音。因为对这些谜的不同解释，使得话题争议不断。

宋代已经离我们远去900多年了，我们要想了解宋代的形象资料，主要是靠绘画，这里的绘画包括纸质绘画、绢质绘画、寺观壁画、石窟壁画、墓室壁画等。除了绘画，还有出土文物。在没有照相机的时代，有这样一幅百科全书式的绘画显得十分难得，也十分可贵。一个画家能够绘制出这样一幅全景式的绘画，而且样样精妙，确实让人拍手称奇。很多研究宋史的学者需要从这幅图中寻找资料为自己的研究提供佐证。举凡服装、车马、轿子、街道、桥梁、屋宇、寺观、牲口、船只、餐饮、酒类、香料、广告、瓷器等相关研究都要参考《清明上河图》的相关内容。俗话说"一图抵千言"，这幅图丰富直观的图像资料是文字资料无法替代的。

这幅作品创作于宋徽宗年间，还曾被宋徽宗（赵佶）收藏过。但是，却没有被收入宋徽宗命蔡京、米芾等人编撰的《宣和画谱》，这一点让人感到很是奇怪。《宣和画谱》是徽宗宫廷所藏绘画的目录。有些学者经过研究发现，《宣和画谱》应不是徽宗宫廷藏品的全部，蔡京等人只是选择了部分精品编入目录。这本书是选择后的结果，而不是所有收藏品的汇集。据美国华盛顿大学历史系教授伊沛霞统计，《宣和画谱》共著录6397件作品，其中花鸟2785件，为第一大项；道释人物为第二大项，共1180件；第三大项是山水，数量是1108件。可见，山水不是宋徽宗的最爱，宋徽宗的最爱应该是花鸟。[1]

[1] 杨丽丽. 千里江山图的故事 [M]. 北京：故宫出版社，2017：216.

文化背景

关于《清明上河图》为什么没有被收入《宣和画谱》，原因值得研究。有各种猜测，有人说宋徽宗不喜欢《清明上河图》的风格，有人分析此图被徽宗赏赐给了他的两个舅舅向宗回兄弟，因不在宫廷，故没有收入。这些说法都没有宋代的文献记载作为支撑，大多是推测。

2. 中外名人眼中的宋代

长期以来，在亚洲大陆的北部，在一望无际的草原上生活着一个个游牧民族，而在南部，在一片片的平原上生活着很多农耕民族。他们构成了两种文明，农耕文明和游牧文明。历史上游牧民族经常是大举南侵，在冷兵器时代，他们往往所向披靡。经过多年的发展，农耕文明与草原游牧文明之间逐渐固定在一条线上。这条线就是 400 毫米等降水线。历史学家把 400 毫米等降水线作为划分游牧和农耕两种文明的界限。[1]长城正好在这条线上。自西周开始，中原民族就开始在北面修筑长城和烽燧，防御北方马背民族的入侵。秦始皇统一六国，毁掉各国长城，修筑万里长城。修建这样一个巨大的史无前例的工程只有一个目的，那就是抵御边疆少数民族（主要是马背民族）的入侵。唐朝、元朝是两个特殊的朝代，万里长城完全在国境以内，不再是一个防御工程。但是到了明朝，又开始重新修筑长城。

在中国几千年的历史上，边疆的游牧民族和中原农耕民族的战斗一直在持续，大多数情况下是游牧民族进入中原抢劫，甚至建立全国性政权，比如，元代、清代。南北朝时期的五胡乱华等都是游牧民族大举进入中原。中原民族在和游牧民族的战斗中很少获胜。中原民族很少进入草原掠夺，当然，也就没有在草原上建立所谓的政权。至多是中原王朝的实力强大后，把边境线向北推进一些。

提起宋代，我们的印象大多是对外屈辱、十分软弱的样子。在整个宋代一直面临北方游牧民族的侵扰问题，开始是辽朝、西夏的威胁，后来又是

[1] 祝勇. 故宫记：祝勇建筑笔记 [M]. 北京：海豚出版社，2014：111.

金朝的威胁，再后来是元朝的威胁，直到被元灭亡。我小时候听《岳飞传》《杨家将》，对宋朝政府没有什么好印象。但是，经过研究发现虽然在军事上乏善可陈，是个"矮子"，但是在经济、文化上却是个"巨人"。

中国文化到宋代，达到了登峰造极的程度，很多学者十分推崇宋代文化。我们来听听智者的声音。

（1）陈寅恪。

陈寅恪认为宋代是华夏文化的顶峰，他说："华夏民族之文化，历数千载之演进，造极于赵宋之世。后渐衰微，终必复振。"[1]陈寅恪认为"六朝及天水一代思想最为自由。"[2]"故天水一朝之文化，竟为我民族遗留之瑰宝。"[3]这里的"天水"是指赵宋皇族，他们的祖先来自天水（今甘肃天水）。从用词上来看，陈寅恪对宋代文化评价很高，对宋代的思想自由心向往之，同时他对中国文化复兴很有信心。

（2）王国维。

王国维也十分推崇宋代，他说："故天水一朝人智之活动与文化之多方面，前之汉唐，后之元明，皆所不逮。近世学术多发端于宋人，如金石学亦宋人所创学术之一。"[4]

韩国特别推崇唐宋文化，至今韩国人不承认明代以后的中国文化。他们特别推崇朱子理学，认为理学自明代以后基本就没有发展。

明代学者对宋代的繁荣强盛也有认识，自感宋代的富盛远远超过明代。明代学者郎瑛在《七修类稿》中发出这样的感慨："今读《梦华录》《梦粱录》《武林旧事》，则宋之富盛，过今远矣。"[5]

（3）乔纳森·斯彭斯。

美国耶鲁大学中国现代史教授乔纳森·斯彭斯在 2000 年 1 月 1 日《新

[1]陈寅恪.金明馆丛稿二编[M].上海：上海古籍出版社，1980：239.
[2]陈寅恪.寒柳堂集[M].北京：生活·读书·新知三联书店，2001：72.
[3]同上书，第 182 页。
[4]傅杰.王国维论学集[M].北京：中国社会科学出版社，1997：206.
[5]祝勇.在故宫寻找苏东坡[M].长沙：湖南美术出版社，2017：223.

闻周刊》刊登文章，他认为宋朝是当时世界上最强大的国家，是超级大国。他说："上一个中国世纪是 11 世纪。当时，中国是世界上最大也是最成功的国家……上一个 1000 年的中国，是世界超级大国，也是世界上最强大的国家。当时宋朝的首都在东京汴梁，就是现在的河南开封，人口达百万，是世界最先进最繁荣最庞大的城市。"我们都知道，学者们说话都十分注意分寸，不会轻易使用一些极端的词汇，如果使用极端词汇一定有依据，一个美国顶级大学的权威学者连用六个"最"和一个"超级"来形容一千年前的一个朝代，一定是这个时代让他震惊，让他佩服。这个信息也让我们对这个朝代刮目相看。

（4）费正清。

费正清是全球著名的历史学家、汉学家，哈佛大学终身教授，曾经三次来过中国，1933 年至 1935 年还曾担任过清华大学讲师，对中国问题研究十分深入，观点独到，一生发表了大量的关于中国问题的研究成果，享誉世界的《剑桥中国史》就是由他和英国历史学家崔瑞德（Denis Twitchett）联合主编的。他认为：北宋与南宋是中国历史上最辉煌的时期，宋代包括了许多近代城市文明的特征，在一定意义上可视为"近代早期"。[1]

（5）内藤湖南。

日本著名汉学家内藤湖南对中国问题的研究十分广博，被誉为"中国通"，在敦煌学、史学史、美学史等方面都有很深的造诣。一生 9 次来中国，同当时的中国高层文人交往密切，包括罗振玉、王国维、严复、张元济、文廷式、郑孝胥等。"内藤湖南认为：一部中国史就是东洋文化发展的历史，应以中国文化发展的波动大势作为对中国历史进行时代划分的标准。中国文化的发展趋势大体是由内而外地不断扩大：先是黄河流域形成中原文化，然后不断向外扩展，影响及于周边地区，使那里落后的民族接受中原先进文化，这就像池中涟漪由中心一圈一圈地向外围、向四周扩散一样；边地民

[1] 贾冬婷，杨璐. 我们为什么爱宋朝[M]. 北京：中信出版集团，2018：6.

族接受了中原文化的教化后，逐渐觉醒、成长、壮大起来，形成自己的民族文化特色和力量，又反过来作用于中原文化，就像池中涟漪遇到岸的抵挡后，由岸边向池中央反射反作用力一样。这种反作用力使得文化发达过度、出现衰弱现象的中原文化受到年轻文化的刺激而再生活力，不断更新延续、发展壮大，老而不死。内藤湖南说，中国文化就是在这样一个向外作用和受到外来反作用的过程中不断壮大的文化体系。"[1]这种"涟漪说"生动形象，概括准确。根据上述理论，他提出了独到的中国历史的分期学说。其中一点就是"宋代近世说"。他说："唐代是中世纪的结束，而宋代则是近世的开始。"[2]

（6）孙隆基。

美国孟菲斯大学教授孙隆基说："在我们探讨宋朝是否世界'近代化'的早春时，仍得用西方'近代化'的标准，例如，市场经济和货币经济的发达、都市化、政治的文官化、科技的新突破、思想与文化的世俗化、民族国家的形成，以及国际化等。这一组因素，宋代的中国似乎全部具备，并比西方提早 500 年。"[3]

从费正清、内藤湖南到孙隆基的观点可以看出，他们都认为中国近代应始于宋代，宋代已经具备了近代文明的一些特征。这和我们在历史课本学到的观点差别很大。近年来有一本名叫《宋：现代的拂晓时辰》的畅销书，也是基于这样的学术认同。

（7）朱熹、史尧弼。

宋代文人对本朝文化的发达也深有感触。理学大师朱熹（1130—1200）认为："国朝文明之盛，前世莫及。"南宋学者、诗人史尧弼（1118—1157）认为："唯吾宋二百余年，文物之盛跨绝百代。"这一方面是宋代人的自信，同时也是一种客观描述。

［1］钱婉约.日本近代中国学的重要学者——内藤湖南［J］.国际汉学，2003（1）：53-70.
［2］贾冬婷，杨璐.我们为什么爱宋朝［M］.北京：中信出版集团，2018：6.
［3］同上书，第 7 页。

上述都是著名学者的真知灼见，他们提出这些观点是基于严肃的学术研究，不是信口雌黄，他们纠正了很多人对宋朝的错误认识。

3. 中国五千年文化造极于宋

（1）一页万金诞生的出版时代。

宋代文化事业发达，尤其是出版业十分繁荣。

雕版印刷虽然在唐代已经发明，但是应用十分有限，经过五代十国的继续完善，在宋代技术已经十分成熟，加上社会稳定、政治宽松、思想自由，雕版印刷进入辉煌期。过去读书人想得到一本书，十分困难，图书总量很少，即使能借到一本书，想要得到一个复本，只能抄写，耗时费力。如果要买一本书，价格也很昂贵，往往难以承受。雕版印刷技术的成熟与普及，为宋代出版了大量的书籍，图书价格大幅度下降，图书普及程度很高，为宋代文化的发展提供了重要条件。苏轼（1037—1101）对图书的普及深有感触，他说："余犹及见老儒先生，自言其少时，欲求《史记》《汉书》而不可得，幸而得之，皆手自书，日夜诵读，唯恐不及。近岁世人转向摹刻诸子百家之书，日传万纸，学者之于书，多且易致如此。"[1]

宋代形成了官府出版、私家出版、书坊出版三大主力出版系统，同时还有寺观出版、书院出版等，基本奠定了后世的出版格局。

与中国宋代雕版的繁荣形成鲜明对比的是同期的欧洲还处在黑暗的中世纪，图书还是靠抄写复制。这种情况一直持续到文艺复兴时期。当时的书价昂贵，非一般人能够承受，只有贵族、宗教组织才能拥有书籍。14世纪，意大利乌尔比偌大公费代里科为收集图书，"在各地经常雇佣三四十名'写本人员'，在这项收集上花费了不下三万金币"。

9世纪，瑞士的圣加仑修道院，藏书只有400册，12世纪法国的克卢尼

[1] 苏轼. 苏轼文集 [M]. 孔凡礼，点校. 北京：中华书局，1986：359.

修道院，藏书也只有 570 册。[1]致力于创建基督教世界首屈一指图书馆的梵蒂冈，到 1455 年才收集到 5000 册书。[2]

英国文艺复兴奠基人、诗歌之父乔叟自己有 60 本藏书，在当时已算得上不多见的藏书家了。[3]但是，宋代的藏书家拥有万卷藏书的已经不稀奇，宋代叶梦得家藏书三万卷，濮安懿王之子宗绰藏书达七万卷。[4]东京贵人及宗室藏书在千卷以上已不少见。

宋太祖十分重视出版工作，宋太祖命张从信负责在益州（今四川成都）雕印了中国第一部大藏经《开宝藏》。大藏经规模宏大，卷帙浩繁，耗时费力，需要的雕版量巨大，共雕版 13 万块，共 5048 卷。后来雕版被运至东京保存，宋徽宗年间又有重印。靖康之变，版片被金人掠去。整个宋代前后雕印 7 部大藏经，这是出版史上的奇迹。

尽管由于靖康之乱北宋国家藏书损失殆尽，但是，经过几十年的收集，再加上出版业的快速发展，南宋国家藏书总数达到 9819 部，119972 卷。宋代诞生很多科技之最，诞生了中国最早同时也是世界最早的菌类专著《菌谱》，出版了世界最早的梅花谱《梅谱》，中国最早的制糖技术专著《糖霜谱》，世界最早的植物学辞典《全芳备祖》，世界最早的针灸专著《针灸资生经》，世界最早的法医专著《洗冤集录》等。这些世界科技之最的著作都扎堆出现在宋朝，一定和这个朝代的文化政策、文化环境有极大的关系。在这里不再展开，有兴趣的朋友可以专门研究。

宋人为便于刻板，还发明了一种字体——后人称为宋体字，至今也是使用最广泛的字体。这是宋代人对出版事业的巨大贡献。

宋代以前的图书一般都是卷轴装，但是卷轴装最大的问题是内容查找不便，比如处于卷尾的内容，一定要展开整个卷子才能看到。在敦煌也发

[1]［美］马克·科尔兰斯基.一阅千年：纸的历史［M］.吴奕俊，何梓健，朱顺辉，译.北京：中信出版集团，2019：54.

[2]同上书，第 66 页。

[3]田建平.宋代出版史（上册）［M］.北京：人民出版社，2017：59.

[4]同上书，第 64 页。

现了唐代的册页装图书。不知道为什么，册子装一直未流行开来。宋代图书由卷子变成蝴蝶装。就是将印好的书页对折，文字在外，在对折处将整本书粘连在一起。这种书应该属于册子装的一种，查找内容方便，可以标示页码等。这是图书装帧形式的重大进步。应该注意的是，蝴蝶装不是线装书，图书线装是在明代才出现的。

现在宋版书备受推崇，一般每页都在几万元以上，用"一页万金"来形容一点也不过分，但是仍然有价无市。很多宋版书收藏在图书馆、博物馆，私家手中十分有限。全国有名的当代私人藏书家韦力先生手中有一些宋版、金版书。

图书是传播知识和技术的重要载体，图书出版的繁荣直接推动了宋代文化和科技的发展。

（2）崇文抑武。

赵匡胤本来是后周大将，通过黄袍加身获得皇权，他生怕他的部将也被别人披上黄袍。建立宋朝之后，赵匡胤迫不及待地开始想办法解除大将们的兵权。不过值得肯定的是，赵匡胤没有像刘邦那样兔死狗烹，他没有对开国将领大开杀戒，而是通过一种较为温和的方式让大将们交出军权。建隆二年（961）七月初九他召集石守信等高级将领喝酒，席间他说："朕天天睡不着觉啊！"大将们忙问是什么原因。他说："如果哪一天你们也被黄袍加身，那我这个皇帝就当不成了。"大将们十分惶恐，忙问解决办法。赵匡胤说："你们不如回家乡购置良田美宅，多买歌妓，好好享受生活。朕再同你们结为姻亲，君臣之间，再无猜忌。"第二天，石守信等大将纷纷上表以自己有病为由要求解除自己的兵权。这就是历史上的"杯酒释兵权"。

为了从根本上消除武将威胁，赵匡胤立下崇文抑武的国策。在军制上也进行了改革，为控制军中将领，实行监军制。也就是当武将出征时，皇帝专门派亲信作监军，将武将的一举一动都汇报给皇帝。

崇文抑武的国策为文人的发展提供了很好的机会，使文人的社会地位大幅度提高。宋太祖赵匡胤确定崇文抑武的政策，实行文治主义，宋代形成了发达的文官制度。文官即使得罪皇帝，也就是被贬谪、流放。宋朝比唐朝杀的文职官员要少很多。西方很多国家的文官制度是学习我国宋代。

（3）誓碑不重要。

据《避暑漫抄》记载，宋太祖在太庙寝殿夹壁立有一块石碑，谓之"誓碑"。誓词三行：

一云：柴氏子孙，有罪不得加刑，纵犯谋逆，止于狱内赐尽，不得市曹刑戮，亦不得连坐支属。

一云：不得杀士大夫及上书言事人。

一云：子孙有渝此誓者，天必殛之。[1]

关于这个誓碑有些争论，有人认为是不存在的，是南宋人捏造的。吴钩先生认为应该是存在的，他引述曾随宋徽宗一同被金人北掠后来又回到南宋的曹勋给宋高宗上的折子中的话："（太上皇）又语臣曰：'归可奏上，艺祖有约，藏于太庙，誓不诛大臣、言官，违者不祥。'故七祖相袭，未尝辄易。"并且认为这个誓碑实际上是宋代皇帝与上天签订的一份合同。

从史实上来看，宋代300多年的历史上确实很少杀士大夫，这样看来，有没有这个誓碑似乎不是太重要的。不杀文人是一种客观存在，是一种宋代皇帝默认的事实和行政规则。

（4）半部《论语》治天下，是真是假？

在北宋历史上，赵普是一个传奇人物。他是赵匡胤的心腹、智囊，赵匡胤的很多大事都是由赵普密谋、策划的。赵普是陈桥兵变的主谋，把赵匡胤灌醉，把黄袍披在赵匡胤身上。赵匡胤大军回师开封，京城守将石守信、王审琦等开城门迎接，逼周恭帝禅位。赵匡胤即位，国号宋。这一系列的重大活动都需要大量的秘密策划，包括行动计划、保密活动、运作京城守将石守信等，没有赵普的协助，赵匡胤恐怕很难完成这一过程。

为了解除开国大将们对皇权的威胁，赵普策划"杯酒释兵权"，石守信等大将顺利交出兵权，这是一次和平的没有流血的过渡，同时也说明策划的高明与到位。

[1]吴钩.宋：现代的拂晓时辰［M］.桂林：广西师范大学出版社，2015：389-390.

虽然从《宋史·赵普本传》中没有见到赵普关于崇文抑武的言论，但是宋代崇文抑武这样的国策也一定和赵普有密切的关系。

赵普与赵匡胤的关系可以说十分密切，赵匡胤几乎事事都要咨询赵普。据《宋史·赵普本传》记载："太祖数微行过功臣家，普每退朝，不敢便衣冠。一日，大雪问夜，普意帝不出。久之，闻叩门声，普亟出，帝立风雪中，普惶惧迎拜，帝曰：'已约晋王（赵光义）矣。'已而太宗至，设重裀地坐堂中，炽炭烧肉，普妻行酒，帝以嫂呼之。因与普计下太原。"赵匡胤竟然称呼赵普夫人为嫂子，其亲密程度可想而知。

但是，赵普不是完人，他爱财，而且被赵匡胤发现了。赵普在赵匡胤做皇帝时长期担任宰相一职。一次，赵匡胤至其家，见到廊下有十瓶海货。打开后全是"瓜子金"的小金粒。赵普承认是吴越王钱俶所送。太祖虽然口头说接受无碍，但是细查发现，赵普私运木材，赵普儿子违反宰辅大臣间子女不得通婚的规定。从而开始疏远赵普，后来把他贬为河阳三城节度使。

然而，这种倒霉时期没有持续多久。太祖死后，赵普和赵光义联合伪造"金匮之盟"，声称昭宪皇太后遗命赵匡胤传位于弟。但是这件事被记录在《宋史》中，《宋史·卷二百四十二·列传第一》记载：

建隆二年，太后不豫，太祖侍乐饵不离左右。疾亟，召赵普入受遗命。太后因问太祖曰："汝知所以得天下乎？"太祖呜咽不能对。太后固问之，太祖曰："臣所以得天下者，皆祖考及太后之积庆也。"太后曰："不然，正由周世宗使幼儿主天下耳。使周氏有长君，天下岂为汝有乎？汝百岁后当传位于汝弟。四海至广，万几至众，能立长君，社稷之福也。"太祖顿首泣曰："敢不如教。"太后顾谓赵普曰："尔同记吾言，不可违也。"命普于榻前为约誓书，普于纸尾书"臣普书"。藏之金匮，命谨密宫人掌之。

能够参与如此机密的策划，赵普当然要得到赵光义的信任，在太宗任内又两次拜相，可谓是在人生旅途中再创辉煌。

但是，赵普学识不高。一天赵普、卢多逊一同奏事。太祖赵匡胤正在为把年号"建德"改元"乾德"而自喜，赵普还恭维了几句。卢多逊忍不住了，说这个年号伪蜀主王衍（五代十国时期前蜀最后一位皇帝，后被后唐李存勖所灭）曾用过。赵匡胤大怒，拿起笔就涂了赵普一脸墨，说："你怎能如他多识！"吓得赵普一夜都不敢洗脸。第二天上朝，见到赵普的大花脸，赵匡胤又气又好笑，才命赵普洗脸。实际上，乾德在历史上被多个政权立为年号。

明代画家刘俊的《雪夜访普图》（见图1-1）描绘的是赵匡胤雪夜访赵普的故事。画面虽然很美，但是，大雪天的夜晚怎么能开着门。这完全是为了艺术的需要，不然观者就看不到宋太祖和赵普了。画中房屋也不是北方房屋。大门门楼为悬山顶，没有斗拱，按理说赵普这样级别的官员门楼是可以有斗拱的。一扇门开着，一扇门关着，门外的侍卫们冻得缩作一团。一丛竹子从小山后斜向插过来，与院中右侧的竹子、太湖石形成呼应。

赵匡胤席地而坐，身体略向左倾，以示倾听，赵普长跪一旁，一脸的恭谨。一幅典型的君臣奏对场景。赵普的夫人站

图1-1 明 刘俊 雪夜访普图

立一旁，似在上茶，在门后只露出一半的身影。一只炭盆内木炭烧得正旺，炭盆内还有一只酒壶。太祖背后的厅堂正中是一幅大型山水画。近处一丛矮树，远处云雾弥漫，山头若隐若现。不知道为什么，这幅画却没有画赵光义。

谈到赵普，我们不能不想到一句话，也就是"半部《论语》治天下"。这

个说法很炫、很抓人、很标题党，传播很广，被大量的戏剧、小说使用，几乎是无人不知、无人不晓。

赵普治国理政确是能臣，确实有一套，但是读书很少。"半部《论语》治天下"这句话似乎告诉我们，别人读万卷书还不一定能治理好国家，他读半部《论语》就能把国家治理得井井有条。且不管这句话的真实性如何，它让我们考虑一个问题：治世治国和读书是否有必然联系？答案恐怕是不一定。读书多，治国理政的才能未必就高；读书少，治理国家的才能未必就低。

根据史料记载，赵普读书确实不多，宋太祖要求他多读书。赵普过世后，在他的书箱里只有《论语》20篇。后来有人附会，赵普曰："《论语》二十篇，吾以一半佐太祖定天下。"南宋人罗大经所著《鹤林玉露》卷七也有类似说法："宋初宰相赵普，人言所读仅只《论语》而已。"太宗赵光义因此问他。他说："臣平生所知，诚不出此，昔以其半辅太祖（赵匡胤）定天下，今欲以其半辅陛下致太平。"

在元代，元杂剧十分盛行，成为一种传播很广的大众娱乐形式。元杂剧在当时的功能恐怕不下于现在的互联网。有一个元杂剧的作者高文秀在杂剧中创造了一句唱词："半部《论语》治天下"，这句话马上就火起来了，被不断传颂，赵普也一并被神话了，头上被加上了神圣的光环。冷静地想一想，这个说法涉嫌夸大了《论语》的作用，也涉嫌神话赵普。经过学者们的研究发现，上述说法无法得到史料的支撑。据《宋史·赵普传》记载："普少习吏事，寡学术，及为相，太祖常劝以读书。晚年手不释卷，每归私第，阖户启箧取书，读之竟日。及次日临政，处决如流。既薨，家人发箧视之，则《论语》二十篇也。"此处并没有说赵普读书和治国有没有逻辑关系，更没有说赵普半部《论语》治天下。由此我们也可以看出，某些很炫的观点可能是涉嫌造假，涉嫌欺世蒙人。

但是，赵普前后三次拜相，自有其过人之处，这是不可否认的。后人附会赵普这样的观点，实际上是儒家学者希望借赵普的身份来抬升《论语》及儒家学说的影响力。为什么选中赵普而不是其他人，首先是因为赵普影响大，更容易被别人相信，再者，赵普确实爱读《论语》。

赵普死后，太宗亲自为其撰写《赵普神道碑》碑文，追封"真定王"，赐谥"忠敏"，后又追封为"韩王"，可以说极尽哀荣。

（5）赵匡胤建立的王朝为什么称为"宋"？

一个人需要一个名字，一个朝代也需要一个名字。我国历史悠久，每个朝代的建立者开国第一件事就是立国号，表示不再是原来王朝的延续，而是一个新的朝代的开始。这是一件十分重要的事情。赵匡胤为什么立国号为宋呢？原来他在后周时期任归德军节度使，其藩镇治所在宋州（现在的河南商丘），故立国号为宋。宋州因为是赵匡胤"龙潜"之地，宋真宗景德三年（1006）把宋州改为应天府，真宗大中祥符七年（1014）又把商丘立为南京。实际上就是陪都，政治地位很高。在这里做行政长官的人都是很厉害的角色，张方平、欧阳修、晏殊、叶梦得等都曾做过这里的地方首脑。洛阳被立为西京，原因是赵匡胤出生于洛阳夹马营。再者洛阳地理位置重要，很多王朝都选择洛阳做都城。赵匡胤后来也想迁都洛阳，后来因为漕运不便等问题被大臣们谏止。

（6）琴棋书画何时成为文人闲雅的符号？

琴、棋、书、画的历史都比较悠久，也都和文人雅致关系密切。尽管初唐时期的何延之在《兰亭记》中形容辩才和尚时说他"博学工文，琴棋书画，皆得其妙"。但是，在唐代这种提法可能不具有普遍性，社会的认同度也不高，把这四者并提，并作为一种雅致的象征物，是宋人完成了这一提炼和概括。陕西甘泉袁庄村金代墓壁画很形象地说明了这一点。四幅壁画分别为：琴、棋、书、画。这说明，不仅文人喜欢琴棋书画，而且一般人也开始追求这四项爱好。后来还被概括为"文人四艺"。这种概括十分精到，不断被后世继承，成为中国的文化符号，被作为衡量文人修养（包括富家女子）的尺子，比如，如果说某人优秀，就说该人琴棋书画无所不能。在我国古代小说、戏剧故事中几乎成了经典的桥段。

插花究竟始于何时，本人没有考证过。但是，有一点十分明确，宋代已经很流行插花。《东京梦华录》记载当时的饭店为吸引客人，往往挂名人画，按季节插时令鲜花。在不少宋画中也能找到插花的场景，比如，宋人姚月华绘制的《胆瓶花卉图》（见图1-2）等。

传为宋徽宗所绘的《听琴图》（见图1-3）中也有插花。在画面的最下面，类似云片层叠的奇石上有一古鼎，鼎中插有一株花卉。宋画《妆靓仕女图》（见图1-4）中也有插花，看形状似乎是水仙。

图1-2　宋　姚月华　胆瓶花卉图

图1-3　宋　赵佶　听琴图（局部）

图1-4　宋　苏汉臣　妆靓仕女图

（7）慢是一种美。

文人是文化创新的主体，他们是社会文化生活的引领者。宋代，是文人生活最为雅致的时代。不仅书法绘画、诗词曲赋，甚至连衣食住行，以及日常生活的方方面面，都成了艺术。扬之水说："两宋是培养'士'气的时代，前此形象与概念尚有模糊的'文人''士大夫'，由此开始变得清晰起来。政治生活以外，属于仕人的一个相对独立的生活空间也因此愈益变得丰富和具体。""抚琴，调香，赏花，观画，弈棋，烹茶，听风，饮酒，观瀑，采菊，诗歌和绘画携手传播着宋人躬身实践和付诸想象的种种生活情趣，如果说先秦是用礼乐来维护'都人士'和'君子女'的生活秩序，那么两宋便可以说是以玄思和风雅的结合来营造士子文人的日常生活。"[1]扬之水进一步说："我们今天的许多生活品位，都是奠基于宋的。"

蒋勋说："宋代文人是'慢活'的老祖先。"写很好的词，让别人去唱。宋代文人爱好品茶。他说："宋朝文人是全世界知识分子的典范。"

宋人尚茶。宋代茶文化非常发达，不仅讲究茶品，还要讲究水，讲究茶器。冲茶之水要用三点止水，所谓三点止水，就是水沸腾之后，要用冷水点一下，再沸腾之后再用冷水点一下，这样反复三次，水才最好。宋代的茶都是固体茶，是茶饼或茶丸，需要先碾碎，然后再用茶罗筛一下，选择一定数量放到茶盏里，注水，用茶筅击拂，使之出现理想的泡沫纹样，然后看看谁的纹样好，这就是斗茶。茶盏中建盏为最佳，建盏胎厚，烘热后不容易变凉，有一定的保温作用，而且釉色深，对茶的泡沫有衬托作用，故很受欢迎。

在宋代，由于文人社会地位的提高，文人给社会以真正的美的价值追求，文人的审美成为社会普遍的审美标准。

悠闲，是很多人所追求和向往的，但是究竟有几人能够真正享受悠闲呢？悠闲需要一定的物质基础，但是富足不等于悠闲，有不少富人整日忙碌；反倒是一些不怎么富足的人，过着十分悠闲的生活。这些现象都值得我们思考。悠闲除了和财富有关以外，和个人的追求也有着十分紧密的关系。无论如何，一个人如果过度追求权力和财富，这个人就很难悠闲。应该说，宋代人比我们现在人悠闲。

我们现在处于一个高速发展的社会，陷入"快"的陷阱，高速发展就好吗？快节奏就好吗？这些问题都值得思考。我们现在的世界就是过度发展，透支子孙后代的资源，结果生产很多没用的东西、过剩的东西，要鼓励消费，实际上是浪费。我们是以百米赛跑的速度过一生，还是踱着方步，品

[1] 祝勇. 在故宫寻找苏东坡 [M]. 长沙：湖南美术出版社，2017：212-214.

文化背景

茶、读书慢悠悠地生活,哪个质量高?哪个更幸福?以百米赛跑走完一生,生命不延长,踱着方步、品茶读书式的走完一生,生命不会缩短。我们缺少了宋代文人的悠闲与淡定。慢发展不一定是坏事。

安波舜在《我命在我不在天》一文中的一段话引人深思:"八年前,因为翻译德文版《狼图腾》的缘故,我认识了奥地利汉学家殷歌丽。殷歌丽说,她的家乡崇尚老子和道教,崇尚过简朴的自然的生活,拒绝高铁、飞机、转基因,有的城镇甚至拒绝重型卡车通过。那里的人们只要每周工作三两天就够过上很体面很舒适的生活,剩下的时间里,无论是饭馆老板,还是教授、园丁都能坐在一起排练合唱或者乐曲。当然,读老子的书(仅《道德经》的译本就有80多种),练道家的功,也蔚然成风。但是殷歌丽问我:'我到了老子的故乡,却发现这里的人们为了赚钱、为了享受虚荣正在破坏自然,也在破坏着自己的身体!为什么?'我无言以对。"[1]

(8)画面隐喻的文人自信。

《宋人人物图》描绘的是一个室内场景,一位文人仪态安闲地坐在榻上,一腿盘起,一脚踩于矮凳上,一手持画,可能是刚刚展玩过,还没来得及放下。榻的左前方有一个茶几,童子正在斟茶。整幅画面给人的印象就是安静与闲适。如果有些声音的话,那就是童子斟茶的冲水声。塌右边有小几,小几上有书、琴等物。这些书琴都是文人的符号,虽然不会说话,但无一不在彰显文人的高雅爱好。榻后面是一面巨大的落地屏风,屏风上挂一幅3/4侧面的画像。请注意,这个画像不是皇帝、名臣的像,而是文人的自画像,表现了文人的自信。关于3/4侧面像,这一角度观察人是最美的,正面像显得过于呆板,正侧像信息量又显不足。这一审美规律被世界上很多民族所掌握,顾恺之《洛神赋图》中大部分人物采用这个角度,人民币上毛泽东的画像也是这个角度,美元上华盛顿、杰斐逊等人的画像也是这角度。

[1]安波舜.我命在我不在天[N].新华书目报·书评专刊,2013-09-09.

在图 1-5 中所有文人的符号基本都备齐了，琴棋书画无一不全。值得注意的是，在文人右边榻上有红色小儿，在画面中十分突出，两头翘起，很多人不知道是干什么用的。经过学者们考证，这个小儿是看画用的。前文提及的插花在画中也有，这种安排和《听琴图》几乎是一模一样。

乾隆皇帝非常喜欢这幅画，为了效法宋人，就命宫廷画家仿画了一幅（见图 1-6）。持书文人变成了乾隆本人。但是宫廷画师绘制的仿制品精致有余，少了原画的朴拙，神采不足。

从《槐荫消夏图》（见图 1-7）中，我们同样可领略宋人的休闲、散淡。在槐树下，一人袒胸仰面卧于榻上，合着双眼。人物的面部表情非常放松，一无牵挂的超脱之态。双脚置于小儿上，这样可以消除疲劳。榻的后面是一个小桌，上面有一包书画、一只砚台，还有一个造型像鱼的香炉。榻的一端有一小型屏风，上面的山水画显然具有文人画的风韵。观此图，

图 1-5　宋　佚名　宋人人物图

图 1-6　乾隆年间宫廷画师仿品

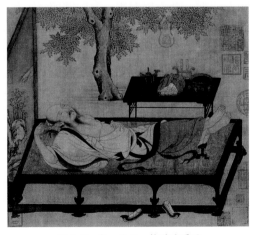

图 1-7　宋　佚名　槐荫消夏图

很容易让人生出向往归隐之意。

（9）文人放情任性的时代。

宋代是文人当政的时代，文人的审美成为社会的审美取向，无论是司马光、苏轼、范仲淹，还是王安石等都是大文人。宋朝文人的生活可以说是空前绝后。汉代、唐代、元明清文人都没宋代文人活得舒服、体面，社会地位都没有宋代高。宋代可以说是文人最舒适的时代，这种舒适不仅仅是物质生活的舒适，还有精神的高度自由，正像陈寅恪说的那样，宋朝是思想最自由的时代。宋代文人思想活跃、著述丰富。与之形成鲜明对比的是，明代皇帝动辄在朝堂上打文人的屁股，即所谓的廷杖。文人最要面子，明代的皇帝就在面子上羞辱文人，让文人颜面扫地。明清两代文化恐怖主义——文字狱盛行，有的文字狱案杀掉上万人，让文人噤若寒蝉。宋代文人的自由后世是难以企及的。当然，这里面也代表了宋代皇家的自信与宽容。

文人社会地位的提高，使得他们的心性可以随意发挥，大大促进了文学艺术的发展。宋词达到了巅峰的程度，婉约派（柳永、李清照）、豪放派（苏轼、辛弃疾）各领风骚。宋词成为宋代文学发展的代表形式，可与汉赋、唐诗相媲美，为后世留下了宝贵的文学财富。如果没有思想自由，这样的局面是不可能出现的。

比如林逋（967—1029），性情孤高，生性恬淡，兴趣广泛，博通经史及诸子百家，在杭州西湖孤山隐居。他最为后人称道的是"梅妻鹤子"（见图1-8）。他爱梅花、仙鹤，爱得发狂，一辈子不结婚，把梅花视为妻子，把仙鹤视为儿子。林逋

图1-8　清　马元钦　梅妻鹤子图

经常游览西湖周边寺庙，与僧众往还，碰撞砥砺，完全是逍遥于世外山野之人的做派。他吩咐仆人，如有客至，放飞仙鹤，林逋见到仙鹤飞行，马上就会回来。他死后葬在孤山北麓（见图1-9），放鹤亭也在此。

图1-9　林逋墓（西湖孤山北麓）

他的诗文大多随写随弃，有人偷偷记下，流传一些。《山园小梅》中有咏梅佳句："疏影横斜水清浅，暗香浮动月黄昏"，备受后人称誉。

林逋的高标独帜，并没有让世俗势力认为是格格不入的异类，反而得到皇家的尊重。大中祥符五年（1012）宋真宗赏赐给林逋粮食和布匹，并诏令地方官经常前去慰问。有了皇帝的命令，地方官哪敢怠慢，趁此机会还可攀附名人，博得一个礼贤下士的清名。所以拜访的官员络绎不绝，林逋的名声更大了。有人劝他出仕，他说："然吾志之所适，非室家也，非功名富贵也，只觉青山绿水与我情相宜。"

我们现在看来，宋代的审美水平很高，这主要是来自林逋等文人的贡献。他们品格高逸，对官职、财富的追求不是那么强烈，很多人擅长写诗、填词等。苏轼、司马光都曾主动要求外放。王安石改革，司马光反对，宋神宗留他在朝，司马光请求把自己外放。皇帝说，你去干嘛？他说去写一本书。花去19年时间写了一本《资治通鉴》，成为千古传世的经典。

苏轼被贬黄州，是他的一大灾难，但也是他的一大收获。他最好的书法作品、文学作品都是在黄州写出来的，如《寒食帖》《赤壁赋》《念奴娇·赤壁怀古》等。正所谓国家不幸诗家幸。

苏轼在《前赤壁赋》中说："且夫天地之间，物各有主，苟非吾之所有，虽一毫而莫取。"由此看来苏轼很通脱，很潇洒，很豁达，物欲不强烈。但是，他也不能说到做到，不能百分之百做到。比如，他曾借了米芾一方紫金砚，十分的漂亮，他就嘱咐儿子，这方砚台要和自己随葬。米芾知道后很生气，就要了回来。为此，米芾还专门写了一个帖子，后世命名为《紫金砚帖》（见图1-10）。这个帖子穿越千年还传了下来，确实让我们这些苏迷有点接受不了。不过，这也正是苏轼的可爱之处。

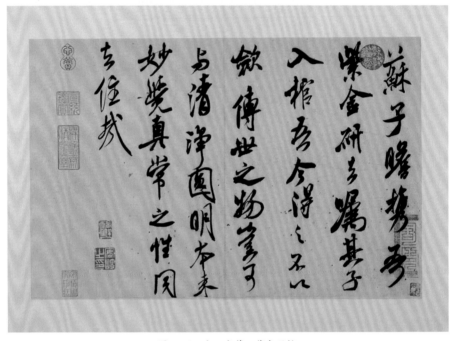

图1-10 宋 米芾 紫金砚帖

《紫金砚帖》帖文："苏子瞻携吾紫金研去，嘱其子入棺。吾今得之，不以敛。传世之物，岂可与清净圆明本来妙觉真常之性同去住哉。"

苏轼这位好朋友也是一个特立独行的人，是一位收藏大家，尤其喜欢砚台，喜欢奇石，被称为石痴、"米癫"，说白了就是米疯子，我倒是认为这种说法一半是调侃，一半是赞赏，没有什么贬义。正好像我们称一个爱书人是"书痴""书疯子"一样。

米芾曾任地方官，宋徽宗时任书画学博士，擢礼部员外郎。也是著名的书法家，与苏轼、黄庭坚、蔡襄合称"宋四家"。他受徽宗委托参与编选

《宣和书谱》。

米芾是一个多面手，他还是一位画家，创立米点皴，形成了独特的米家山水风格。

2002年12月7日在北京中贸圣佳国际拍卖公司秋季拍卖会上，米芾《研山铭》（见图1-11）被国家文物局委托机构以2999万元的创纪录价格买走。上有篆书题款为："宝晋斋研山图不假雕饰，浑然天成。"这是一块山形砚台，在研山奇石图的各部位，用隶书标明："华盖峰、月严、方坛、翠峦、玉笋下洞口、下洞三折通上洞、予尝神游于其间、龙池、遇天欲雨则津润、滴水小许在池内、经旬不竭。"可见米芾多么用心，为一块石头起这么多名字。

图1-11　宋　米芾　研山铭（局部）

这是一块灵璧石，米芾十分喜欢，经常抱着睡觉。

铭文："研山铭。五色水，浮昆仑，潭在顶，出黑云，挂龙怪，烁电痕，下震霆，泽厚坤，极变化，阊道门。宝晋山前轩书。"

一个开放的社会环境，自然允许一些个性的表达。这是人性自由的充分发扬，也是一个社会包容性的重要体现，是一个真正的盛世的模样。宋代个性独具的"怪人"很多，他们高标独帜，任性放达，成为宋代独有的人文景观。

（10）崇古、尚古之风劲吹（见图1-12、图1-13）。

宋朝文人喜欢博古。赵明诚、李清照夫妇经常去大相国寺淘文物，他们收藏的金石书画摆满10间屋子。赵明诚研究这些金石碑帖，还写了《金石录》30卷，收入2000多件金石书画等器物。金兵南侵，赵明诚夫妇携15车金石书画南逃。

图 1-12　宋　刘松年　博古图

图 1-13　元　钱选　博古图

宋徽宗也是一个嗜古成性的人，曾专门下诏由官方组织编纂《宣和博古图》30卷。收商至唐800多件古铜器，还让人复制了一批古铜器（见图 1-14）。

金石学发端于北宋。王国维说："近世学术多发端于宋人，如金石学，亦宋人所创学术之一。宋人治此学，其于搜集、著录、考订、应用各面，无不用力。八百年间，遂成一种之学问。"

图 1-14　宋代青铜错金银牺尊（颐和园藏）

（11）陶渊明在何时成为超级网红？

提起陶渊明，现在无人不知，俨然是中国文人隐士的典型。小学语文课本中就收有他的诗。朱光潜说："可以和陶渊明比拟的，前只有屈原，后只有杜甫。"按照朱光潜的观点，中国诗歌史上的三位巨人，分别是屈原、陶渊明、杜甫，其他李白、白居易等人都算不上。

可是，陶渊明在晋代、南北朝、隋唐的名声，都远没有在宋代那么显著。陶渊明之后南北朝有两部文论经典：《诗品》和《文心雕龙》。《文心雕龙》对陶渊明只字没提。《诗品》也仅仅是把陶渊明的诗评为"中品"。唐代很推崇谢灵运，谢灵运名声最为显著，李白就是谢灵运的崇拜者。从杜甫开始主张把陶渊明、谢灵运并提。

宋代大文豪欧阳修、苏轼、王安石、黄庭坚等人开始大力宣扬陶渊明，使得陶渊明名声大振，成为文人膜拜的对象。陶渊明的价值观也成为宋代文人追求的主流价值观。

陶渊明，生于浔阳柴桑（现江西九江市），东晋诗人，曾做过一些小官，先后任江州祭酒、建威参军、镇军参军、彭泽县令等职，最末一次为彭泽县令，上任 80 多天便弃职而去，从此归隐田园。

他的曾祖为陶侃，是东晋开国功臣，父亲做过太守，家境应该不错，但是父亲在陶渊明 8 岁时去世，家道中落。

据说郡官派督邮来见他，县吏就叫他穿好衣冠正装迎接。他正准备去，来人要求他穿戴整齐。他叹息说："吾不能为五斗米折腰，拳拳事乡里小人邪！"他马上取出官印，封好了，写了辞职信，随即离去。从此，"不为五斗米折腰"广为流传，也成为文人名士不愿屈身下仕的代名词。"折腰"也成为一个使用频繁的典故，李白诗"安能摧眉折腰事权贵，使我不得开心颜"，其中"折腰"就应该来自这个典故。

陶渊明洁身自好，傲岸不屈，追求自由，不愿为俗务缠身。他性喜自然，爱老庄。有人做过统计，陶渊明现存留诗文 140 篇，其中引用老子、庄子典故多达 70 多次。酒能遣兴，他也像其他魏晋名士一样爱饮酒，"宽心应是酒，遣兴莫过诗"。

他是我国田园诗的开创者，是文学史上开宗立派之人。他的语言淳朴、清新、不事雕琢，开辟诗歌的新天地，直接影响唐代田园诗派。南朝文学评论家钟嵘称陶渊明为"古今隐逸诗人之宗"。魏晋两代，华丽的骈文盛行于世，陶渊明的田园诗与之形成鲜明的对比，也表达了陶渊明的独树一帜。

他的语言虽然平淡无奇，但是含有丰富的感情和深厚的思想，又富有情趣，不乏幽默。梁实秋曰："绚烂之极归于平淡，但是那平不是平庸的平，那淡不是淡而无味的淡，那平淡乃是不露斧凿之痕的一种艺术韵味。"

陶渊明"自幼修习儒家经典，爱闲静，念善事，抱孤念，爱丘山，有猛志，不同流俗"。[1]"少无适俗韵，性本爱丘山"（陶渊明《归园田居》其一）。"少学琴书，偶爱闲静，开卷有得，便欣然忘食。见树木交荫，时鸟变声，亦复欢然有喜。常言五六月中，北窗下卧，遇凉风暂至，自谓是羲皇上人。意浅识罕，谓斯言可保"（陶渊明《与子俨等疏》）。陶渊明最著名的作品是《桃花源记》和《归去来兮辞》。

一个人能不能流芳后世，很大程度上要靠后世的知己，他们虽不同时，但是心心相通，后者往往是前者忠实的拥趸，愿意大力推广前者。欧阳修就是陶渊明的后世知己。欧阳修在宋代文学的地位相当之高，由于欧阳修的大力推广，陶渊明开始大放异彩，并不断被后世顶礼膜拜，成为文人的偶像。这个偶像的树立最大贡献者就是欧阳修。欧阳修曾评价说："晋无文章，惟陶渊明《归去来兮辞》一篇而已。"后来的人只不过是重复欧阳修的论调罢了。

受到欧阳修大力提举的苏轼也是一个陶迷，可以说是陶渊明在宋代的又一个知己。欧阳修、苏轼这两个宋代最伟大的文人前后接力，大力提倡陶渊明，陶渊明没有不火的道理，陶渊明算得上宋代最大的网红。

苏轼一生，顺境少，逆境多，一再遭贬，这样的经历可能使他对陶渊明的理解更加深刻。苏轼这样评价陶渊明的诗："渊明诗初看似散缓，熟看有奇句……大率才高意远，则所寓得其妙，造语精到之至，遂能如此。似大匠运斤，不见斧凿之痕。""吾与诗人无所甚好，独好渊明之诗，渊明作诗不多，然其诗质而实绮，癯而实腴，自曹、刘、鲍、谢、李、杜诸人，皆莫过也。"苏轼认为曹植、刘祯、鲍照、谢灵运、李白、杜甫等人都无法

[1] 袁行霈. 陶渊明集笺注［M］. 北京：中华书局，2003：848.

超越陶渊明。唐代大名鼎鼎的柳宗元也比不上陶渊明，"柳子厚诗在陶渊明下"。

对于陶渊明语言的平淡，苏轼说："其实不是平淡，绚烂之极也。"（苏轼《与侄论文书》）苏轼前前后后一共作了109首诗唱和陶渊明的诗，有《和陶止酒》《和陶连雨独饮二首》《和陶劝农六首》《和陶九日闲居》《和陶拟古九首》《和陶杂诗十一首》《和陶赠羊长吏》《和陶停云四首》《和陶形赠影》《和陶影答形》《和陶刘柴桑》《和陶酬刘柴桑》《和陶郭主簿》。苏轼这是穿越，在和陶渊明隔空对话，是精神层次的对话。

宋人为什么崇拜陶渊明？虽然主要原因是陶的诗写得好，但是实际上他们是在借陶渊明来抒发己意，是文人休闲意识的觉醒。唐代也有不少名人大力提倡陶渊明，但是，陶渊明在唐代并没有火起来，而在宋代，成为朝野文人共同的偶像，在朝者以他为精神偶像，借以消减为官的烦恼；在野者引以为榜样，身体力行，为自己找到一个合理的借口。

出仕与归隐一直是中国古代文人谈论、思考的主要话题，也是一个令文人纠结的千年问题。汉唐都有大批隐士，皇帝一再征召，也不出来为官，其中有些人真的是想归隐，他们看透了官场的污泥浊水，不愿同流合污，归隐山林以求人格自保。但是，也有一些人通过归隐达到出仕的目的，而且比直接出仕升迁更快，成为做官的捷径。有些个中老手，深得隐与仕的三昧，妙招连连。在唐朝，很多人假意归隐终南山，写几首诗，通过一些官员朋友拿给皇帝看，以此博取名声，得到皇帝的征召，然后入朝为官，这种做法被称为"终南捷径"。这是通过归隐变相出仕，这样的人很多。他们还制造了隐理论：大隐隐于朝，中隐隐于市，小隐隐于山林。

4. 现代政治的雏形

（1）超过三百年大限。

在中国历史上，周代以后，一个朝代能够超过300年的很少，300年几乎成了一个大限。

宋代（北宋、南宋）超过了300年，超出了历朝历代，前面的汉唐，后面的元明清都没有超过这一大限。北宋、南宋加起来是 319 年。南宋高宗赵构就是徽宗的第九个儿子，这没有问题。汉、唐是我国历史上两个伟大的朝代，但是，这两个朝代都没有超过 300 年大限。两汉国祚加起来虽然是 422 年，但是被王莽的新朝隔开，东汉与西汉的血脉很勉强，光武帝刘秀和汉高祖刘邦之间的血缘可能有些牵强。唐代往往让我们引以为傲，但是前后只有 289 年。朱元璋建立的大明王朝也只延续了 276 年。清代如果从努尔哈赤算起有 296 年的历史，但是，当时并不是全国行政权，如果从顺治入关算起，也就 268 年。

（2）事无大小，一听于法。

政府慈善。提到慈善，我们往往认为是现代社会的事，令人吃惊的是，在我国的宋代已经开始推行慈善政策，北宋政府颁布有"惠养乞丐法"和"居养法"。"惠养乞丐法"指由政府给贫民发放米钱；"居养法"则指由国家福利机构收留无处栖身的贫民。[1]

法制完备。经济的发达，必然伴随的是纠纷的增多，如果政府没有一套解决纠纷的政策法律，社会经济秩序就难以为继，就会伤及经济发展本身。宋代的法治完备程度令人惊叹。"宋朝的民商事立法非常完备，民间租赁、抵押、出典、买卖、借贷、财产继承、中介（牙人），均有周全的法令给予规范。"[2]

宋代人李觏认为："法者，天子所与天下共也……故王者不辨亲疏，不异贵贱，一致于法。"这是十分可贵的"法律面前人人平等"的思想，有宋一代的法治实践也确实基本体现了这一思想。

南宋的思想家陈亮与叶适都总结说："汉，任人者也；唐，人法并行者也；本朝，任法者也""吾祖宗之治天下也，事无大小，一听于法"。[3]

据《宋会要辑稿·帝系》记载："宋太宗时，御史中丞尝劾奏开封府尹许

---

[1] 吴钩.宋：现代的拂晓时辰［M］.桂林：广西师范大学出版社，2015：12.

[2] 同上书，第 14 页。

[3] 同上书，第 431 页。

王元僖，元僖不平，诉于上曰：'臣天子儿，以犯中丞故被鞫，愿赐宽宥。'上曰：'此朝廷仪制，孰敢违之！朕若有过，臣下尚加纠擿，汝为开封府尹，可不奉法耶？'论罚如式。"

陈州团练副史陈利用，仗着太宗赏识，杀人枉法，被人弹劾，本应判死刑，太宗有意庇护他："岂有万乘之主不能庇一人乎？"赵普抗议说："此巨蠹犯死罪十数。陛下不诛，则乱天下法。法可惜，此一竖子，何足惜哉。"最后太宗也不得不同意判陈利用死刑。

（3）**朝为田舍郎，暮登天子堂。**

如何选拔官员一直是历代政府面临的重要问题，中国古代朝廷为此做出了很多探索。一个朝代的兴衰，往往和它是否能把最优秀的人才选拔出来有关。汉代推行察举征辟制度，察举征辟制度强调孝与廉，社会评价对一个人能否被举荐有着重要作用。于是有人钻空子，制造假象，获得好评，被征为官。为了改进这一制度，魏晋实行九品中正制（人品和官品都评定为九级，人品降三级为官品），同样看重社会评价。在社会评价中当然最主要的是名人评价。所以，魏晋时期品评人物盛行。临川王刘义庆主持编撰的《世说新语》就是品评人物的经典合集，是名士培养的教科书。但是，结果并不是所有优秀的人才都有被举荐的机会，高级官职基本都被高门豪族垄断了。以至于形成"上品无寒门，下品无士族"的局面。为此，我们的先人又进行了探索，在隋代开始实行科举制度。

一提到科举制度，我印象最深的就是中学课本上的《范进中举》，加上五四时期人们对科举制度的诟病，使我对科举制度没有好印象。后来因为研究李约瑟之谜的问题，开始关注科举制度，才感到过去的认识太片面了，在古代，从世界范围来看，科举制度是人类社会选拔官员最为科学的制度。而同期的欧洲，基本上是贵族世袭制，平民再有本事，也没有办法成为官员。中国的科举制度为每一位读书人提供了平等的上进机会。当然，进入近代以后，各种弊病暴露出来，并最终被代替。我们不能因此否定科举制度的历史先进性。

隋文帝虽然开始推行科举制度，但是还很不完备。唐代沿袭隋代科举制度，并逐渐加以完备，在制度化方面获得很大进步，为唐朝政府选拔了很多优秀人才，大唐的强盛和这一制度有密切关系。

唐代虽有科举制，但借科举晋身的平民官僚，寥寥可数，士族大家仍然是官员的主要来源。宋代则情势一变，取士不问世家，"升入政治上层者，皆由白衣秀才平地拔起，更无古代封建贵族及门第传统的遗存"（钱穆语）。据学者对南宋宝祐四年（1256）《登科录》的统计，在 601 名宋朝进士中，平民出身的有 417 名，官宦子弟有 184 名，寒门进士占了绝大多数。[1] 由此可见，宋代在科举公平性方面取得了实质性的进步，贫寒子弟有了更多的晋升机会。

宋代著名的政治家、文学家中贫寒出身的人很多，如著名政治家、思想家、文学家、《岳阳楼记》的作者范仲淹，年轻时在寺院读书，带的米不够吃，就煮成粥，晾凉后切成块，分几顿来吃。大文学家欧阳修小时候家里买不起笔墨纸砚，就用芦苇秆在沙地上写字。

"宋代，科举出身的官员占官员总数 40%，而在唐代这一比例仅有15%。"[2] 我们所熟知的唐朝大诗人杜甫不是平民出身，而是出身名门，爷爷杜审言曾经做过宰相。

既然是考试，就有可能作弊，作弊的花样繁多，其中评卷人如果知道所评卷子是自己的亲属、朋友，很难做到公平。如何防止这一情况的发生呢？唐代就开始了糊名制度。

其实，在唐代科举制度中有一种制度涉嫌为作弊提供方便，这就是投诗文拜谒制度，也就是要参加科举的人，在考试前先要向那些社会名流投递诗文，以求推荐和褒议，这样就能获得好名声，有利于中举。被称为进士行卷，也被称为干谒、贽文、投献、投卷。唐朝很多人都这样干过，李白、白居易、杜甫、孟浩然、李贺、朱庆余等无不如此。宋代前期，也继承了这一制度，苏洵就是通过向欧阳修行卷而得到欧阳修的褒扬，因此闻名京城

[1] 吴钩. 宋：现代的拂晓时辰［M］. 桂林：广西师范大学出版社，2015：10.
[2] 贾冬婷，杨璐. 我们为什么爱宋朝［M］. 北京：中信出版集团，2018：8.

的。宋初，科举不仅看卷面成绩，还要"采誉望"，誉望自然是名家的评价了。这实际上是科举制度的补充——举荐制度的反映。在科举出现以前，汉代推行察举征辟制度，实际上就是举荐制度。科举制度建立后，举荐制度并没有完全消失，行卷习惯实际上是举荐制度的延续，或者说是残余。

既然是举荐，举荐谁，就由举荐人说了算，具有很大的主观性，很难做到公平，有些名人不公正，推荐有私交的人。后来朝廷逐渐废除了拜谒制度，实行糊名制度，也就是把考生的名字、籍贯都糊住，主考官、判卷人员不再知道考生的名字。这是我国考试制度的一大进步，也是人类考试史上的重大进步。

宋代的糊名制度被称为封弥制度。虽然唐代已经有了糊名制度，但是试卷糊名是由考生自己在试卷上把名字糊住，而宋代成为一种制度，设有专门的机构。宋朝第三位皇帝宋真宗咸平三年（1000）就派官员专门负责考试试卷封印，这是在科举中最高等级考试——殿试实行的糊名制度。明道二年（1033）在州试中也开始实行糊名制度。此后，在各级考试中都推广了糊名制度。具体做法是封住卷首考生姓名部分，或者裁去卷首部分，编成字号，送到专门的地方让人重新抄写一遍，以防止通过字体辨认考生试卷。由此可见科举考试比我们现在的考试还严格，现在的高考无法做到这一点，实际上也没有必要，高考的人数众多，改卷人能够碰到与自己有关系的人的试卷的概率很低。

现在我们的很多考试都实行出卷人封闭制度，也就是试卷在出题阶段至考试结束出题人都要被封闭，不能与外界联系。实际上在宋代已经有了这种制度，科举考试试卷出题人员完成出题任务以后，就被封闭起来，直到考试结束，这和现代的考试制度已经十分接近。应该说，宋代科举制度在公平公正方面做出了很多有益的探索，对后世科举制度影响巨大。中国科举制度的完善是在宋代完成的。

（4）理想的君臣关系。

关于君臣关系，历史上一直是一个不好拿捏的问题。如果遇到一个开明的皇帝，大臣们可能会畅所欲言，如果遇到一个刚愎自用、心胸狭窄的皇帝，大臣们可能就明哲保身了。但是君臣关系本质上是一种不平等关系，大臣们都是谨小慎微，在皇帝面前都是战战兢兢、如履薄冰，伴君如伴虎是大臣们的共识。即使是再开明的皇帝，大臣一般也不敢顶撞，因为皇帝随时可以杀掉任何一个人。我国宋代君臣关系发生了一种微妙的变化——虚君实相，"天下治乱系宰相"是宋代士大夫的共识。吴钩先生说，这一点有些西方的君主立宪制的味道。但是皇帝不是虚设的，仍然是掌握全国最高权力的人，只是在一定程度上加大了丞相的权力罢了，皇帝可以随时换掉丞相。比如，宋神宗时任用王安石变法，发现问题后，马上下令废除新法，撤掉王安石的职务。但是，宋代的这种加大丞相权力的做法还是有积极意义的。后来的朱元璋为了集中权力于一人，干脆废掉丞相一职。清代雍正皇帝开始设军机处，这样一个临时机构只听命于皇帝一人，凌驾于内阁之上，实际上架空内阁，也都是为了实现权力集中于一人手中。另外，宋代的皇帝相对来讲开放一些，允许大臣们逆着自己的观点说事，这样的例子也不少。

北宋王禹偁在《小畜外集》卷十一中竟然说，天下不是皇帝一人之天下，而是天下人之天下，也是很大胆的，这要是放在明清两代，遭杀头无疑。他的原话是："夫天下者非一人之天下，乃天下人之天下。理之得其道则民辅，失其道则民去之，民既去，又孰与同其天下乎？"

南宋高宗准备与金议和，御史台检法官方廷实上奏："臣每论和议之无益，徒沮将士之气，启奸雄之谋。今使人以'江南诏谕'为名，或传陛下欲屈膝受诏，则臣下不知所谓也。呜呼！谁为陛下谋此也？天下者，中国之天下，祖宗之天下，群臣、万姓、三军之天下，非陛下之天下。"《宋史纪事本末》记载，高宗不仅没有怪罪，方廷实还被升为监察御史。这种说法，明清的文臣是不敢讲的，很可能被杀头。

还有一件事，也可以说明宋代君臣的关系。高文虎《蓼花洲闲录》记载：神宗时陕西用兵失利，皇帝下令斩一漕官。第二天，宰相蔡确奏事，上曰："昨日批出斩某人，今已行否？"

确曰："方欲奏知。"

上曰："此人何疑？"

确曰："祖宗以来，未尝杀士人，臣等不欲自陛下始。"

上沉吟久之曰："可与刺面配远恶处。"

门下侍郎章惇曰："如此即不若杀之。"

上曰："何故？"

曰："士可杀不可辱。"

上声色俱厉曰："快意事更做不得一件！"

惇曰："如此快意，不做得也好。"

这样敢于直接和皇帝对着干，在明清两代是不可想象的。为什么有些学者怀念宋代，宋代在很大程度上给了臣子说话的权利。

（5）对仕人的惩罚就是流放。

宋朝的党争是很激烈的，宋神宗朝出现新党、旧党，新旧党在很多问题上针锋相对，各自结合成一个群体，互相攻击。但是，他们政见的不同，和私人恩怨毫无关系，许多分属新旧党的士大夫，在朝堂上争得面红耳赤，如狂风暴雨，但私下里却是很好的朋友，如和风细雨。王安石和苏轼、司马光意见不同，私下都是好友。王安石和苏轼经常在一起下棋、吟诗。政见与私见的分开是一种可贵的表现，不因为我对你个人有意见，就在政见方面攻击你，也不因在政见上不同而影响私下交往。当然，这不是绝对的，对某些人来讲，可能不是这样。

党争失败者一般也就是流放，很少被杀头。唐德刚在《北宋的君相文官制》一文中说："北宋朝廷中新旧两派，都不致因政争杀头。中央政府中的政治斗争，只是胜者当国，败者下放，像保守派的司马光，政见不得行，竟然'奉旨著书'，用公费国帑，组织一个'研究计划'（Research Project），来阐述他保守派的政治哲学。一下放，放了十九年，历经两朝，终于搞出一套传统中国最保守的历史哲学教科书的《资治通鉴》来。……所以吾人如大胆地说一句：北宋的朝政，是近古中国政治现代化的起步，亦不为过。可惜的是，传统中国这种有高度现代化和民主意味的开明文官制，在宋亡之后，就再次复古回潮了。元朝的集权专制，不用说了。明太祖朱元璋晚年，皇权竟然回潮到连宰相和内阁也一道废除的程度。"唐德刚的评价公允、客观,一言中的。

（6）艺人讽刺朝政。

艺术作品的作用是巨大的,它往往不直接评判一件事情的好坏,而是通过一个故事让人警醒。在宋代,艺人讽刺朝政的现象普遍存在,政府对此未加禁止,一些讽刺作品甚至起到了难以预料的效果。宋徽宗时,任蔡京为相,蔡京进行了一系列改革,其中一项就是币制改革,崇宁三年（1104）发行折十钱"崇宁通宝"（后改称"当十钱"）。两年后,有杂剧家到宫中表演讽刺剧《当十钱》。徽宗当即下令停铸当十钱。

剧中一顾客喝了小贩一碗豆浆,付了一枚"当十钱",等着找回九个钱,小贩十分抱歉:"我刚开张,没有零钱,你多喝几碗吧!"顾客不得不连喝五六碗,最后鼓腹曰:"我实在喝不下去了,这不过是个'当十钱',要是相爷再改成'当百钱',这可怎么了得哇!"引起哄堂大笑。[1]

5. 经济的繁荣与富盛远超汉唐

（1）当时世界上的超级大国。

两宋的手工业发达,南宋的丝织、造船、制瓷都达到了很高的水平。国民经济发展迅速,财政收入增长很快,其富足程度远远超过了唐代,成为世界上名副其实的大国、强国。

唐代的最高岁入为天宝八年（749）的 5230 万贯,含钱、粟、绢、布,其中货币性岁入为 200 万贯钱。占税收总额不到 4%。[2]

北宋治平二年（1065）的数字是 11600 万贯,其中货币的岁入为 6000 万贯以上,比重超过 50%。[3] 按照当时的价格计算,一贯等于一两白银,如此算来北宋治平二年国家财政收入 1.16 亿两白银。这种财力在当时的世界上没有任何一个国家可以与之匹敌。另外,从国家每年铸造货币的规模

---

[1] 余辉. 隐忧与曲谏:《清明上河图》解码录 [M]. 北京:北京大学出版社,2015:186.

[2] 吴钩. 宋:现代的拂晓时辰 [M]. 桂林:广西师范大学出版社,2015:380.

[3] 同上书,第 381 页。

也可以看出宋代经济发展的情况，北宋神宗年间年铸造的货币量是 500 万贯，相当于唐朝最盛时的开元年间年铸造货币量的 20 倍。这一点确实挑战我们已有的认识，大唐盛世的经济规模竟然远远不如北宋！但是，这是真的。

据经济史学家艾德荣估计，宋朝的 GDP 占全球的 25%—30%。宋朝与全球 58 个国家有贸易往来，通过瓷器、茶叶、丝绸换回巨额财富。人口接近两亿，宋徽宗宣和二年（1120）有户 2200 万户，人口 11880 万。在古代，人口是衡量一个社会是否强大的重要因素，在以农耕为主的时代，人口的增加就意味着生产力的增加，当然也就意味着社会财富的增加，所以历代政府都鼓励生育。

市舶司（海关）每年从海上贸易中抽税近 200 万贯（明代在"隆庆开关"后，海关抽税每年不过区区几万两银），进出口贸易总额约为 2000 万贯。[1] 由此可以看出，宋朝也是典型的外贸大国，每年的外贸收入数额巨大，这也是宋朝十分富庶的原因之一。

通过《清明上河图》我们也可以感受到宋代的繁华，店铺一家连着一家，街上行人如织，车水马龙，一派繁荣景象。据记载，当时东京汴梁有商铺 6400 余家。

诺贝尔经济学奖获得者诺斯说，制度决定一个国家的经济增长。归根结底是宋代的社会制度有利于经济的发展。

（2）兼具外贸部、外交部功能的市舶司。

原始人类自从有了分群，就有了群体之间的物质交换，那就是最初的对外贸易。进入民族国家以后，外贸的种类、数量都有了极大的发展。中国的丝绸之路就是一条国际贸易之路。古埃及把自己的纸莎草纸、玻璃制品卖给西亚、中东、欧洲国家，换取了大量的硬通货。当一个国家对外贸易达到一定程度时，就需要专门的机构来管理。宋代外贸事业发达，专设市舶司来管理对外贸易。如果我们追溯外贸管理机构的历史，实际上唐代已

[1] 吴钩 . 宋：现代的拂晓时辰 [M]. 桂林：广西师范大学出版社，2015：7.

经在广州设置市舶司。

市舶司这样一个机构相当于外贸部兼外交部，而且还是海关，负责管控进出口贸易。市舶司还负责外国使节的接待工作，负责解决中外经济纠纷及其他民事纠纷。

北宋最初在广州设市舶司，后来在杭州、明州、泉州、密州也设市舶司。

神宗元丰三年（1080），朝廷颁布了《元丰市舶条》，为民间海外贸易立法，并委任专门的官员负责市舶司事务，后又设提举市舶司。

南宋在泉州设市舶司，泉州是最大的对外贸易港口，很多阿拉伯商人在此聚集，朝廷为便于管理，设置了专门的阿拉伯人居住区——蕃坊（唐代已有），中国政府任命德高望重的侨民领袖担任蕃长，蕃长负责处理外国侨民内部纠纷，可以按照阿拉伯国家的法律解决，中国政府不加干涉，类似于近代外国租界的治外法权。为方便外国人生活，还专门设立"蕃市""蕃学"。

外国商船，无论是进港、出港都要到市舶司登记注册，领取外贸许可证，也叫公据。市舶司的官员要登船检查，评估货物价值，按率征收税款。而且还要检查违禁物品，比如铜、武器、书籍等。因为铜是制造钱币的原材料，所以宋代政府禁止外商船只私自携带铜出口；武器涉及国家军事，禁止外商携带出口，很容易理解。书籍为什么禁止出口？当时宋代的丝织技术、制瓷技术全球领先，为国家换来大量的外汇，作为政府有理由限制这些技术的出口，书籍是当时科技传播最重要的载体，禁止书籍出口可能有这一方面的原因。另外，部分书籍涉及宋朝的边防，也应该是保密的内容，可能也是禁止出口的原因之一。

对外国商船上的象牙、乳香，市舶司全部买下，归政府专营，这些珍贵的把玩品、香料大部分归皇家使用，少部分会向市场出售。

宋代因为和西夏征战不断，陆路丝绸之路基本断绝，在西夏边境仅有少量的互市存在，而且经常中断，交易量十分有限。但是，宋代的海上丝绸之路十分发达，宋代的外贸主要靠海运来实现。从历史上来看，中国海上丝绸之路虽然在宋代以前已经存在，但是大多是零星的，在海运数量、船只规模、海运路线等方面都无法和宋代相比，海上丝绸之路真正形成规模是在宋代。

有一个外国人说，中国人太了不起了，竟然用树叶、虫子、泥土换取巨额外汇，这里指的应该是我国古代把茶叶、丝绸、瓷器作为外贸产品。应该说，在宋代，中国外贸达到了历史上的最高点，超越了以前任何一个朝代，后来的元明也无法和它相比。明清基本上闭关锁国。明代初年，不许片板下海。郑和下西洋不是为了贸易，而是为了寻找建文帝的下落，同时也是向外国宣示国威，这不能不让我们怀想那个进出口自由贸易的黄金时代。尽管它军事上乏善可陈，但是其经济发展确实辉煌无比。历史上那些游牧民族，尽管骁勇，战果辉煌，但对国家民族的发展究竟有多大益处，确实值得思考。但是，历史就是历史，历史就是客观事实，容不得假设。尽管人类社会文明程度不断提升，整个历史就是文明的发展史，但是，历史上并不都是文明战胜野蛮，有时候是野蛮战胜文明。辽与宋，金与宋，元与宋，无不如此。在欧洲古代历史上也是这样，古希腊是一个高度发达的文明，后来被马其顿灭掉了；古罗马也是被北方蛮族灭掉了。这不由得让我们感叹历史的无情。再聪明，再富有，也架不住武力掠夺，甚至会遭遇被武力灭亡。文明的民族往往把主要精力用于生产，野蛮民族往往把主要精力用于发展武力、用于掠夺。

（3）为什么宋代钱币存世这么多？

宋代钱币主要是铜钱，至今在民间还有很多遗存，尽管过了数百年，但是宋代铜钱在民间的遗存数量仅次于清代，元代、明代的钱币遗存数量都无法和宋代相比。有人研究得出结论，宋代铸币量是汉代的 20 多倍。除了铜钱以外，在四川地区也出现过铁钱。正是铁钱的使用导致了世界金融史上的一项重要发明——交子。聪明的四川人嫌铁钱太重，发明了交子（见图 1-15）。交子原来是由 16 家富民发行的，后来富民家资金短缺，无法兑现。天圣元年（1023）改由官府负责发行，面额自一贯至十贯不等，开始的时候，由手工填写面值。后来改为印刷，面值为五贯、十贯两种，很快又改为一贯和五百文两种。刚开始发行有效期为两年，后来延长至四年，由政府设立专门的机构——交子务负责发行管理。但是，宋神宗时印发数量没有控制，造成通货膨胀。哲宗时发行更多，交子贬值更加厉害，民怨很大。交子是世界上最早的纸币，美国直到 1690 年才发行纸币，英国于 1694 年开始发行纸币。中国纸币比美国、英国早了 600 多年。

南宋政府从绍兴三十年（1160）起又发行了流通全国的新纸币——会子（见图 1-16），并在临安（当时也称"行在"）设立会子务。现在中国国家博物馆存有"行在会子库"的铜版，是南宋印刷会子的印版。会子最初只有一贯面额，后来又增加了 200 文、300 文、500 文面额。南宋政府为解决军费开支和财政困难，多次大量发行会子，造成纸币贬值，市场混乱。由此可见，新的发明，给人们带来的往往不仅仅是便利，有可能是灾难。纸币的发行，很难避免通货膨胀。

宋代交子、会子的设计还比较粗放，到了明代，纸币设计已经十分工整细致，大明宝钞（见图 1-17）看起来正式多了，好看多了。但是，大明宝钞同样因为大量发行，造成极度贬值，原来的大明宝钞一贯值一

图 1-15　宋代交子

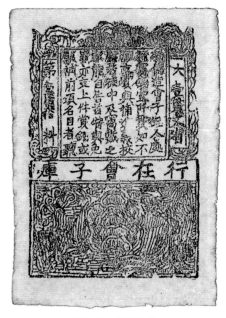

图 1-16　宋代会子

两白银，后来仅仅值一文钱，是原值的千分之一，所以被市场抛弃。我们在惊叹宋人聪明才智的同时，也不得不面临一个严酷的历史事实，纸币因为印制的便利，发行权又掌握在政府手里，政府难以抵制超量发行的利益诱惑，所以，自从纸币诞生以来，通货膨胀就一直是它的孪生姐妹，与之相伴始终。而这种情况在使用金属货币的情况下是很难出现的，尤其是使用金银货币，根本不会出现通货膨胀。

宋代除了铜钱外也有金银货币，如银铤、金铤等，主要用作大额

图 1-17 　大明通行宝钞印版

支付，但是相对较少。中国国家博物馆藏有一枚"魏六郎"金铤。1956 年杭州市城站剧院出土，重 39.4 克。宋代政府对金银管理很严，为了保证质量，金银货币都要标注店铺名称、制造人姓名等，对于上贡的金银，还要标注监铸官吏的姓名、职务等。对于金银铺来讲，标明自己的店铺名，一个是要负责任，便于追责，另一方面也是一种广告和品牌，如果质量可靠，就会逐渐赢得信任和市场。这种做法被后世的元、明、清所继承。

"纳铜"制度。宋代本来铜就很短缺，加上铸币数量巨大，耗费了大量的铜，所以对铜的管制很严，在海外贸易中严禁携带铜出境，甚至在边境专门有官员负责查验铜镜。其中主要原因，当然是因为铜可以铸钱。但是，有一件事让我们感到吃惊，也就是所谓的"纳铜"或"赎铜"制度。在宋代，如果你犯罪了，只要你有铜，就可以免罪，就连绞刑、斩刑都可以通过交纳一定数量的铜得以免罪。具体来讲，如果被判笞 10 下，缴纳一斤铜就可以免掉；杖 100 下，需要缴纳 10 斤铜。如果被判徒刑一年，需要缴纳 20 斤铜，才能得免；如果被判流放 2000 里，要缴纳 80 斤铜，才能得免；被判绞刑、斩

首，需要缴纳 120 斤铜。每斤铜折铜钱 120 文。在一个以法度为上的国家，竟然可以用铜来赎掉所有的罪，那么法律的严肃性和神圣性又何在呢？

在中国古代钱币史上一般都是说南方使用过铁钱，没有北方使用铁钱的记载。可是，在河北沧州旧城遗址——著名的铁狮子附近，1997 年 7 月出土 48 吨铁钱（见图 1-18、图 1-19）。这些铁钱被熔铸在一起，显然是有意毁掉的，但又没有熔化成铁水，还可以看到明显的钱币上的文字。这些钱币大多是宋代的，比如宋徽宗时期发行的"大观通宝""政和通宝""崇宁通宝"等，也有少量唐代钱币。这些铁钱块堆放在青砖上，厚度 80 厘米，每块长宽 1 米左右。

图 1-18　河北沧州旧城遗址出土的铁钱

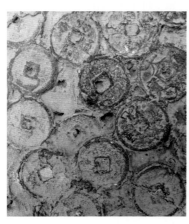

图 1-19　大观通宝铁钱（左）和政和通宝铁钱（右）

宋代白银为什么没有作为货币被大量使用？因为我国是一个白银矿产很少的国家。实际上，现在我国境内考古在唐代墓葬中已经发现了很多波斯金币、银币，罗马金币，萨珊金币等，照理说唐代政府应该也会想到铸造金银货币，但是，为什么没有这样做呢？恐怕是金银储备不够。20世纪70年代我们在陕西西安何家村窖藏中发现了几十枚金质开元通宝，但是这些钱币不是流通用的，而是供宫中行乐用的，或者作为皇帝赏赐用的。我国明代隆庆开关以后，海外贸易开始发展，中国的茶叶、瓷器、丝绸在欧洲十分受欢迎，西班牙殖民者把在美洲开采的白银大量运往中国换取货品，荷兰商人也大量用白银购买中国的上述物品，中国的白银储备开始大幅度增加。这才使得明朝可以把白银作为货币广泛使用。

（4）美轮美奂的瓷器。

瓷器一开始主要是食用器皿盘、碗、杯、碟等。瓷器出现以前，中国人的食用器皿主要是金属器、陶器、漆器。尤其是宫廷贵族使用金属器、漆器数量巨大。随着瓷器的流行，金属器大量减少，漆器也大量减少，几近消失。

自唐代以来，瓷枕开始流行，宋瓷中有很多是瓷枕。尤其是定窑、磁州窑，生产瓷枕品种丰富，数量巨大。李清照《醉花阴》词"玉枕纱橱，半夜凉初透"中的"玉枕"就是指瓷枕。另外，宋代品香文化盛行，大量香器也是瓷器。妇女们使用的香盒、脂粉盒也都是瓷器。

宋代钧瓷创烧成功，钧瓷利用窑变烧制出来的瓷器色彩绚丽、五彩缤纷，每一件的釉色都是独特的，不会与他件重复。故有"钧无双配""钧瓷无双，窑变无对，千钧万变，意境无穷"的说法。

我国瓷器在西汉时期已经烧制成功，在此以前的战国时代已经有和陶器不同的类瓷作品，被称为原始瓷。原始瓷中青瓷烧造主要是在今浙江地区。唐代最崇尚青瓷，当时的人们认为白瓷不如青瓷。唐代大诗人陆龟蒙的诗句"九秋风露越窑开，夺得千峰翠色来"就是在形容越窑青瓷。

宋代立国之初，从开宝年间至太平兴国的十几年中，吴越钱氏便向宋王朝进贡越窑青瓷达17万件。[1]这个数量是巨大的。

宋代有八大窑系、五大名窑，五大名窑是指"官、哥、汝、定、钧"。官

[1]石云涛.中国陶瓷源流及域外传播[M].北京：商务印书馆，2015：69.

窑是指专门为皇家烧制瓷器的窑场。"目前所知最早的官窑是越窑，20 世纪 70 年代前后，在浙江慈溪上林湖一带先后发现器物底刻'贡窑''官样'文字青瓷片，所以越窑被称为'官窑之祖'"。[1]宋徽宗宣和、政和年间，在东京汴梁设置瓷窑，烧制瓷器，这就是北宋官窑。南宋顾文荐《负暄杂录》记载："本朝以定白瓷有芒，不堪用，遂命汝州造青瓷器。宣政间，京师自烧造，名曰官窑。"

号称世界瓷都的景德镇是宋代重要的瓷器生产地之一。实际上，景德镇在汉代已经开始烧制原始瓷，不过当时不叫景德镇，属于豫章郡鄱阳县管辖。唐代原属浮梁县，名昌南，烧制技术已经很强，唐高祖李渊曾命令"制瓷进御"，开始烧制皇家御用瓷。宋景德元年（1004）真宗皇帝下令烧制御用瓷器，景德镇由此得名。

宋代的审美没有沿袭唐代的华丽、富贵，而是崇尚简单、朴实、素净。宋代的瓷器，大多是单色釉，装饰较少，即使有装饰，也大多是压印花纹等，使用色彩装饰较少，造型古朴，给人素雅、简单的印象。宋徽宗带头崇古，编写《宣和博古图》。上行下效，宋代尚古之风盛行，在瓷器制造中也有用瓷器仿制古铜器的现象存在。

这样的审美风格应该和宋徽宗崇信道教有关，宋徽宗自号道君皇帝。道教主张返璞归真，追求自然，反对过多雕饰。老子在《道德经》中说："五色令人目盲，五音令人耳聋，五味令人口爽。"

自明代以来，宋瓷就开始被追捧，成为收藏家竞相收藏的品种，乾隆皇帝更是一个宋瓷迷，还让御窑仿制宋瓷。近些年来，宋瓷在收藏市场上也非常热门，价格高得惊人。比如，一件北宋汝窑天青釉洗在香港苏富比 2017 年 10 月 3 日上午的拍卖会上成交，成交价为 2.94 亿港元。

人类的食用器皿最先是陶器，陶器的特点是容易制作，但是表面不光滑，硬度不够，容易渗水、损坏。金属器皿造价昂贵，产量受到限制，一直不是主要的食用器皿。在欧洲，瓷器传入以前，贵族、皇家都是使用金属

[1] 石云涛.中国陶瓷源流及域外传播[M].北京：商务印书馆，2015：77.

器皿，主要是银器、锡器。瓷器烧制温度远远高于陶器，烧成温度一般在1300 摄氏度以上，密度较高，不渗水，施釉之后表面十分光滑，很多瓷器质地纯洁，白色居多，加上装饰图案的点缀，简直就是优秀的艺术品。瓷器由瓷土烧制，数量几乎不受限制，生产数量巨大，是最适于普及的食用器皿。瓷器的发明大大改善了人们的生活，让人们的食用器皿更加美观、洁净。中国瓷器传入国际社会以后，受到追捧，欧洲人简直把瓷器当神物对待，很多家庭把瓷器供在专门的柜子里。唐代时期，瓷器已经传入西亚、东亚等地。宋瓷通过海上丝绸之路被运往南洋、西亚、北非等地，是重要的出口贸易产品，为宋代政府换回大量的黄金、白银、香料等。宋代瓷器是人类历史上第一个全球化的产品，隋唐虽然也有瓷器生产，但是没有大范围向国外出口。宋代瓷器烧造技术日益成熟，而且得到普及，烧造数量巨大。在宋元以及明中期以前一直由阿拉伯人把瓷器贩运到中东、欧洲地区，阿拉伯人从瓷器贸易中获得巨额的利润。后来的奥斯曼土耳其帝国阻断了这条道路。欧洲人开始探索通往中国的海上通路，明代后期葡萄牙人从明王朝手里租到澳门，开始直接从中国购买瓷器，然后贩运到欧洲获取暴利。"在大航海的过程中，西班牙人歪打正着地发现了美洲大陆，并且半个世纪后，在南美洲和墨西哥发现了多处大银矿，包括今天世界三大银矿之一的萨卡特卡斯银矿。从 16 世纪开始，随后的 150 年里，西班牙人从美洲开采并带走了约 16000 吨（约 5 亿两）白银。这些白银，有三分之一直接用来购买中国的货物，主要是瓷器和茶叶。"[1]

　　1987 年在广东阳江海域发现一艘南宋沉船，被命名为"南海一号"。此船为泉州特征木船。经过十几年的清理，2019 年 8 月 6 日，国家文物局宣布"南海一号"沉船共发现文物 18.2 万余件。我没有查到最新的瓷器发现数量，查到了截至 2016 年 1 月 5 日，总共出土文物 14000 余件套，其中瓷器有 13000 余件套。一条船就运载 13000 多件套出口，来来往往的无数商船运出的瓷器数量可想而知。瓷器在给宋朝带来巨额外汇的同时，也给中

文化背景

---

[1] 参见得到 APP，吴军《硅谷来信》中的第 88 封《瓷器和全球化》。

国带来了很高的国际声誉，很多国家羡慕中国宋朝的富有与繁华。

船上还发现大量的铁器，我国宋代铁器制造技术先进，有大量的铁器出口，已经开始大量使用煤炭炼铁，煤炭发热量大，炉温较高，提高了冶铁技术和效率。考古人员在船泥中发现了丝绸的成分，因为水下环境问题都腐烂了，不知道究竟有多少丝绸。还有一部分金叶、银锭、铜钱，其中银锭7000两。在宋代，金叶、银锭都用于大额支付，平常都是用铜钱。

外层船板都是三层木板，十分牢固。船只清理完毕后发现，该船有14个水密舱。这在当时是一种十分先进的造船技术。

（5）与日本的关系。

据南宋周辉《清波杂志》卷四倭国条记载，日本对来自宋朝的商船十分欢迎，只要商人和船员一上岸，就会有日本女人陪伴，这叫借种。这个记载有些花边新闻的味道，但是日本一直在主张改良人种。日本明治维新时期高桥义雄著有《日本人种改良论》。虽然时代较晚，但是这可能是日本人早就有的一种想法。[1]

日本和服是由中国的三国吴服改造而来的，至今有些和服店还悬挂"吴服屋"招牌。日本的茶道、花道、剑道、相扑、俳句、禅宗都来自中国，这些文化主要是唐宋时期从中国传入的。

（6）严格限制朝贡贸易。

记不得哪位专家说过，历代中原王朝与海外诸邦的贸易关系，不外乎两种类型：朝贡系统和互市系统。朝贡系统属于双重不平等："诸邦向天朝纳贡，中国获得四夷宾服、万国来朝的政治荣耀。这是政治上的不平等：天朝高于诸邦。经济上不平等则反过来：中原王朝给予诸邦的回赐，其价值远远高于朝廷收到的贡品，诸邦在政治象征意义上表示臣服，但经济上则得到巨大的实惠。"[2]虽然这些国家表示对中国政府的臣服，实际上中国政府大多数情况下管不了这些国家的内部事务，他们是完全独立的。所谓的

［1］易中天.易中天中华史：风流南宋［M］.杭州：浙江文艺出版社，2018：74.
［2］吴钩.宋：现代的拂晓时辰［M］.桂林：广西师范大学出版社，2015：358.

臣服，恐怕只具有象征意义。自唐代以来，莫不如此。

宋政府对海外贸易采用实用主义的做法，严格限制朝贡贸易。如，宋高宗下令商船不得随便运载外国人入宋，否则，将处以"徒二年，财务没官"的惩罚；宋孝宗也曾专门降旨，如果有外国人想来朝贡，紧邻的宋朝当地的官员要加以劝止。[1]

这实际上是算政治账和经济账的问题，万国来朝，政治上合算，经济上不合算。应该说宋王朝的皇帝们还是有几分的清醒，没有盲目地追求国际威严，没有被万国来朝冲昏头脑，而是把经济账算得很清。

在现实生活中，一个人想要另一个人完全臣服是很难的，一个国家想要另一个国家臣服更难。那些被臣服的国家一定是十分强大的、实力雄厚的，一个弱国无论如何不可能让其他国家表示臣服。

实际上，并不是独有中国的王朝喜欢万国来朝，世界上很多王朝统治者都喜欢被朝拜，尤其是喜欢被其他民族朝拜，这是世界上古代统治者普遍的共同爱好。古代埃及法老也喜欢别人来朝贡。在古埃及的一幅壁画中绘制了其他民族前来朝贡的场面，朝贡者进贡的有长颈鹿、猎豹、象牙、椅子、猴子、狮子、羚羊、牛，还有家具、遮阳扇等其他物品（见图1-20）。从

图1-20　古埃及壁画中的朝贡场面

[1] 吴钩.宋：现代的拂晓时辰[M].桂林：广西师范大学出版社，2015：358.

相貌来看,进贡人应该是非洲黑人部落,他们都穿豹皮裙,这种豹皮裙十分原始,连豹子的腿都保留着。

早在古波斯帝国阿契美尼德王朝(前550—前330),在其都城遗址波斯波利斯,至今还留存着精美的万国来朝的浮雕。前来进贡的队伍浩浩荡荡,气势雄伟,他们中有粟特、坎大哈、印度、希腊、小亚细亚、腓尼基、巴比伦、阿拉伯等23个国家或城邦的使臣,他们一起向大流士一世(前521—前485)进贡。可以想见,当年大流士一世坐在王座上接受朝贺是何等的荣光。这实际上是人类征服欲望的一种表现。人类自诞生以来,不同种群之间就存在杀伐,杀伐的目的之一就是扩张地盘、掠夺财富,进一步就是让其他种群臣服,这种习惯前后相沿几千年,几乎没有改变。那些历史上所谓的强大的帝国,无一不是征服他国的结果,古罗马帝国的扩张、波斯帝国的扩张、马其顿帝国的扩张、元朝大规模的扩张、土耳其日耳曼帝国的扩张等等都是为了征服其他民族。人类何时才能停止征服其他民族,为什么不能各安其所? 这是一个令人困惑的问题,也是一个无解的问题。

由于统治者希望外国来朝,希望八面威风,所以万国来朝的绘画题材就非常受到皇帝们的喜爱,历代都有描绘这一题材的绘画,这种绘画有一个特殊的名字,就是"职贡图"。中国现存最早的职贡图应该是南北朝时期南朝梁武帝的儿子梁元帝梁萧绎绘制的《职贡图》,该图记载了35个国家前来朝贡的情景,其中有波斯人、黑人等,可谓是盛况空前。梁元帝也是一个文化艺术造诣很高的皇帝,一生著述十分丰富,于诗文、绘画、书法、音乐、围棋都有很高的水平。

大唐帝国国家强盛,疆域广阔,周边很多国家表示臣服,唐太宗被北方少数民族称为"天可汗",外国前来朝贡的使者络绎不绝,出现了"万国衣冠拜冕旒"的局面,想想万国使臣朝拜大唐天子的盛况确实令人激动。大画家阎立本绘有一幅《职贡图》,画面可能是真实情况的反映。

元朝是中国历史上疆域最广阔的时代,蒙古铁骑令很多民族胆寒,万国来朝的兴盛局面可想而知。元代画家任伯温的《职贡图》描绘了游牧民族到元朝进贡宝马的情景。

明代虽不如元朝疆域广阔，但是前后也持续了 276 年，也是一个了不起的王朝。郑和下西洋每次都带回来很多前来进贡的外国使节，永乐二十年九月，随郑和船队来中国的外国使节竟然有 1200 余名，他们分属 16 个国家。著名画家仇英绘有一幅《职贡图》，上面有三佛齐国（苏门答腊岛）、女王国（泰国）等国来朝的场景。仇英的绘画比以往的职贡图更加富丽堂皇，绘制的进贡物品更加丰富，进贡队伍更加庞大，加上山水的衬托，更加凸显天朝的荣耀与威严。明代反映明宪宗宫廷生活的图画《明宪宗元宵节行乐图》中也有朝贡者的画面。

清朝前期、中期疆域远远超过明代，康熙、乾隆两代皇帝开疆拓土，周围民族臣服很多。反映这一时期的职贡图《万国来朝图》气势宏大，大纵深，富丽堂皇，外国使者集聚在太和门前，熙熙攘攘，数量众多。该图由宫廷画师绘制，从画面来看应属于界画的范畴。清代还有一幅职贡图，就是《皇清职贡图》，乾隆时期绘制，也绘制了部分外国来朝的内容，比如有部分欧洲国家来朝的画面，朝贡国家包括了英吉利、法兰西等。

（7）商业信用发达。

宋代经济的高度发达，必然要求支付手段的便利。宋朝商业信用非常发达，从北宋到南宋，陆续出现了便钱（类似于银行汇票）、现钱公据（类似于现金支票）、茶引、盐引、香药引、矾引（类似于有价证券）、交子与会子（法币）等商业信用。这些便利的支付方法大大方便了交易双方，提高了交易效率，降低了交易成本，对活跃经济贡献良多。

（8）城市化率高。

城市化一直是人类发展中的一个大问题，伴随经济的发展，一般来说城市化率就会提高。在人类古代史研究中，城市也是衡量一种文明发达程度的重要标志。由于宋代经济的高度发展，城市开始快速发展，大批人口汇聚于城市，人口超过百万的城市有 5 个：京兆府（今西安）、江宁府（今南京）、汴梁（今开封）、洛阳、杭州，而同时期的伦敦、威尼斯只有 10 万人左右。

宋代的城市化也有革命性的表现：城市人口的比重达至历代最高峰。

文化背景

北宋的城市人口占 20.1%，南宋时达到 22.4%。据日本著名宋史专家斯波义信的看法，南宋鼎盛时期的城市化率可能达到 30%。而清代中叶（嘉庆年间）的城市化率约为 7%，民国时才升至 10% 左右，到 1957 年，城市化率也不过是 15.4%。[1]这一点确实让人感到吃惊。

英国历史学家尹懋对中国的宋代也有过直接的评价，他说："这个时候的中国是世界上城市化水平最高的社会。"[2]当时，与宋朝并立于世界的拜占庭帝国、东罗马帝国的经济、文化都无法和宋代相比。

但是，伴随着朝代更迭的是连年的战争，有些战争持续几十年，甚至上百年，经常造成"白骨露于野、千里无鸡鸣"的惨状，城市化率往往会大幅度降低。新朝代的建立会使社会基本稳定下来，城市化率又会慢慢提升，由于各种因素，后一个朝代的城市化率不一定比前朝高。人类社会的发展史就是这样的一个起起落落的历史，城市化也一样，人类历史的发展不是直线的，有很多时候甚至是打回原点，重新开始，这种人力资源的浪费是人类社会发展必须付出的代价，是无法绕过去的。除非有一天，战争消失了，世界进入永久的太平时代。

6. 中国古代科技的巅峰时代

（1）铁产量超过英法两国工业革命初期的总和。

宋代科技发展达到了很高的程度，大量的科学技术也应用于手工业生产，李约瑟称："中国的科技发展到宋朝，已呈巅峰状态，在许多方面实际上已经超过了 18 世纪中叶工业革命前英国或欧洲的水平。"[3]李约瑟在编写《中国科学技术史》的过程中经常要检索某项技术早期文献，他经常发现这些技术是被宋朝人记录下来的。可见宋代科技的发展不是某一项技术的单兵突进，而是整体的一种进步，达到了高点。铁器的出现，在很大程度上代

---

[1] 吴钩. 宋：现代的拂晓时辰 [M]. 桂林：广西师范大学出版社，2015：8.

[2] 贾冬婷，杨璐. 我们为什么爱宋朝 [M]. 北京：中信出版集团，2018：8.

[3] 吴钩. 宋：现代的拂晓时辰 [M]. 桂林：广西师范大学出版社，2015：9.

替了青铜器，它的冶炼技术要求高，但是十分锋利，无论是作为武器，还是作为农具、手工业工具都远远优于青铜器，而且成本较低。铁器的发明是人类文明的一个重大进步。在古代社会、近代社会，甚至现代社会，铁的产量都十分重要，往往标志着一个国家的发达程度。我们国家在大跃进时期提出要"超英赶美"，赶超的就是他们的钢铁产量。殊不知，我国在宋代是世界上铁产量最大的国家，而且这一纪录一直持续了很长一段时间。按照费正清《中国新史》中的说法，宋代铁产量之多，超过了英法两国工业革命初期的总和。[1]

（2）不应该是四大发明，而是七大发明。

火药、指南针、造纸术、印刷术四大发明享誉世界，对人类社会的发展贡献巨大，在很长一段时间内世界上没有其他技术可以与这四项技术相匹敌。这一点已经获得国际科学界的公认。世界上很多国家的学者对中国的宋代科技、文化充满好奇，他们不惜倾尽毕生的精力研究宋代的科技与文化。比如，英国剑桥大学科学史专家李约瑟、日本学者薮内清等。李约瑟把一生的精力都献给了中国科技史的研究，他组织编写了 28 卷的《中国科学技术史》。在此之前，关于中国科技史，中国人自己没有这样的鸿篇巨制，我们不得不佩服这样一个外国科学家的用情专一，也不得不佩服他的伟大创新。1994 年李约瑟被选为中国科学院院士。1999 年 10 月 22 日江泽民在剑桥大学演讲专门提到李约瑟，他说："他倾注毕生心血撰写的《中国科学技术史》，是一部研究中国古代科学技术和文明成就的鸿篇巨制。"薮内清是 20 世纪国际社会研究中国宋代科技史的著名专家，撰写了《宋元时代的科学技术史》和一大批高水平的论文。除了薮内清以外，日本有很多学者研究宋代医学、铸铁、制瓷、纺织、水利、建筑、酿酒等科学技术，小山富士夫在中国宋瓷研究方面很有建树，撰写了《宋瓷》《唐宋青瓷》等专著，享誉中外。美国哥伦比亚大学东亚研究博士、华盛顿大学历史系教授伊沛霞，花费很长时间写了一本《宋徽宗》，字数多达 52

[1]［美］吴军.文明之光（第一册）［M］.北京：人民邮电出版社，2014：99.

万字。此外，还有很多德国、法国、澳大利亚的学者在研究中国的宋代科技与文化。宋代科技史的研究俨然已经成为一门显学，受到国际社会的重视。如果说研究世界古代早期历史的重点在古希腊、古罗马、古埃及、古代中东地区的话，那么研究世界中古史（5—15世纪）的重点应该是中国的宋代。

关于中国火药配方最早的记载是唐代初年著名中医、养生家兼炼丹家、"药王"孙思邈所著的《丹经内伏硫磺法》。但是，唐代火药制造技术还很不成熟，而且没有得到大量的使用。经过五代的发展，至宋代火药制造技术已经十分成熟，使用范围也得到很大拓展，已经开始被用于军事领域。在金兵第一次兵临汴京城的时候，李纲率兵就使用了霹雳炮等火器，虽然当时的火器实际杀伤力有限，但是对金兵威慑很大。雕版印刷术虽然发明于唐代，但是真正在社会上大量普及也是在宋代。关于指南针的发明有些争论，中国历史博物馆的王振铎先生认为指南针是宋代发明的。公元10世纪中国人发明了缕悬式指南针，也就是把磁针悬挂在梁柱上，磁针下面是方位盘，有24个方向，以此来确定方向。李约瑟认为航海用的指南针应该是宋代发明的。指南针在宋代被广泛用于航海事业。宋代海船上有专人掌管针盘（指南针），由他们来确定航向，他们被称为火长。12世纪传入阿拉伯地区，13世纪传入欧洲，指南针对世界航海事业的发展意义重大，大大推动了全球航海事业的发展，为大航海时代的来临提供了重要的技术准备。

其实，我们没有必要迷信四大发明的提法，中国丝绸、瓷器、茶叶对世界的贡献更大，但却没有被列入四大发明。所以，四大发明的提法是有问题的。四大发明的提法最早是由英国来华传教士、汉学家艾约瑟提出来的，后被广泛传播，被作为中国古代最突出的科技发明。

实际上，意大利数学家杰罗姆·卡丹早在1550年就提出中国三大发明的观点，也就是司南、火药、印刷术。后来，三大发明的提法被很多人接受，包括马克思都十分看重三大发明。马克思在《机械、自然力和科学的运用》一文中说："火药、指南针、印刷术——这是预告资产阶级社会到来的三大发明。火药把骑士阶层炸得粉碎，指南针打开了世界市场并建立了殖民地，而印刷术则变成了新教的工具，总的来说变成了科学复兴的手段，变成对精神发展创造必要前提的最强大的杠杆。"后来，艾约瑟加入了造纸术，就成了四大发明。

如果我们还愿意用"N大发明"的提法的话，至少中国应该是七大发明，而且大多成熟于宋代。

（3）**李约瑟之谜**。

关于英国科学史家李约瑟，前文已经提及，他是英国著名科学家，对中国科技史倾情很多，抗日战争时期曾经来过中国。李约瑟通过大量的中国文献研究，感到一些大的问题令人费解，不禁发出了"李约瑟之问"，也被称为"李约瑟之谜"，具体表述为："如果我的中国朋友们在智力上和我完全一样，那为什么像伽利略、托里拆利、斯蒂文、牛顿这样的伟大人物都是欧洲人，而不是中国人或印度人呢？为什么近代科学和科学革命只产生在欧洲呢？……为什么直到中世纪中国还比欧洲先进，后来却会让欧洲人着了先鞭呢？怎么会产生这样的转变呢？"

关于李约瑟之谜有不同的表述方式，有人把它分为了两段：

第一段是：为何在公元前1世纪到公元16世纪之间，古代中国人在科学和技术方面的发达程度远远超过同时期的欧洲？中国的政教分离现象、文官选拔制度、私塾教育和诸子百家流派为何没有在同期的欧洲产生？

第二段是：为何近代科学没有产生在中国，而是在17世纪的西方，特别是文艺复兴之后的欧洲？

应该说，宋代政治、法制、科技、文化、经济等方面都达到了很高的程度，科技成果领先于世界。元代中国科技还在继续发展，明代前期也在发展。在此以前，罗马帝国灭亡后，是漫长的中世纪，欧洲是宗教至上，沉睡了900多年，明朝时欧洲开始醒来。

美国学者罗伯特·坦普尔在著名的《中国，文明的国度》一书中曾写道："如果诺贝尔奖在中国的古代已经设立，各项奖金的得主，就会毫无争议地全都属于中国人。"然而，从17世纪中叶之后，中国的科学技术却如同江河日下，跌入窘境。据有关资料，从6世纪到17世纪初，在世界重大科技成果中，中国所占的比例一直在54%以上，而到了19世纪，剧降为只占0.4%。中国与西方为什么在科学技术上会一个大落，一个大起，拉开如此之大的距离，这就是李约瑟觉得不可思议，久久不得其解的难题。

这不仅仅是一个科技话题，而是一个综合性话题，科技的发展往往不只是科技本身，它涉及政治、文化、经济等很多因素，科技和这些因素之间有着千丝万缕的关系，要说明这一难题，需要从很多方面进行研究。我国著名学者费孝通、张东荪、冯友兰等都对此问题进行过研究。同时，这是一个争议很大的问题，有些人认为，之所以17世纪中叶以后中国科技落后的原因是官本位，科举只重视文学、历史、政论，不重视科技，中国古代科技教育缺乏连续性，很多重要的科技发明失传了，中国古代重视德育，而不重视生产知识教育，知识分子不重视科技，很多科技成果没有得到总结，没有被传承下来，没有形成理论研究等等。但是，这些因素好像是贯穿整个中国历史的，而不仅仅是17世纪以后才出现的，这好像又和中国古代科技发达是矛盾的。清华大学科学史中心主任吴国盛先生认为，李约瑟之谜本身是一个伪命题，中国古代只有技术，没有科学。也就是说中国古代没有系统的、成熟的科学理论，只有工匠们的技术发明。

实际上，西方真正超越中国是其工业革命时期，而工业革命的思想渊源是文艺复兴和启蒙运动。元明清时期的欧洲，文艺复兴和启蒙运动解放了思想，为科技发展提供了思想武器。文艺复兴发端于14世纪的意大利，15世纪后期起，扩展到西欧各国，16世纪达到鼎盛。14世纪开始，中国正处于元代统治时期。15、16世纪中国处于明朝（1368—1644）统治时期。明代奉行闭关锁国，郑和下西洋只是个例。1765年瓦特改进蒸汽机，开启工业革命。而当时，中国处于清代，正好是乾隆三十年（1765），大清帝国自认为是世界的中心，是世界的强国，其他国家都是蛮夷，这种自大一直延续下来。等到欧洲人用大炮打开中国国门，我们的统治者才恍然大悟，原来世界上还有比中国更强的国家。

（4）司南和地动仪——不得不说的故事。

在中国历史、中国科技史上有两件器物是应该说一说的，那就是中国历史博物馆展出的司南和地动仪（见图1-21、图1-22）都是臆造的。

指南针的发明为世界迎来了大航海时代，没有指南针，世界航运史就需要重写。作为指南针的前身——司南这一项重大发明战国时期就有了。指南针是在北宋发明的，被沈括在《梦溪笔谈》中明确记录下来。南宋时期，指南针被用于航海。后来通过阿拉伯人传到欧洲，惠及整个世界。

孙机先生在《中国古代物质文化》一书中指出，在一个画有放射状格子的方形铜版上放一个磁石做成的勺子，是原来国家历史博物馆馆员王振铎先生对文献错误的理解，真正的司南就是指南车。20世纪50年代，郭沫若要代表中国出席苏联的重要典礼，选中了司南作为国礼赠送给苏联方面，结果复制出来的司南根本不指南。没有办法，只好把自然磁石做成的勺子放在强磁场中磁化，才勉强指南。

地动仪也是一件十分神奇的发明，我们都为此骄傲。但是，中国历史博物馆展出的地动仪也是王振铎先生20世纪50年代根据文献制作的。令人遗憾的是，这件地动仪对地震反应很迟钝，更没有方位感，不会感知哪个方向发生了地震。在日本展出时，有人问龙嘴的珠子会不会掉下来，工作人员用小棍戳珠子才掉下来。这不禁让参展人员汗颜。

图1-21　司南（王振铎复制）

图1-22　地动仪（王振铎复制）

张衡地动仪研究专家、中国地震局地球物理研究所冯锐研究员说："对这个普遍宣传的测震直立杆，主管单位和设计人居然在几十年间从来没有做过一次科学实验去检验，便列入我国中小学课本中一代又一代昏昏昭昭地讲了半个多世纪，讲者与听者实际上都是处于一种似是而非的满足、似明又暗的迷茫中，背离了科学实践的基本原则。为了演示测震效果，近年来的一些单位甚至发展到在模型内部安放电器和弹簧结构来造假，难怪有的老师惊呼：不知道成千上万的教师是如何讲解地动仪的。"[1]

很多专家批评王氏地动仪模型，荷兰专家斯莱斯维克、美国专家赛维都认为王氏模型不成立，李约瑟也持否定态度。"1976年，作为王振铎的老朋友，中国地震学的奠基人傅承义院士当面向王振铎指出了1951年版本地动仪的原理性错误，并说了一句让人挺尴尬的话：'房梁下吊块肉都比你那模型强！'"[2]

历史课本长期把这两件器物收入其中，却并没有标出这是新中国成立后的制作物，给人印象就是出土文物。地动仪、司南一起成为国民的骄傲，也成为中国人向国际社会宣传中国古代科技发达的代表性器物。这两件恐怕是中国历史博物馆知名度最高的器物，小学教师、家长都会拿这两件器物来说明中国古代科技的发达程度。

我们无意责怪王振铎先生，他费心查阅文献复制古代器物，虽然有偏差，但毕竟是一种尝试，他的辛苦和努力都应该受到尊重。可悲的是我们的宣传和教育，为什么不明确说是复制品（这个词也不准确）？给国民造成了错觉、误解。

近些年来，这两件器物受到诟病，已经从中小学历史课本里删掉了。

（5）水利机械已经十分成熟。

利用自然力量来从事生产，这是人类社会一直在探索的问题。宋代在水力利用方面有重大发展。宋人发明了水力纺纱机——用水力发动的多锭大纺车，有32个锭子。也可以用畜力作为动力，元代王祯《农书》中对此项技术有详细记载。

---

[1] 吴非.“地动仪”真的那么灵吗？[J].《基础教育》，2004（3）.

[2] 张玮.历史的温度：寻找历史背面的故事、热血和真性情[M].北京：中信出版集团，2017：287-298.

原始人类是如何将谷物变成粉末的呢？早在距今8000年前的磁山文化时期，人们已经发明了在椭圆形的石板上用石磨棒压碎谷物的方法。根据能够发现的文献记录来看，世界上最早使用水磨的应该是古希腊人。公元前3世纪的希腊人就发明了垂直式和水平式的水车，利用水力击打水轮，使水轮转动，水轮通过传动装置带动其他机关运动。希腊人率先使用这种水车来研磨谷物，实际上就是水磨。大约在西汉晚期，中国人将水车运用至炼铁工艺中。宋代水磨技术已经十分成熟，官方在汴河两岸设置了大量的磨坊，专门用于磨茶。宋代实行茶叶专卖，根据规定京师茶商只能向官方水磨坊购买茶末，如有违反，要给予惩罚。仅此一项，官方每年收入就多达40万贯。

　　从存世的很多宋代绘画中都可以见到水力磨坊的图像，北京故宫博物院镇馆之宝——北宋王希孟的《千里江山图》（见图1-23）中就绘有一盘立式水磨。山西岩山寺金代壁画（见图1-24）也绘有一盘水磨，从图像来看，应该是一台水平式水磨。

图1-23　宋　王希孟　千里江山图（局部）

图 1-24　山西岩山寺壁画《水椎磨坊图》

也有人主张水磨是中国人自己发明的，水磨可能来源于水碓。早在魏晋南北朝时期的晋代就有水碓。《晋书·石崇传》记载东晋和王凯斗富的名士石崇家"有司薄阅崇水碓三十余区，苍头（奴仆）八百余人"。《世说新语》卷下《俭啬篇》记："司徒王戎既贵且富，区宅、僮牧、膏田、水碓之属，洛下无比。"《晋书》卷四十三《王戎传》载："（戎）性好兴利，广收八方，园田水碓，周遍天下。积实聚钱，不知纪极，每自执牙筹，昼夜算计，恒若不足。"可见水碓在当时都是重要的财富象征，值得显摆，同时也说明水碓已经普及。在金代岩山寺壁画中，水磨和水碓是一体的，都是通过水平的水轮提供动力。这一技术在当时应该是十分普遍的。

7. 宋代疆域集中在最富庶的地区

如果我们用疆域是否广阔来衡量宋朝的话，这个朝代确实让人气短，前面比不上汉唐，后面比不上元明清。汉朝 1000 万平方公里；唐朝疆域 1200 余万平方公里；北宋极盛时期有 480 万平方公里；元朝 1600 余万平方公里；明朝 990 万平方公里；清朝 1300 余万平方公里。上述数字，不同版本有些差别，但是我们可以看出一个大致的比例。宋朝确实是一个小朝廷，统辖面积十分有限。但是，也可以看出，北宋统辖的区域是中国历代以来最富庶的，大部分为平原地带，中国大部分耕地也集中在这一区域。在宋代辖区内除了少量的旱地以外，大部分为水田。华北地区的土地一般是一年两熟，而江南地区的土地可以一年三熟，甚至四熟。这也是其经济高度繁荣的重要原因。南宋以后，区域更加狭小，但是江南历来就是鱼米之乡，物产丰富。

8. 汴梁为什么叫东京？

京城是指帝王居住的地方。甲骨文字"京"字意为在高台上的建筑。我国古代有两京制（首都和陪都）、三京制、四京制，还有五京制，实际上就是陪都制度，不同朝代设置陪都的数量不一样。一般来讲地理位置比较重要的城市会设为陪都，汉高祖刘邦、唐高祖李渊都把洛阳设为陪都。另一个重要的陪都地点选择就是开国皇帝的家乡（帝乡）或发迹处（龙兴之地、龙潜之地），比如，唐朝皇帝把李渊起兵之地太原定为北京，清代把努尔哈赤发迹之地盛京设为留都。有些时候还要考虑稳定因素等，比如，汉高祖刘邦定都长安，是考虑当时秦朝旧都形势未稳，需要通过定都压制秦的王气。古代定都是一门复杂的学问，各个朝代考虑的因素可能都有不同。我国古代风水学说盛行，定都还夹杂着风水等因素。陪都设置有时和战争也有关系。战乱时期，有些朝代不得不迁都，这样就会形成行都（暂时都城）和留都（旧都）。安史之乱时唐玄宗避难至蜀郡，后来唐肃宗避难至凤翔，因此蜀郡、凤翔都属于行都制陪都。宋高宗南渡，临安虽然是都城，但是被称为行在所，就是临时都城的意思，仍然把开封尊为都城。但是，开封一直在金的统治之下，南宋王朝再也没有回到开封。南宋仍然尊开封为都城，意思非常明显，就是不忘恢复中原。

就定都开封来看，最早是夏代在此设都城，战国时魏国也在此设都城，五代十国时期北方 5 个政权后梁、后唐、后晋、后汉、后周，除了后唐定都洛阳以外，其他四个朝代都在此定都。北宋后的金朝也曾迁都汴梁。这些朝代中除了夏代，北宋是一个伟大的朝代，其他都是一些小朝廷，影响有限。

王莽篡汉后除首都长安外，把洛阳、邯郸、临淄、宛、成都定为"五都"。

东汉前期洛阳为首都，长安为西都（京），宛为南都。后期，长安为首都，洛阳、宛为陪都。

曹魏定都洛阳，又设长安、谯（今安徽省亳州市，曹操的故乡）、许昌、邺为陪都。

唐朝曾实行三京制，首都长安，东都洛阳，北都太原。后又实行五都制：东京洛阳，西京凤翔，南京蜀郡（今四川省成都市），北京太原分别为陪都。

宋代实行四京制，东京汴梁、南京应天府、北京大名府、西京河南府（今河南省洛阳市）。

元朝除了大都外，还有上都、中都。

明代前期定都南京，凤翔府（朱元璋老家）为中都，开封府为北京（后取消封号），永乐十九年迁都北京。

你不得不了解的宋代绘画知识

中国画作为一个独立的画种，在中国经过几千年的发展，已经成为一个完整的系统，有自己独立的理论体系，独到的绘画材料、绘画风格、绘画技法，也有自己特有的外观形式，如手卷、中堂、斗方、条屏、册页、扇面等。

1. 为什么宋人还要在绢上作画？

《清明上河图》是绢本，也就是在绢上绘制的。宋代绘画大多是绢本，纸本很少。在传世作品中最早的纸本绘画是唐代韩滉的《五牛图》。绢是一种十分古老的书写介质。绢本早于纸本，而且比纸本整整早了一个时代，它是和竹简同时代的介质，竹简因为太过狭窄，不便记录图像，图像都是画在绢和帛（白色丝织品）上的。比如战国《人物御龙图》《人物龙凤图》，被称为帛画。这是中国最早的图画之一。马王堆西汉墓出土的 T 型画也是画在帛上的。根据考古发现，我国在距今 6000 多年前就发明了丝织技术，甲骨文最早可追溯到公元前 14 世纪，推测人们发明文字后就有可能在丝绸上面书写画画了，直到现在还有不少人在绢上作画，估计人们在绢上绘画至少有了 3300 多年的历史。

我国自东汉宦官蔡伦改进造纸术开始，经过魏晋南北朝、隋唐五代的发展，至宋代纸张已经十分完美，为何还要在绢帛上作画？一方面是因为绢本身耐拉力强，材料珍贵；另一方面这实际上是一种习惯性思维。宋代的人们认为纸张轻薄、易碎，不如绢庄重、典雅，所以仍然在绢上绘画。这实际上和竹简有些类似，竹简在东晋时期基本上被纸张代替了，但是东晋以后直到宋代仍然有士大夫用竹简给朋友写信，他们认为用纸张写信有失庄重，是对朋友的不尊重。在绢上绘画和这种情况十分类似。

近些年由于数字出版的发展，人们开始谈论纸书会不会消失的问题，我觉得这个问题已有答案，直到现在竹简也没有完全消失，在工艺品市场你还能买到竹简，但是，它的产业价值还有多少？同样，纸书不会消失，待数字图书十分完美以后，纸书可能仅仅是少数人的把玩品了，还有多少产业价值呢？我们抱怨数字图书的缺点，不是和历史上人们抱怨纸张的缺点一模一样吗？历史往往是惊人的相似。有些问题看似很棘手，如果把它放到历史环境中去考察，答案一目了然，这就是历史的魅力。

2. 手卷、题跋、收藏印章

手卷就是卷轴。古代埃及的很多文书都是写在卷轴上的，不过他们使用的不是中国式造纸技术制造的纸张，而是纸莎草纸。古罗马、古希腊的早期图书也都是卷轴，除了纸莎草纸卷轴以外，还有皮纸（由动物皮革制成，有山羊皮、牛皮、猪皮等）卷轴。人类早期图书为何选择卷轴这一形式，这是一个很有意思也很值得思考的问题。

手卷是中国画的一种重要形式，一般都比较长。《清明上河图》属于手卷，画芯长 5.28 米，如果加上后来历代的题跋，长达 8 米多，需要在桌上展开欣赏，不适宜悬挂。在古代有专门的看卷轴画的家具——翘头案。这种案长约两米，不宽，两头翘起，防止卷轴滑落。

题跋是中国画的一个特征，形成了独特的人文景观。西画中很少有文字，无论是画家，还是收藏家，都不会在画面题写大量的文字。中国画在画面题跋是常事，宋元以后作者会在画面题写或多或少的文字，后世的藏家也会不断添加纸张，写上各种文字。所以，对于一幅中国画，当画家放下画笔时，并没有完成，后世的藏家、鉴赏家会不断地题写自己的感受，并加盖印章。唐代韩幹的《照夜白》（见图 1-25）画幅很小，仅仅是 30 厘米见方，但是现在收藏在美国大都会艺术馆的手卷却有 6 米长。这是一种很有趣的现象，从图画诞生起，后人就不断通过装裱接续纸张，前人后人的文字、印章汇于同一幅画上。实际上就是这幅画的收藏史，是十分珍贵的资料。但并不是每位藏家都会题跋，只有那些有足够自信心，且懂得绘画，能够提出鉴赏观点或者题写收藏经过的人，才会接续纸张，题写文字，加盖印章。不过，后世的藏家如果认为那些题跋不好，也有可能通过装裱将这些题跋裁去，这样的例子很多。据故宫博物院书画研究专家余辉考证，《清明上河图》在后代的重新装裱中有些题跋被裁去了。

图 1-25 唐 韩幹 照夜白

我们可以看到《照夜白》上有好几枚乾隆的印章。乾隆是一位有作为的皇帝，也是一位喜欢书画的皇帝，他特别喜欢在古画上盖上自己的收藏印章。很多人对他的盖章行为很反感，认为他盖章没有节制，很多时候破坏了书画的结构美。有人形容乾隆在画面盖章就好像在美人脸上贴膏药。实际上，每一个人都想刷存在感，盖章无疑是最有效率的方式之一，无论懂与不懂绘画，都可以加盖一枚印章。乾隆只不过是一位有特权的人，他以皇帝之尊，肆意加盖印章，几乎到了疯狂的地步，当时没有人敢干预他。但是，挡不住后人的褒贬。

中国历史上喜好书画的皇帝不少，唐太宗、宋徽宗、金章宗、明宣宗，等等，代不乏人。这些帝王或者真正喜欢，或者附庸风雅，在处理政务之余观赏书画，也是一种很自然的消遣行为。在这一过程中，他们也喜欢在画上加盖上自己的印章。除了乾隆以外，清代其他几位皇帝比如嘉庆、宣统等也有此好，只不过他们往往只盖一两枚印章。清朝各代皇帝的印玺均有印谱，《乾隆宝薮》中记录了乾隆皇帝的印玺竟有 1000 余方之多！

王献之的《中秋帖》（见图 1-26）是乾隆皇帝十分喜欢的书法作品，放在紫禁城养心殿西暖阁的三希堂，随时把玩，乾隆皇帝先后在《中秋帖》上盖了 80 多枚印章，真是不厌其烦啊。王献之是王羲之的儿子，父子二人都是书法大家。《中秋帖》字体为行书，现仅存 3 行 22 字。它与王羲之《快雪时晴帖》、王珣《伯远帖》三帖，被乾隆皇帝誉为"三希"，意为此三帖乃稀世珍宝。

乾隆皇帝不仅喜欢盖章，而且还喜欢题诗。他为明代大画家唐寅的《品茶图》（见图 1-27）先后题写了 21 首诗。有些直接题在画上。画面空间被占满后，再也容纳不下新的内容了，但是乾隆皇帝观此画仍然诗瘾不断，没有办法，乾隆就让装裱师傅把后来题的 13 首诗裱在画的周围，实在是一个奇观。由此看来，这位皇帝对这幅画简直到了痴迷的程度，也足见这幅画的魅力。我们如果想知道乾隆究竟把玩过多少次，恐怕是徒劳的。

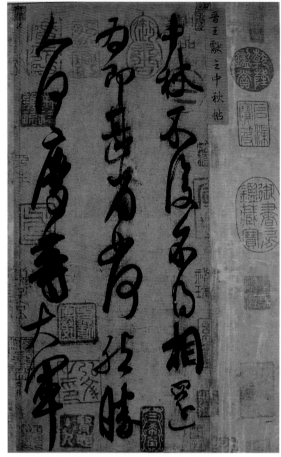

图 1-26　东晋　王献之　中秋帖

图 1-27　明　唐寅　品茶图

如果要问中国历史上哪位诗人写的诗最多，一般人都会猜是唐代的某位诗人。那可能就大错特错了，中国历史上写诗最多的不好统计，因为有些诗随着时间的变化散失了。但是如果以存世诗歌数量来衡量的话，那么乾隆皇帝稳坐第一把交椅，乾隆一生留下 47000 首诗，李白、杜甫、白居易、苏轼等大诗人都望尘莫及。

元代赵孟頫的《鹊华秋色图》（见图 1-28），描绘的是济南东北华不注山和鹊山一带的秋景，画面简淡，上面留白很多。但是乾隆皇帝在上面题写了四处跋语（中间一处为赵孟頫原跋），加盖了一大堆的印章，完全破坏了画面结构美。上部的留白几乎被占满。由此看来，乾隆皇帝确实俗不可耐。

图 1-28　元　赵孟頫　鹊华秋色图

3. 绘画题材上出现的重大突破

张择端选择绘画的题材相对于以往的画家确实有很大的不同，过去的画家大多把绘画对象集中在帝王将相、佛道神仙身上，他敢于把画笔瞄准下层民众，这是需要胆识的，也是一种冒险。夸张一点说，是绘画题材的一次重要革命。在张择端以前，有些画家描绘的对象也有基层老百姓，但是人物数量有限，张择端是第一位在一幅画上面描绘几百个老百姓的画家，这是前无古人的做法。挑夫、剃头匠、赶集人、推车人、船夫、纤夫、店小二、说书人、轿夫、仆役等等都成了他的描绘对象，无不曲尽其妙、活灵活现。

4. 绘画究竟有哪些功能?

（1）记录与传承。

人类究竟为什么创造绘画是一个争议不断的话题，但是，无论以什么目的绘制的早期绘画，如岩画、洞穴壁画等，都在客观上记载了早期人类的行为，是十分可贵的历史资料。绘画的记录与传承功能是客观存在的。我们衡量一幅画的记载功能，就看其信息量大小，或是否有独到的信息。有些信息不是刻意记录的，但是价值很高。比如公元前一两千年以前古埃及的墓室壁画，法老、高级祭司们不是为了艺术才让人们在墓室绘制壁画的，而是希望在来世继续享受这些财富。再比如敦煌壁画中的农业内容，画家是为了表现佛教的主题，是在诱导人们去信奉佛教，而不是为了记载农业实况，但却成为珍贵资料，比如牛耕、播种、打场等场景。

具体到岩画、洞窟壁画的功能有很多争论，也就是说原始人类这些绘画究竟是为了什么，这就涉及艺术的起源问题。

关于艺术的诞生有各种学说：

模仿说：亚里士多德认为，模仿是人类的天性。

游戏说：席勒、斯宾塞主张艺术起源于游戏。

巫术说：英国人类学家泰勒的《原始文化》一书主张艺术起源于巫术。

投射说：贡布里希的《艺术与错觉》说："心中的图像向外投射。"比如在一些旅游景点，导游说山势像卧佛等。

感情表现说：托尔斯泰、雪莱持此观点。

劳动说：艺术起源于劳动，对于这一点现当代中国人最熟悉。我们的很多教材中就坚持这一观点。

有人说，原始人饭都吃不饱，哪来的艺术追求？在这里，我们需要纠正一个错误，原始人之间是不平等的，有首领、有普通人、有人吃不饱、有人吃不完，那些吃得又饱又好的人比如首领和他身边的人就可能有艺术的需要。后文在谈到艺术审美问题时有专门论述。

具体到《清明上河图》，该图是宋代人物最多、题材最为广泛的绘画，包括建筑、车船、店铺、河流、城楼、算卦摊、说书摊、饭店、医院、树木等，几乎就是宋代百科全书式的图像资料库。应该感谢张择端为我们留下了1000多年前的图像资料，否则很多研究将失去重要凭证。

（2）很好的教材。

中国人很早就发现了绘画的教育功能。《后汉书·蔡邕传》记载："光和元年，遂置鸿都门学，画孔子及七十二弟子像。"光和是东汉第十二位皇帝灵帝刘宏的年号。之所以要在鸿都门学绘制孔子及其七十二个弟子像，就是为了让这些高等学府的学生们以孔子及其七十二个弟子为榜样。

著名文学家曹植对绘画的教育功能也有深刻认识，他说："观画者，见三皇五帝莫不仰戴，见三季暴主莫不悲惋，见篡臣贼嗣莫不切齿，见高节妙士莫不忘食，见忠节死难莫不抗首，见放臣斥子莫不叹息，见淫夫妒妇莫不侧目，见令妃顺后莫不嘉贵。是指存乎鉴戒者，图画也。"观画人产生这样的感情正是画家所要达到的目的。

唐代著名绘画理论家张彦远说："夫画者，成教化，助人伦，穷神变，测幽微，与六籍同功，四时并运。"这恐怕是历代统治者都重视绘画的重要原因之一。

李世民当皇帝后专门建造凌烟阁，为24位功臣画像以昭示后人。程咬金、秦琼、魏徵、房玄龄、杜如晦、虞世南、尉迟敬德都名列其中。后世画家不断演绎这一题材，至今还有《凌烟阁功臣谱》传世。

郑振铎先生说："中国绘画从古代开始就以壁画为正宗。屈原呵壁问天，壁上所绘的是壁画，汉代鲁灵光殿，图画天地品类群生。宣帝画功臣图像于麒麟阁。壁画之应用甚广。张彦远《历代名画记》所载六朝隋唐的大画家，其主要的伟大创作，皆是壁画。至宋渐易为缣素。然寺院壁饰，犹是鸿篇巨制。不过其作者渐成专业，设肆营生，与建筑工人同科并列，为士人所鄙视。绘画史上，壁画作者的姓名，遂至绝迹。宋元以来的画坛，竟被封建地主阶级的画人们所窃据。而古代壁画，历经兵燹，都已随宫殿寺院而俱烬。我们仅能于汉宋墓石的壁上，略见其规模。偶在深山野谷与僻远地区的寺院中，或得遇一二兵火所不及、风日所未侵蚀者。到了敦煌千佛洞壁画的发现，从六朝至元代约一千年间的绘画史，才得到大批材料，才能开始有系统的研究，才能纠正过去艺术批评者的偏差。"[1]

无论是政府，还是宗教组织、民间信众，他们在宫殿、寺院、石窟中绘制壁画，都是为了宣传某种思想，以求教化大众。

清代故宫南薰殿专门藏历代帝王名臣像。据档案记载，南薰殿一共收藏了中国历朝历代的皇帝、皇后肖像75幅，其中皇帝画像63幅。63幅皇帝画像中，大多数是一人一幅，唐太宗有3幅，宋太祖有4幅，其中画像最多的是明太祖朱元璋，他一人就有13幅。现在这些画像都收藏在台北"故宫博物院"。

唐太宗、宋太祖都是历史上有作为的皇帝，令人敬仰，画像多在情理之

[1] 郑振铎.郑振铎艺术考古文集[M].北京：文物出版社，1988：53.

中。为什么朱元璋一人竟有 13 幅画像？这 13 幅画像各不相同，有些奇丑无比，脸长、立眉，胡子拉碴，还有麻子；有些比较伟岸，慈眉善目。那些丑陋的画像显然不可能是明代所绘，有专家对造型怪异的画像的帽子、衣服特征进行分析，显示为清代所绘。清代丑化前代开国君主是完全有可能的。当然，也有学者认为丑陋画像是一种相术画像——龙形脸，是大富大贵之像，只是一般人不懂罢了。还有一种说法，明代《七修类稿》记载，朱元璋生性多疑，害怕被刺杀，让画师画了很多奇怪的画像，四处散发，让刺客不知道他究竟长什么样，从而无从下手。有史料记载，朱元璋让画师们为他画像，那些真正画得像的反倒没有被认可，把朱元璋美化的画像得到了认可。这是两则互相矛盾的史料。清代宫廷基本上继承了明代宫廷旧藏，朱元璋画像多，恐怕既有朱明王朝后来皇帝对开国皇帝的尊重，也有清代丑化前朝的因素在里面。

通过绘画、文字教育后人是人类特有的一种行为。通过绘画进行道德教育是一种很悠久的历史行为。把那些道德高尚的人画出来让后人学习，各大宗教也通过壁画宣传，感化大众，佛教、基督教莫不如此。当然，世俗政权也善用此道。用绘画进行道德教育没有门槛，人人都能领会其中含义，绘画比文字更加形象、生动，教育效果更好。

（3）愉悦性情。

绘画能够满足精神需求。正像你家养的宠物，你不是要吃它的肉，不是要用它的皮，而是要满足一种精神需求，通过与它玩耍给你带来快乐。

宋代是文人群体意识觉醒的时代，文人通过绘画表达个人性情，修身养性。自宋代开始，文人画真正成为一个独立画种存世。在宋代，文人参与绘画成为一种潮流，而且逐渐主导绘画的审美方向。文人的审美融入绘画，文人的随性、散淡在绘画中多有体现。他们作画不是为了娱人，而是为了娱己。文人在作文、作书累了之后随意涂抹，多为笔墨游戏，往往是逸笔草草，不求形似，只为身心爽朗，并不求什么线条、色彩美。绘画的形式美对他们来说不再那么重要，更多的是一种心性的表达。文人参与绘画，打破了匠人画一统天下的局面，同时也为宫廷画师带来挑战，文人的画无拘无束、自由放达、超凡脱俗，随着时间的推移，逐渐成为中国画的主流。这一过程虽始于唐代，但是真正成为流派，形成风格，是在宋代。

（4）提高审美能力。

绘画的审美功能恐怕是公认的，绘画能够提高大家的审美水平，提高生活情趣，陶冶性情。

现代考古发现，距今 5 万年以前，人们已经掌握了缝制技术。服装是人类的重要发明，可能也是导致人类体毛退化的原因。人类发明服装最初的目的仅仅是为了御寒，审美是逐渐衍生出的一种功能。

现代考古证实自我们的原始先民起就有了审美意识，距今 3 万年以前的山顶洞人就知道把兽牙作成项链，挂在脖子上。具体做法是在兽牙的一端穿孔，用绳子穿起来。这是食物、衣服以外的需求，是非必需品。山顶洞人遗址发现十分精致的骨针，半坡新石器时代遗址也发现了 328 枚骨针，浙江余姚河姆渡遗址出土 9 枚骨针。骨针的发现，证明人类很早就进入了缝纫时代。

人类进入阶级社会，人的等级开始诞生，服装的等级也应运而生，人类社会为了区分等级制定了十分繁琐的服装制度，比如皇帝的冕服就分为六等，有衮冕、鷩冕、大裘冕、玄冕等。再比如明黄色是皇家专用色，龙的图案皇家专用，唐代一品官穿紫色衣服，等等。

通过考古发现，我国旧石器时代晚期已经发明纺织技术，新石器时代出现纺轮，西周出现纺车和织机。浙江余姚河姆渡遗址（距今 7000 年以前）出土了很多样式的纺轮。位于湖北省荆门市屈家岭管理区的屈家岭文化（距今 5000—4600 年），为新石器时代遗址，出土了很多彩色陶纺轮。距今 5500 年的河南郑州青台遗址出土了最早的丝织残片，还出土了大麻、苎麻织物。河北正定出土了 5400 年前的陶塑蚕蛹。距今 5000 年的山西夏县西阴村仰韶文化遗址出土了人工割裂过的半个蚕茧。这是迄今为止发现的最早的蚕茧实物。河南殷墟出土的甲骨上共发现 100 多个和丝相关的字。

《清明上河图》从审美功能来讲，线条朴拙，结构合理，船只、建筑、人物的绘制都十分精细，是难得的艺术珍品。浏览该图让人赏心悦目、常看常新、流连忘返。

（5）舆论宣传工具。

每一幅画都在传达一定的思想，有的明显一些，有的隐蔽一些，没有思想的绘画几乎是不存在的。绘画对舆论宣传帮助很大，人们可以通过绘画讽刺朝政，统治者也可以通过绘画宣传巩固自己的统治。

（6）绘画也害人。

绘画也有好有坏，好的绘画让人振奋，让人产生向上的力量。不健康的画则可能害人，如色情画让人上瘾，让人沉迷，让人堕落等；封建迷信绘画、邪教绘画对人们都会产生很大的负面作用。

（7）为信仰服务。

绘画和宗教关系密切。欧洲中世纪很多绘画是画在教堂墙壁上的，这些绘画的主要目的是感化信众，审美是第二位的。教徒购买圣像是为膜拜，不是为了欣赏艺术。应该说在很多情况下，信仰推动了艺术的发展。

（8）也是一种投资。

艺术品因为受人喜爱，于是就有了交换行为，艺术品就有了交换价值。于是，艺术品也成为一种投资品种。有很多人是看中了艺术品的增值功能，华尔街精英们的投资组合中一定有艺术品投资。

如果《清明上河图》可以交易，这幅画将是无价宝。一幅达·芬奇的《救世主》竟然可以拍到30亿元人民币，《蒙娜丽莎》的价值无法估量，《清明上河图》的史料价值、艺术价值要远远高于《蒙娜丽莎》。

（9）公关交往的工具。

艺术品不仅自身有价值，有时还能给收藏者带来一些身份上的变化，收藏艺术品的人往往被认为是品位高雅的人，在很多国家成为进入富人俱乐部的敲门砖。美国有些暴发户要想融入高级俱乐部，常常通过购买高价艺术品实现身份进阶。这种方法似乎已经成为一种公认的有效途径。

（10）使人脱俗。

绘画能让人脱俗，宋代人们已经认识到这一点，黄庭坚说"能扑面上三斗俗尘"。爱好绘画艺术，确实可以提高审美品位，使人逐渐脱离庸俗趣味。

5. 绘画赏析标准

如何评价一张画的好坏，这是一个非常难的话题，历来争论颇多。艺术本来就是个性化的，不同的人对同一幅画的评价可能有天壤之别。但是，画的好坏毕竟还是有一定的标准的。古人在这一方面没少费力气。东晋大画家顾恺之提出传神说，传神主要靠眼睛，他说："手挥五弦琴易，目送归鸿难。"也就是说，画一个人弹琴没什么难的，但是要画一个人眼望着离去的大雁就难了。具体到一幅画如何做到传神，有什么量化的标准，顾恺之并没有回答，后人也没有做出一个可以量化的指标来。

南朝齐谢赫受北魏九品中正制的启发，在《古画品录》中开始以上、中、下为画家划定品级。

南宋邓椿在《画继》分析道："自昔鉴赏家分品有三：曰神、曰妙、曰能，独唐朱景真撰《唐贤画录》，三品之外，更增逸品。其后黄休复作《益州名画记》，乃以逸为先，而神妙能次之。……至徽宗皇帝专尚法度，乃以神逸妙能为次。"这种能、妙、神、逸的划分方法不断被后世理论家丰富发展，成为一种十分流行的评价方法。

关于能品、妙品、神品、逸品又是一个争论很多的问题，它不是一加一等于二这种可以量化的问题，它是一个弹性指标，伸缩性很大。大致来讲，我们可以从以下方面来理解这几个标准：

能品，形象把握准确，也就是基本能画得像。

妙品，技法娴熟、老道，比如善于构图、线条有力等。

神品，精神境界至高，这一点很难做到。要求绘画能够传达一定的精神寓意，能够激发观画者的灵感、产生共鸣等。

逸品，画家完全摆脱技法等限制，可以任情挥洒，个性发挥至无法之法等。艺术家达到了"精骛八极，神游万仞"的境界。

美学家傅雷先生在《观画答客问》中对能品、妙品、神品、逸品提出了自己独到的见解，他的分析很形象，有利于我们对这一评价标准的理解。

他说："一见即佳，渐看渐倦：此能品也。一见平平，渐看渐佳：此妙品也。初若艰涩格格不入，久而渐领，愈久而愈爱：此神品也，逸品也。观画然，观人亦然。美在皮表，一览无余，情致浅而意味淡：故初喜而终厌。美在其中，蕴藉多致，耐人寻味，画尽意在：故初平平而终见妙境。若夫风骨嶙峋，森森然，巍巍然，如高僧隐士，骤视若拒人千里之外，或平淡天然，空若无物，如木讷之士，寻常人必掉首弗顾：斯则必神专志一，虚心静气，严肃深思，方能于嶙峋中见出壮美，平淡中见出隽永。唯其藏之深，故非浅尝所能获：唯其蓄之厚。故探之无尽，叩之不竭。"

对于一般人来讲，一幅画仅仅线条、色彩、技法让人觉得美是远远不够的，还要能触发人们内心深处的痛点，让他们想起一些事情，引发人们的思考，让他们产生共鸣，这大概就是画外有画的本质所在了。

6. 绘画的精神内容

绘画是一种精神产品，是借助物质形式表达一定的精神内涵。绘画如果没有精神内容，就成为没有灵魂的空壳，也就起不到教化的作用。绘画表达的精神内容要与读者领会的一致，不需要解释。绘画精神的寓意，往往具有强烈的地域性，在中国文化中，长期形成的一定物质的精神寓意，在其他国家往往无法理解。比如，梅、兰、竹、菊、荷花、牡丹被中国画家赋予了丰富的精神内容，任何一个中国人都能明白它们的象征意义，但是，对于一个欧洲人来讲，他们不明白为什么中国人总是画这些题材的画。同样，西方绘画中也有很多符号、密码，比如，百合花象征圣母玛利亚的纯洁，如果缺乏对他们文化背景的了解，就无法理解西方绘画的精神寓意。

顾恺之提出以形写神，形是为神服务的。中国绘画由于文人的介入，其精神内容得到了加强与提升，使得绘画逐渐向雅的方向发展。通过长期的发展，中国山水画不再是对山水的真实描绘，不在于表达山水之美，而在于表达文人心中隐逸、不与世俗合流的精神追求。和西方的风景画完全是两回事，西方风景画多数仅仅是为了描绘风光之美，其精神寓意很少。

文人借梅、兰、竹、菊、荷花、牡丹表达品格与德性。文人赋予这些普通的花卉以特殊的高贵品格，通过画花草表达自己对高贵品格的向往与坚守。这哪里是在画花，分明是在以物喻人、以物自喻。

郑思肖是南宋画家，南宋亡后，隐居平江，坐卧必向南，以示不忘宋室。他所画兰花无根（见图1-29），寓意宋土已经被掠夺，借画兰抒发思念故国之情。有人问他，为什么画兰不画根，他说："地为人夺去，汝犹不知耶？"

菊花开得较晚，傲骨凌霜，孤傲绝俗，这些都是文人赋予菊花的精神内涵。

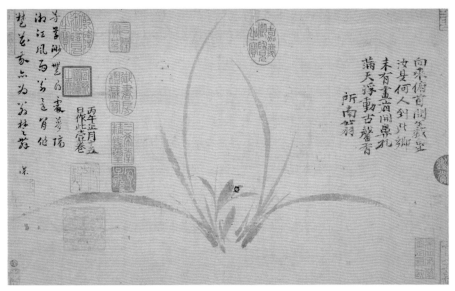

图 1-29　宋　郑思肖　墨兰图

画　菊

郑思肖

花开不并百花丛，独立疏篱趣未穷。

宁可枝头抱香死，何曾吹落北风中。

同样是借菊言志，这里的"北风"，就是指元朝。表达了郑思肖强烈的爱国激情，宁可死，也绝不投降。与郑思肖形成鲜明对比的是宋朝宗室出身的赵孟頫，他却投降了，做了元朝的高官，为此，赵孟頫不断被后人诟病。

竹子中通外直，直达云霄，被文人赋予虚心、坚贞、刚毅、挺拔、清幽、有节等高贵品质。历史上咏竹诗层出不穷，比如"咬定青山不放松，立根原在破岩中。千磨万击还坚劲，任尔东西南北风。""未出土时便有节，及凌云处尚虚心。"苏轼爱竹达到了疯狂的程度，他的名句"可以食无肉，不可居无竹，无肉使人瘦，无竹使人俗"广为后人传诵。通过这些名人的不断强化，竹子俨然成了文人高贵品格的符号不断被强调，不断被传播，成为中国文化的一种特有现象，世界上再也没有哪个民族给竹子这种植物赋予这么丰富的人文含义。

周敦颐在《爱莲说》中说荷花"中通外直，不蔓不枝，出淤泥而不染，濯清涟而不妖"，这里是在借荷花寓意文人要正直、廉洁，是对文人品格的歌颂与抒扬。后世的人们歌咏荷花、画荷花哪里是在说荷花本身，分明是在歌颂荷花形象以外的精神内涵，以此来表达自己对廉洁、正直的追求。对于一个外国人来讲，他们很难明白中国人为什么翻来覆去、不厌其烦地描绘荷花。

明代皇族出身的八大山人（朱耷）的绘画给人感觉是孤寒、寂寥、苍凉、悲愤、奇崛。这些都是他内心的外化，是心灵的写照。他作为明代皇族，南昌王府全家基本被清人杀光，这种家国之恨是刻骨铭心的。八大山人先做僧人，后又入道家，还曾一度疯癫，在画中其亡国心境展露无遗。他画翻白眼的鸟、鱼都表达了对现实世界的蔑视（见图1-30）。

图1-30　明　朱耷　鱼

水墨画是中国绘画的独特品种，通过黑白两色的层次变化来描绘世界万象。对于一个外行人来讲，单纯的水墨太过单调，太过平淡，有何艺术可言，但是，对于一个行家来讲，水墨之中的奥妙无穷无尽。千年以来，无数的画家穷尽一生在水墨中探索，没有一个人敢说对水墨的探索已经穷尽，未来的很长时间以内，恐怕也没有人敢这样说。这也是很多外国人难以理解的。

水墨画家大多刻意回避用彩色，把自然万象都提炼为黑白两色，这是一种高度的抽象，是历经繁华过后的平淡，是一种更高的艺术追求，是一种在云端的俯视，摆脱了色彩的诱惑与束缚，实现了艺术上的高度自由，同时也体现了中国人大道至简的哲学思想。老子曾说："五色令人目盲，五音令人耳聋"。中国水墨画是对老子哲学思想的一种很好的传承和体现，墨竹、墨梅、墨荷、墨兰、墨牡丹、墨菊等，只有墨的浓淡干湿，没有其他颜色，以墨代替五彩，这是中国人在审美方面的高超之处，是世界绘画园地中的一朵奇葩。

纵观人类绘画史，人类初期绘画几乎都是写实的，抽象是在绘画发展到一定阶段才有的一种风格。关于写实，古希腊有一个传说，画家宙克西斯与帕尔哈西奥斯比赛看谁的画更接近于真实。宙克西斯画了一幅葡萄，结果一群小鸟前来啄食，后来帕尔哈西奥斯在上面加画了一层薄纱，宙克西斯回来后，就用手去揭那层薄纱。他知道自己被骗了，说，我的画只能蒙骗鸟儿，而帕尔哈西奥斯的画欺骗了宙克西斯。

我国古代也有很多关于绘画写实的故事。其中有个故事讲，有一家寺院，鸟经常在房顶拉屎，使得佛像身上都是鸟粪，令寺僧十分苦恼。僧人们于是请吴道子在屋檐下画了一只老鹰，小鸟再也不敢来了。据说吴道子还在寺院里画了地狱变壁画，屠夫们看了，再也不敢从事宰杀工作了。这些传说都有夸张的成分，反映了人们对绘画写实性的追求。

关于绘画六法，我们没有必要具体了解是哪六法，有一点要知道的是，南朝谢赫认为第一重要是气韵生动，但是他没有讲什么是气韵生动。他在评论他人绘画时说过："若拘以体物，则未见精粹；若取之像外，可谓微妙。"实际上就是要求画家摆脱物象束缚，实现一种画外的精神追求，也是对写实标准的一种超越。

唐、五代、宋已经开始向写意画转变。王维诗画俱佳，被后世文人尊为文人画的始祖。王维把诗与画结合起来，这是伟大的创造。宋代写实绘画达到了很高的水平。但是苏轼说："论画以形似，见与儿童邻"。这种审美标准在宋代具有一定的代表性。应该说，宋代有大量文人加入绘画队伍，他们开始改造绘画，使得中国画从追求写实开始向追求写意转化。

国画大写意始于唐代王恰，南宋画家梁楷的大写意人物画已经很成熟，他的《泼墨仙人图》（见图1-31）《李白行吟图》《六祖斫竹图》都是早期大写意画的代表，也是至今仍然被后世大写意画家反复临写和膜拜的对象。由于梁楷的缘故，大写意画开始成为中国画的一个独立的画种，后世八大山人、石涛、齐白石、张大千、李苦禅、李可染都是这一流派的代表，是大写意画的大家。

1956年国画大师张大千到西方学写实绘画，他慕名前去拜见现代派绘画大师毕加索，没想到一见面，毕加索却说："在这个世界谈艺术，第一是你们中国人有艺术，其次为日本，日本的艺

图1-31　宋　梁楷　泼墨仙人图

术又源自你们中国。这么多年来，我常常感到莫名其妙，为什么有那么多中国人乃至东方人来巴黎学艺术。中国画真神奇，齐先生（齐白石）画水中的鱼儿没有一点儿色，一根线去画水，却使人看到了江河，嗅到了水的清香。"[1]他还抱出一大摞自己临摹的齐白石作品，请张大千指教。毕加索的观点令张大千备感意外，同时，也使他开始反思自己对西方绘画的认识。毕加索从一个外国艺术大师的角度来审视中国写意画，是一种旁观者的视野，见解可谓独到，也令人深思。

7. 散点透视、焦点透视

透视是始于西方的一种绘画技法，在中国古代没有关于透视的技法及

---

[1] 朱雨. 毕加索眼中的齐白石[J]. 世界，2002（1）：54.

论述。基于西方的透视观点,有人把中国古代长卷式绘画概括为散点透视。也就是说视点一直是移动的,不是固定的,类似人在看电影。韦羲说:"中国画是游观,西方画是凝视。"基于这样的认识,我国古代长卷式画作《清明上河图》《洛神赋图》《韩熙载夜宴图》《万寿盛典》《姑苏繁华图》《康熙南巡图》等都是散点透视。虽然这些画作不符合焦点透视的视觉原理,但是,看起来也很自然,也很舒服,并不觉得别扭。中国长卷绘画是把观者设想为一个移动的人,边走边看,视点不停地移动,当然不可能符合焦点透视原理。在这里我想说的是,散点透视、焦点透视两种透视方法没有高下之别,是两种文化背景下不同民族对绘画反映现实的不同探索,都是合理的,都是科学的,都是艺术的,都符合视觉真实。

有人认为西方透视方法是先进的,中国透视方法是落后的、原始的。房龙在《人类的艺术》中说:"在这个世界上,只有中国人和少数孩子不理会透视法。"在房龙眼里,中国画不讲究透视就像孩子的审美水平一样。我国 20 世纪初新文化运动的很多代表人物对西方的透视法佩服得五体投地,他们对中国画大力抨击。这种观点是幼稚的,不了解中国画的本质与特点。西方美术理论家大卫·霍克尼说,西方画家没有用自己的心和眼睛去观察世界,而是借用光学仪器和技法,在画面上临摹通过光学仪器投射的逼真的、微妙的、精确的光影效果,这些绘画欺骗了我们的眼睛。大卫·霍克尼还说,欧洲人是通过一扇扇窗户来看风景,把自己隔在景外;相反,中国人是随着景色漫步,观者在景中。中国画就像是摄像机,记录下一个个移动的景象。他觉得中国人的散点透视太先进了,是世界上最高明的透视方法,根本就是一种生态的、伴随着人的眼睛和心灵的透视,并且能够在画面中体现出来,根本不像西方美术史所说的,这是一种原始的、不发达的、不科学的透视方法。[1]

透视法,实际上就是在二维平面制造出三维效果的方法。西方的焦点

---

[1] 参见得到 APP 的听书栏目:曹星原解读《隐秘的知识——重新发现西方绘画大师的失传技艺》。

透视最大特征就是近大远小，一幅画有一个或两个、三个灭点。这种绘画方法更加符合人的静止的视觉真实，成为文艺复兴以来西方绘画的一个显著特点。

西方绘画有三种透视关系：几何透视法（线性透视），一个画面有一至三个灭点，不能移动，近大远小；光影透视法，通过光影表现立体关系；空气透视法，借助空气对视觉产生的阻隔作用，物体距离越远，形象就描绘得越模糊。文艺复兴以后的欧洲绘画如一台精密的科学仪器，不差分毫地描绘世界，很多画家都是要经过严密的科学运算才画画的，达·芬奇的画都符合科学原理。

根据古罗马遗留下来的壁画可以看出，那时的艺术家就已经在使用透视法了，庞贝城壁画上已经可以明显看出透视法的运用，但是还不系统、不完善。进入中世纪以后，对透视法的探索被终止了。文艺复兴时期艺术家开始重新探索透视法，逐渐形成一套系统、成熟的画法。

1413 年前后由意大利佛罗伦萨建筑师菲利波·布鲁内列斯基发明了线性透视（见图 1-32）。

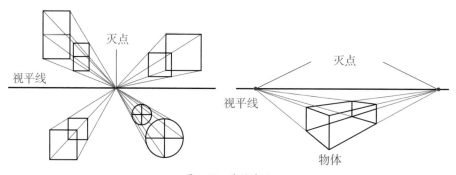

图 1-32　线性透视

在文艺复兴早期，西方绘画透视主要是近大远小，但是近处该多大，远处该多小，不好把握，没有一个标准。文艺复兴时期画家们逐渐摸索出"线性透视法"，也就是说，先画出一条地平线，在地平线上确定一个消失点，从这个消失点往要绘制的对象画线，沿着这个线条，就知道要绘制的物体在什么位置，有多大了。拉斐尔的《雅典学院》（见图 1-33）就是用了这种原理。

消失点在柏拉图和亚里士多德后面。[1]

图 1-33 拉斐尔 雅典学院

曼特尼亚的《哀悼基督》（见图1-34）把高大的耶稣压缩在很小的平面上。该画视角独特，消失点在耶稣头部以上。在这幅画中，曼特尼亚为了更多地展示耶稣的身体和头部，故意缩小了耶稣双脚的大小，但是读者看起来并不觉得别扭。曼特尼亚确实是一个透视高手，他使用的技法实际上是一种缩短法。

关于缩短法，中国古代虽然没有相关提法，但实际上一直在使用，《清明上河图》中就有，比如在虹桥上游的一条行进中的大船，非常符合透视关系（见图1-35）。

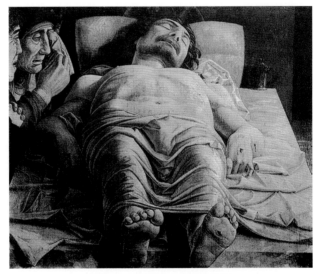

图 1-34 曼特尼亚 哀悼基督

《清明上河图》中还有一处似乎符合焦点透视的地方就是城门楼（见图1-36）。但是，城门上边框的延伸线和屋檐等延长线不相交。通过研究，学者们发现在敦煌唐代壁画和唐代传世绘画中也有对焦点透视技法的探索。

[1] 翁昕. 如何看懂艺术[M]. 北京：北京联合出版公司，2018：201.

文化背景

这说明我国古代画家在唐宋时期已经在做一些透视法的尝试，这种探索是零星的、少数的、偶尔出现的，还很不成熟。可惜的是，这种探索没有持续下去，没有成为一种普遍的追求，当然更不可能形成系统的理论了。这可能不仅仅是技法的问题，很可能和中国古代画家的追求

图1-35　张择端本《清明上河图》[1]中对行船透视法的探索

有关，自宋代以后，中国绘画开始向写意转型，对写实的追求降低，这种情况可能影响了对透视技法的探索。

图1-36　《清明上河图》中对城门楼透视法的探索

　　如果向前回溯，在唐代韩滉的《五牛图》（见图1-37）中也有对透视法的使用。右边这头牛就使用了缩短法。

[1] 以下未注明版本的《清明上河图》，皆为张择端本。

图1-37 唐 韩滉 五牛图（局部）

唐代孙位《高逸图》中的童子因为是低头，所以五官被压缩，使用了缩短法（见图1-38）。

山西芮城永乐宫元代壁画中神像左眼也有透视变化（见图1-39）。

中国山水画讲究的三远法和透视法也有类似之处：高远，自下而上仰望山巅；深

图1-38 唐 孙位 高逸图（局部）

图1-39 永乐宫壁画（局部）

图 1-40　明　石涛　山水

图 1-41　波斯细密画

远，自山前而窥山后；平远，自近山望远山。三远法也是要在画面上追求立体感和进深感。

中国画不讲究光影变化，自然没有光影透视。但中国画也有空气透视法，石涛的山水画就善于表现近山远山的不同色彩（见图 1-40）。远山为淡蓝色，这是符合视觉规律的。

约出现于元朝时期的波斯细密画三种透视都没有，没有远近变化，没有空气色彩变化，一个事物一个焦点，没有光影变化，没有颜色过渡，色彩都是一刀切（见图 1-41）。

令人奇怪的是，中国古代画家在绘制一些器物时，不是近大远小，而是近小远大，这种现象被称为反透视。

《韩熙载夜宴图》中的茶几、坐榻都是近小远大（见图 1-42）。这在中国画中不是个案，而是一种普遍现象，唐代周昉的《宫乐图》反透视更加典型（见图 1-43）；宋徽宗《文会图》中的大案子也是如此（见图 1-44）；周文矩《重屏会棋图》坐榻、茶几、棋盘都是反透视的（见图 1-45）。这是中国画的一

图1-42 南唐 顾闳中 韩熙载夜宴图（局部）

图1-43 唐 周昉 宫乐图

图1-44　宋　赵佶　文会图（局部）

图1-45　南唐　周文矩　重屏会棋图

种独特画法，虽然违反透视原理，但是看起来并不觉得别扭，实在也是一种
神奇。

　　古代中国、波斯、日本绘画都没有阴影。光影是人们日常生活中常见
的现象，人们在绘画时应该有所反映。欧洲早期绘画也没有阴影，画家对
光影的描绘也有一个逐步探索的过程。老普林尼在1世纪说，人像绘画起
源于画影子，但是他不敢肯定："埃及人肯定地说是他们发明的，6000年后

传给了希腊人。很明显这是出于虚荣心的自吹自擂。至于希腊人的说法，有的说是在西克庸（Sikyon）发明的，有的说是在科林斯（Corinth）发明的；但所有人都同意，人像画起源于线条描摹人影。"

实际上，绘画产生比老普林尼说的早 3 万年，也许更早。

阴影是把三维世界压缩成二维世界，这就像镜子一样（见图 1-46）。

老普林尼还讲了一个故事："用黏土制作人像是布塔德（Butades）的发明，此人是来自科林斯西克庸地方的一名陶工，而真正的成就来自他的女儿。她爱上了一个小伙子，当小伙子和姑娘离别，要去海外远游时，灯光照着他的脸，在墙壁上投下影子，姑

图 1-46 托马斯·霍洛伟
精准、便利的剪影描绘装置（版画，1792 年）

娘就顺着影子描下了小伙子的轮廓。"于是，绘画就诞生了。这种故事具有一定的传奇性，听起来很好玩，也很完美，我们恐怕很难相信它是真的。关于历史故事，越是完美的，越有可能是假的，因为历史往往是不完美的，历史记载也是有断点的，完美的故事往往是后人附会，添枝接叶的结果，其可信度当然要降低。但是，关于早期绘画的记载很少，除了老普林尼的记载没有其他文献，人们也只能引用他的资料，无论是真是假，至少还算一个记载。

影子是绘画起源说也许有一定道理。法国一处约 3200 年前绘制的

文化背景

图 1-47　蓬达克岩洞壁画（法国阿尔代什地区）

岩洞绘画就是先把手放在岩壁上，然后向上面喷颜料，手拿开后形成手影（见图 1-47）。这可能是最早的影子绘画，也是最早的个人手印，当然也是最早的个人签名。

受摩西十诫影响，欧洲中世纪基本上没有雕塑，都是壁画，壁画也很平面化，没有透视和阴影。据严伯钧先生分析，这时的画家不是不会透视，而是不愿意使用。就像唐宋时期中国画家一样，画家的社会地位很低，都是画匠。

到文艺复兴时期，西方绘画才开始讲究透视。方济各修道会的创办人圣方济各提倡人文主义思想，是文艺复兴起始的重要人物，他的主张使人开始关注自己、自然等。

图 1-48 是典型的中世纪绘画，画面中所有的人物都面向观众。欧洲中世纪绘画基本都是"死人脸"，绘画描绘的人物主要是基督、圣母子、圣徒等，大多是正面形象，造型呆板、机械，人物神情呆滞。欧洲中世纪艺术对古希腊、古罗马艺术来讲是一种倒退，是文艺复兴让欧洲绘画开始充满生机与活力，艺术性大大增强，绘画题材也开始丰富起来。实际上在古希腊时期画家已经掌握了绘制阴影的技巧，意大利庞贝古城壁画中也已经有了对光影的描绘，在庞贝古城考古发现的公元 70 年创作的《静物：果盘和葡萄酒罐》（见图 1-49）就绘制了阴影，立体感很强，这一技法没有被中世纪的画家继承下来，失传了，是文艺复兴早期的乔托唤醒了阴影。[1]

文艺复兴时期科学的发展为绘画提供了重要的支持，光学的发展为绘画的立体感提供了帮助，数学、几何的发展，为画家提供了很好的工具，解剖学为画家掌握人体骨骼结构提供帮助。文艺复兴艺术三杰之一达·芬奇

[1] 参见得到 APP，严伯钧《西方艺术课》中的《乔托：文艺复兴绘画之父》。

图 1-48　马赛克拼贴画

图 1-49　庞贝古城壁画

的老师韦罗基奥要求他的门生都要学习解剖学。在达·芬奇出师之后,他先后在佛罗伦萨、米兰及罗马的不同医院获得了解剖尸体的许可,他先后解剖过30多具尸体,他的很多绘画是根据解剖学来绘制的。这在中国古代绘画中几乎是不存在的。我们不能不佩服达·芬奇追求科学的精神,当然也佩服他的无畏。

继乔托之后,达·芬奇也是最早在人像绘画中使用影子的画家之一,《蒙娜丽莎》眉骨以下、鼻子一侧、嘴巴下方脖子处都有明显的阴影,立体感很强。作为画家兼科学家的达·芬奇对自然的观察与研究都高出同期的其他画家一节,他对阴影绘画技法的探索具有创新性,也具有示范性。

文艺复兴小三杰之一的弗朗切斯卡是第一个较好地在绘画中使用光线的画家,在他的作品《圣十字架的传说》中,一束光打在君士坦丁大帝身上,士兵的肩膀上也可见到光线。

意大利画家柯雷乔对光的运用很独到,他巧妙地把高光集中在圣子耶稣身上,而四周颜色暗淡,使得圣子十分突出,这种画法有类似于聚光灯的效果,对于引导读者视线效果明显(见图1-50)。[1]这种画法被后世画家广泛采用,很多人不断探索对光的表达方法,人们对光的描绘越来越精致,到了巴洛克时期(17世纪)光影成为西方绘画常用绘画技术。对光影的精致描绘成为西方绘画区别于东方绘画的重要特点。

图1-50　柯雷乔　圣诞之夜

---

[1] 参见得到APP,严伯钧《西方艺术课》中的《柯雷乔:被遗忘的大师》。

中国人为什么对光影不敏感，为什么没有对光影的描绘？这是一个值得探讨的问题。是中国哲学大道至简的反映，还是有其他因素呢？也许是从宋代开始，由于文人的加入，使得对写实的追求发生变化，开始追求画面的神，也就是对形似的追求开始让位于对神似的追求。既然对外形的写实追求退居第二位，那光影的描绘自然不在他们的视野之内了。光与影是生活再平常不过的景物，中国画家不会无视光与影的存在，很可能是不愿意把这些因素加入绘画，防止其干扰对传神这一主要目标的追求，而且这种看法成为一种画家的集体意识。中国画对现实场景的描绘很少，大多是画家自己的构想，讲究有一种意境的营造，这就使画家对现实物质的描绘看得不那么重要。由此看来，非不能也，实不为也。纵观中国绘画史，作为最大光源的太阳和月亮很少在中国画中出现，即使出现，也不表现光影。另外，中国画的散点透视也不支持对光影的描绘。西方绘画焦点透视，表现光来源于一个方向，相对来说容易一些。散点透视是边走边看，没有固定的消失点，如果表现光影，就会出现前后矛盾的现象。

不表现光影，就使中国画摆脱了时间的束缚，中国画中白天和夜晚是不分的，如果表现夜晚，至多是增加一些夜间的标志物，比如蜡烛等。在《韩熙载夜宴图》这样一个以夜晚为主题的绘画中看不到对黑暗的描绘，看不到光与影，画家仅仅是画了一个蜡烛来表示夜晚。《清明上河图》中也看不出是白天还是夜晚，画家很可能是把黎明、白天、傍晚、夜间都绘制在一个画面中了，就像连环画一样表现一个连续的时空故事，只不过没有加间隔物而已。这样表现连续时空故事的画法是中国画的一种常见技法，比如《洛神赋图》（见图1-51），洛神、曹植都在画面上出现多次，从相遇、赠送礼物，到曹植发生迟疑、洛神失望，到最后洛神离去、曹植乘船去追等，是按照时间先后绘制的，但是都处于一个画面中。顾恺之巧妙地在不同场景中间加上树木、小山等。《韩熙载夜宴图》（见图1-52）也是这样的跨越时空的绘画，在不同画面中间是用屏风隔开的。在一些寺观壁画上，画家们用祥云、树木、山丘、房屋分开不同时空的画面。这种画法在敦煌壁画中十分常见，比如九色鹿的故事壁画、《萨埵那太子舍身饲虎图》等。

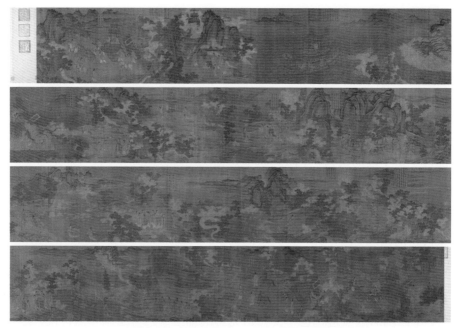

图 1-51　南宋　佚名　洛神赋图（摹本）

图 1-52　南唐　顾闳中　韩熙载夜宴图（局部）

很多时候，中国画家在绘画时没有明确画面的时间，看画人也自然形成一种观赏习惯——不区分画面描绘的是日间还是夜间，甚至季节也不明显，有可能是多种季节特征的交融，这成了中国画家和观画人的集体共识。

过去很多人对中国画不描绘光影很鄙视，认为在光影写实方面远不如西画。其实，大卫·霍克尼考察了很多西方绘画的经典名作，它们很多是画家借光学仪器的帮助而绘制的，大卫·霍克尼按照他们的方法绘制出的作品与这些名作差别不大。大卫·霍克尼说，西方绘画的光影表现的体量是虚假的，只有光学仪器才能够捕捉住光影效果，而我们人类的眼睛看东西是不需要光影的。光线的投射使我们看见了东西，但我们的眼睛总是忽略影子的存在，因为影子虽然对我们捕捉物象的色彩和状态起到一定的作用，但其实是不必画到作品里的。[1]大卫·霍克尼的观点对解释中国画不描绘光影的原因有一定的帮助。

文艺复兴以前，欧洲绘画基本上是宗教题材，都是各种各样的人物画。同时宗教机构也是绘画的最大金主，没有教会的订单，很多绘画可能无法诞生，从这个意义上来讲，教会是中世纪绘画发展的最大推动者，除了宗教机构以外，还有王公贵族，他们也是绘画的支持者。当然，画家要按照宗教组织的要求绘制画面。

由于马丁·路德的宗教改革，新教产生，新教禁止崇拜偶像，不允许为神画像。这样就使很多画家失业，为了生存，他们开始寻找新的绘画题材，有的人开始专门绘制人物肖像，比如，小荷尔拜因专门画肖像画，主要服务于贵族社会，使得神以外的世俗人物开始成为绘画的题材之一，这是对中世纪绘画题材的拓展，也是一种突破，一种创新。

文艺复兴时期画家勃鲁盖尔是一个开拓式人物，他是尼德兰画派最伟大的画家，他大大拓展了绘画题材，在他以前都是宗教人物画，勃鲁盖尔开始画大量的农村题材，画面中都是普通老百姓、乡村风景，生活气息浓郁（见图1-53）。勃鲁盖尔对西方绘画的贡献让我们想起张择端对中国绘画的贡献。二者都大大拓展了绘画的题材。

[1] 参见得到APP的听书栏目：曹星原朗读《隐秘的知识——重新发现西方绘画大师的失传技艺》。

图 1-53　勃鲁盖尔　乡村婚宴

世界上大多数民族先有人物画，后有风景画，这大概还是基于教化大众的原因。在西方绘画史上，风景画作为一个独立画种是文艺复兴以后的事。文艺复兴时期的风景画还仅仅是人物的背景，是作为衬托元素而出现的，比如《蒙娜丽莎》背景中就绘有山水，到了埃尔·格列柯这里，风景画独立出来，单独成为画幅，没有人物，这是埃尔·格列柯的创造。[1]此后，诞生了一些风景画家，风景画开始被广泛接受。中国的山水画发展也大致经历了这一过程，在魏晋时期大多是作为人物画的背景来加以描绘的，唐代开始出现独立的山水画，唐朝宰相韩休的墓中绘有一幅完整的山水画。但是在唐代山水画还很不成熟，经过五代的发展，至宋代中国山水画才变得成熟了。后世不断发展，逐渐成为中国画的主要品种。

值得注意的是，中国山水画不同于西方的风景画，西方的风景画仅仅是对风景的描绘，很少融入人文精神，中国山水画表面看来是在画山水树

---

[1]　参见得到APP，严伯钧《西方艺术课》中的《埃尔·格列柯：不走"套路"的西班牙文艺复兴第一人》。

木，实际上这些物象都不是目的，画家是在表达对自然山林生活的一种追求，是要摆脱世俗社会的尘嚣和羁绊，画家哪里是在描绘山水，分明是描绘自己的内心，尤其是文人的内心，所以山水画深得文人的喜爱，文人是推动中国山水画发展的主要力量。我们经常看到山水画中的山不像山、水不像水、树木不像树木，画面显得很荒率，明白了上述意思，这些都好理解了，山水树木都是文人表达内心的符号，像不像实际的树木、山水已经没有太大的意义了。

明末清初以来，随着中西交流的发展，中西绘画开始交融，中国画开始受到西方绘画的一些影响，比如焦点透视的使用。

郎世宁是意大利传教士，清康熙五十四年（1715）来华传教，很快就进入宫廷，成为外籍宫廷画师，后来还参加了圆明园西洋楼的设计工作。历任康雍乾三朝宫廷画师，擅长西洋画法。他画的《百骏图》（见图1-54）是中国十大传世名画之一，也是其中唯一一幅由外国画家画的画作。在这幅图中，人物、马匹、土坡、树木等使用了光影透视法，都有阴影，但是，树皮、松针、草叶等都是用墨线勾出，石块、树皮使用中国画皴法。虽然采用中国的散点透视法，但却融合了近大远小、近实远虚的透视原理。这是一幅典型的中西画法融合的作品，具有一定的标本意义，是研究西方绘画与中国绘画相互融合的重要作品。

图1-54　郎世宁　百骏图（局部）

郎世宁在宫廷服务期间，除了积极学习中国画法以外，还把西洋画法教给中国宫廷画师，西式画法开始在中国传播。清代宫廷画师为未来的皇帝雍正绘制于康熙年间的《十二美人图》（见图 1-55）屏风画已经明显引入了西式焦点透视法，画面中的红色栏杆焦点透视十分明显。

图 1-55　清　佚名　十二美人图（局部）

画中女人手中的冰裂纹纱扇精美异常，湘妃竹柄，妙极！我想找人复制一把，可惜一直未能如愿，能够达到如此工艺水平的人太少了。

但是在清代前期、中期西式绘画方法的传播都是有限的、局部的。进入近现代，康有为、陈独秀等人极力推崇西方写实主义绘画，极力贬低明代以来的中国画，这种观点一时成为一种潮流，大批画家开始到西方留学，学习西方的写实主义绘画，徐悲鸿、林风眠、赵无极、潘玉良、刘海粟、吴冠中等人都是代表，西方的焦点透视法也开始被中国画家系统地引进。中国画家除了直接学习油画、水粉、水彩画以外，也开始尝试在中国画中融入西方光影。

在学习西方绘画的过程中，有一种现象很有意思，徐悲鸿、吴冠中、吴作人、林风眠、潘玉良等人，早期对西方绘画都十分倾倒，但是，当他们充分掌握了西方绘画的技法以后，又回过头来在中国画中发展自己的艺术才华，最终成为国画大师。他们为什么没有成为西画大师？这种现象确实值得深思。

8. 羞羞答答的藏款

现在如果看一幅近现代画家的国画，画家一定在最显眼的位置题上自己的名字，可是，很多专家在研究宋代绘画的时候发现宋画上画家很少署名，这给绘画的鉴定带来很多困难。《清明上河图》上没有张择端题款，没有署名，给这幅画带来重重迷雾。经学者们考证，这种现象不是个案，而是一种普遍现象，不仅宋代绘画很少署名，五代以前的画也很少有题款，宋代开始有零星署名，即使有，也往往题在不显眼处，在树根、树叶或者石块等隐蔽处。马远《踏歌图》题名款就在很隐蔽的石头上，右下角非常不明显的地方。专家们把这种署名方式称为"藏款"。

下面我们来看几幅有藏款的绘画。

五代黄居寀的《玉兰富贵图》（见图1-56）有题名款，题款为："宋戊戌重九佳日，伯鸾黄居寀画。"题在画面左侧鹅头左上方，字非常小，不认真看，简直难以发现。郭熙《窠石平远图》（见图1-57）题款也是在左边。

范宽《溪山行旅图》（见图1-58、图1-59）的题款藏在树叶中间。1958年台北"故宫博物院"一位姓牛的工作人员发现范宽题名，但他不识字，报告李霖灿副院长"好像是文字的图案"。经过李霖灿鉴定，确认为范宽作品，这是范宽唯一存世作品。范宽本名"中正"，字"仲立"。因为他人好，心胸宽阔，朋友们都称他为"范宽"，他也乐得接受。[1]

图1-56　五代　黄居寀　玉兰富贵图

[1]［日］野岛刚.故宫物语［M］.张惠君，译.上海：上海译文出版社，2018.

图 1-57　宋　郭熙　窠石平远图及局部

图 1-58　宋　范宽　溪山行旅图

崔白《双喜图》（见图 1-60、图 1-61）落款在树干上，非常不明显。"嘉祐辛丑年崔白笔"，也就是北宋仁宗嘉祐六年（1061）。

为什么此前的画家不在绘画上题写自己的名字？原因是，他们都是画工，只是为皇家、官府、寺院做工而已。阎立本、曹霸、韩干、张萱、周昉、吴道子等都是画工出身，不敢在画上题写自己

图 1-59　《溪山行旅图》题款

图 1-60　宋　崔白　双喜图

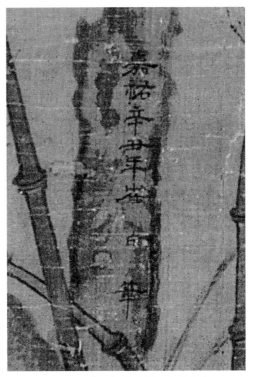

图 1-61　《双喜图》中树干上的题款

的名字。但是，绘画毕竟是自己的心血啊，不题名又有所不甘，于是就偷偷地在不易被人觉察的地方署上名字。应该说，这些人还是较为大胆的，那些较为规矩的人，是不敢在画面上写自己的名字的。

提起阎立本，现在的中国人几乎无人不知，他的绘画技法十分高超。但是，他本人十分忌讳别人说他是个画家，因为在唐代"画师"或者"画工"是一个是卑贱行业，遭人歧视。有一件事让阎立本一辈子忘不了，使他备感羞辱，有一次唐太宗和侍臣在御园湖中乘船，看到一只比较稀见的鸟，十分高兴，命令侍臣们写诗记述，又急忙命令阎立本来画像。侍从们大呼："传画师阎立本！"阎立本当时是主爵郎中，也是朝廷重要官员，品级也不低，却要跑得满头大汗，赶紧去跪在地上给他们画画，而其他大臣则在和唐太宗诗歌唱和。阎立本画完回家，十分伤心地告诫孩子们说："我从小爱读书，文章写得很好，画画也是我的专长，但却被当奴仆唤来唤去。你们以后可千万别学画画啊！"

李成是宋代山水画大师级人物，但是他不愿给别人画画，害怕别人称自己为画工。他的后人李宥当了大官以后，出高价购买李成作品，然后一把火烧掉。原因一样，不愿别人称自己的先人为画匠，这种称谓有辱先人名声。但是，很多人喜欢李成的画作，于是造假很多。大画家、书法家米芾说，见到300张李成的画，只有两张真画，所以米芾说，愿作"无李论"。

阎立本、李成的经历在那个时代不是孤例，而是一种共同的现象，画家在社会上可以有很高的名声，但是其社会地位却并不高，和一般的手工匠人没有太大的区别。从这个意义上来看，我们就能更好地理解为什么唐宋画家不愿意在画上署名了。不是他们不想让人见到自己的名字，而是自己认为画画也是一件不太光彩的事。

现在我们如果看一幅古画，往往印章累累，张择端的《清明上河图》也有很多的印章，那么人们究竟从什么时候开始在书画上盖章了呢？要说明这一问题，首先要追溯一下印章的历史。

早期印章是盖在泥上的。印章的历史很悠久，西亚早在公元前8000年以前已经有了类似印章的圆形刻石，这种类印章在叙利亚和两河流域都有出土，公元前7000年左右开始出现真正的印章，公元前4000年至公元前3100年西亚地区出现了滚珠印（滚筒印），古希腊、古罗马流行戒指印，早期印章大多是按印在软泥上的。我国商代已经有印章使用，中国早期的印章也是盖在封泥上的。当时主要的书写载体是竹简，一些需要保密的竹简先用绳子拴牢，再在绳子的接合部位加上软泥，并加盖印章，这种做法就像是现在的电表上加铅封一样。如果封泥被破坏，就证明文件被偷看了，传递信息的人就要受到惩罚。

在书画上面盖章是很晚的行为。据《历代名画记·叙古今公私印记》记载："太宗皇帝自书'贞观'二小字，作二小印。"另据《古迹记》记载："太宗（李世民）皇帝肇开帝业，大购图书，宝于内府，锺繇、张芝、芝弟昶、王羲之父子书四百卷，及汉、魏、晋、宋、齐、梁杂迹三百卷，贞观十三年十二月装成部帙，以'贞观'字印印缝，命起居郎褚遂良排署如后。"唐玄宗有"开元"印，宋代有徽宗"政和""宣和"印，高宗有"绍兴"印，这些都属于皇家收藏印章，都是加盖在书画作品上的。后来这种做法也被皇家以外的人士模仿，在书画上加盖印章逐渐成为一种习惯，前后沿袭了1000多年（见图1-62至图1-64）。

图1-62 赵佶　　　　　图1-63 欧阳修　　　　图1-64 米芾
"宣和中秘"印　　　　　"六一居士"印　　　　　"楚国米芾"印

9. 界画、舟车画、微画

界画，就是需要用界尺协助绘制的画，据推测，早期的界画是古代的建筑效果图，主要用于绘制宫室建筑等题材。唐代已经有了很多建筑画，五代时界画进入辉煌期。北宋王道真、郭忠恕、蔡润、吕拙等都是著名的界画家。苏轼反对界画，他认为界画虽然工细，但没有味道。

《清明上河图》属于界画，部分画面明显使用了界尺，比如城门楼的瓦垄，部分民居的屋顶、柱子等。

在宋代舟车画也是一个重要画种，从名字就可以看出，主要描绘车辆、船只等。《清明上河图》也属于典型的舟车画，画中共绘制了20多条船只，这些船只绘制十分工细，有浓郁的生活气息。图1-65中，船上有南方常用的斗笠和蓑衣，这些大船很可能来自南方。张择端还绘制了各种车辆，独轮车、双轮车等，每一辆车都不一样，各具特色。

宋徽宗崇尚写实，受此影响，北宋诞生了很多写实绘画高手，张择端应是其中之一，《清明上河图》当然也是宋代写实绘画的顶级之作。

李诫是一个营造高手，后来受到宋徽宗的重用，受命编定《营造法式》一书，这是北宋政府颁布的建筑规制标准。这一标准的诞生也有利

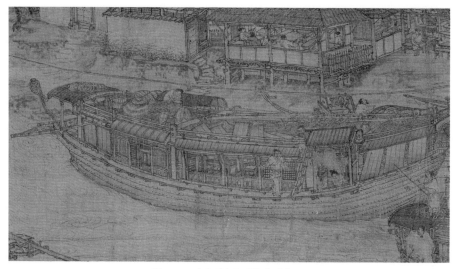

图 1-65 《清明上河图》中的船只

于界画的写实表现。这本书失传很久，民国时期朱启钤先生在南京图书馆发现宋代抄本。他开始认真研究此书，并成功出版整理本，还组建了中国最早的建筑研究学术组织——营造学社。朱启钤把此书推荐给梁启超，梁特别喜欢，专门把此书赠送给留学美国的儿子思成。梁思成也特别喜欢，回国后加入了营造学社，并成为骨干，做了大量的古建筑田野调查，积累了丰富的古建筑资料。梁思成十分崇拜李诚，为儿子起名为从诚，就是师从李诚的意思。

微画也是北宋时期的重要画种，这种绘画的特点是在很小的幅面内描绘很多复杂的内容。宋真宗时开始崇尚微画，宋徽宗讲究写实，更加推崇微画。《清明上河图》也属于微画，宽仅 20 厘米，幅面很窄，画中的人物很多高不过一寸，但是却个个活灵活现。北宋燕文贵是微画专家，他的微画"大不盈尺，舟如叶，人如麦"。刘道醇、郭忠恕等也是著名的微画专家。张择端应该是学习过微画的一些技法，不然，难以创作出这样一幅微画经典。

郭忠恕的《雪霁江行图》（见图 1-66）也是微画代表，既细致入微，又不失整体气氛。这幅绘于北宋初年的图画中的船与《清明上河图》中的船很相近。

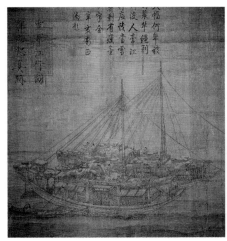

图 1-66　五代　郭忠恕　雪霁江行图及局部

10. 风俗画

《清明上河图》在我国普及度高，小学美术教材都收有这幅画。该画也是进入中国画的入口，很多人通过这张画，开始欣赏、研究中国画。同时，该画是中国艺术的代表，很多外国人通过这张画了解中国文化、中国艺术。

从绘画专业角度来看，此画是以社会风俗习惯为题材的绘画，包括街市、商业、人物服饰、车船、饮食等市井风貌。关于市井风俗画，在汉代画像石中多有出现，如汉代画像石中的酒坊、街市、杂技、宴饮等。唐代的风俗画还未见可靠的纸本传世，只有在敦煌壁画中有一些呈现。至宋代，风俗画真正走向了成熟。宋代风俗画除了《清明上河图》，还有《货郎图》《七夕夜市图》以及各种婴戏图等。宋代以后，风俗画成为画家乐意表现的画种，元明清三代都有大量的风俗画传世，清代徐扬的《姑苏繁华图》，清代光绪年间的《点石斋画报》等都属于风俗画。

关于风俗画，徐建融在《宋代名画藻鉴》一书中对风俗画的题材进行了归纳，"妇女、儿童、货郎、卜巫、伎艺、游赏、宴集、行旅、集贸、商贩、耕织、捕鱼、演剧等人事和活动，以及花篮、折枝、犬猫、禽鸟等等"都属于此类。李唐《村医图》、李嵩《货郎图》、苏汉臣《货郎图》都属风俗画一类。

宋代民间有大量的画师绘制风俗画，他们绘制门神、钟馗、古代圣贤、桃符等满足人们的需求。据《东京梦华录》记载，在宣德楼前有很多卖"时行纸画"的，在朱雀门外及州桥之西的果子行也有很多纸画摊位，以及"近岁节，市井皆印卖门神、钟馗、桃板、桃符，及财门钝驴、回头鹿马、天行帖子"，这些都是市井风俗画，说明风俗画有很大的市场需要。

图1-67　宋代　童子钓鱼枕

宋代民间盛行婴戏图。北宋时期磁州窑工匠技艺高超，其中"童子钓鱼枕"（见图1-67）造型十分准确、传神，令现在的专业画家汗颜。其实，瓷枕的绘画就是当时的瓷器匠人随意挥洒，由于长期从事瓷器绘画，练就一手好功夫，行笔流畅，简单的几笔勾画，就将一个钓鱼的童子刻画得栩栩如生。磁州窑是民窑，历史上没有做过官窑，所以民间匠人可以不受任何约束，形成了自由、奔放的绘画风格。

宋代以前，画院画家等同于匠役，社会地位低下。"但两宋间，由于党争频繁等政治因素，文人在其宦海沉浮中隐遁于书画文艺开始成为一种潮流，成为他们'独善其身'的处世方式和'怡悦性情'的修身模式，比如苏轼，比如王诜，再比如米芾，等等。因而，两宋间有大批文人登上画坛，如李成、文同、苏轼、米芾、王诜、李公麟、赵令穰、米友仁、扬无咎、马和之、赵孟坚，等等，而且由于他们掌握了一定的话语权，文人画理论兴起并逐渐起到了引领绘画潮流的作用，而且对宫廷绘画和民间绘画产生了重要影响。"[1]

[1]吕少卿.大众趣味与文人审美——两宋风俗画研究[M].天津：天津人民美术出版社，2014：73-74.

两宋以前的风俗画大多描绘皇家贵族游戏宴饮、游猎出巡、庄园生活等。两宋时期，由于社会经济的发展，市民阶层开始崛起，他们成为一股不小的经济力量和书画购买力量，他们的审美开始反过来影响绘画，所以绘制市民阶层生活的题材开始受到欢迎，这也是市井风俗画开始大发展的原因之一。

两宋时期，很多文人加入到绘制风俗画的队伍中来。比如王诜、赵令穰、李公麟、马和之、苏汉臣等。王诜的《柳溪鱼浦图》《江山渔乐图》《渔乡曝网图》《渔村小雪图》都是风俗画。文人的加入大大提高了风俗画的文化含量和艺术价值。

宋代是文人大放异彩的时代，文人的审美领导了社会的审美。文人画是文人行文之余的戏作，不在于娱人，而在于娱己。文人画真正成为一种风格应该是从宋代开始的。实际上代表了中国画开始从写实向写意发展。在我国古代，文人的书写工具和画家画画是完全一样的，都是毛笔、墨、宣纸，文人在读书写文章累了的时候，在宣纸上随意涂抹几下是完全正常的，没有什么困难，时间长了，可能就有情趣的表达，这大概就是文人画的发端。现代读书人的书写工具和画家的绘画工具差别巨大，文人再想像古人一样随意在宣纸上涂抹已经不太现实，中间隔的东西太多了。进入电脑时代，文人离画家的距离可以说有十万八千里之遥。

文人画作为最具中国特色的一个画种，区别于宫廷画、匠人画（职业画），不求形似，但求个性抒发。文人画的始祖应该是唐代的王维，他开始讲究诗与画的融合。文人参与绘画并逐渐改造绘画，使得绘画更利于文人情趣的发扬。文人画最重要的特征是对写实要求的降低。米芾创立了独具特色的米家山水风格，他的画是真正文人性情的画作。他在《画史》中说："以山水古今相师，少有出尘者。因信笔作之，多烟云掩映。树石不取细，意似便已。"文人画追求意趣的价值取向，和整个宋代尚意的时代特征是一致的。苏轼、米芾、文同等人对文人画的发展都起到了重要的推动作用。文人画真正成为一种风格是在宋代完成的，它的基本理论也是在宋代完成的。

《清明上河图》
外面的世界

《清明上河图》的河是哪条河？

《清明上河图》是宋代社会生活的纪录片。

清明节是中国传统节日，在仲春和暮春之交，是祭祀祖先的节日，这是中国孝道文化的一种体现。同时也是一个休息日，祖坟一般都在郊区，又恰逢春天，柳枝开始发芽，大地开始变绿，对于都市城镇人来讲，大家正可以借此到野外去踏青，所以清明节也叫踏青节。中国的很多节日本来是祭祀祖先鬼神的，是为让祖先鬼神高兴，但是，后来逐渐演变成了在世人欢乐的节日。孟元老《东京梦华录》描绘清明这一天，"四野如市，往往就芳树之下，或园圃之间，罗列杯盘，互相劝酬。都城之歌儿舞女，遍满园亭，抵暮而归。"北宋时清明节政府规定放假3天。除了纸马铺开张、轿顶插杨柳枝等风俗以外，还有蹴鞠、关扑（赌博）、荡秋千、观看龙舟赛、射箭等娱乐活动。《清明上河图》只绘出了前两项，后来明代仇英本《清明上河图》增加摔跤、看戏、迎亲、金明池等很多场景。清院本《清明上河图》也如仇英本一样，增加了很多清明节娱乐的市井情节。

《清明上河图》中的河可以确定是汴河。前文已经提及，汴河不是一条自然河，战国魏惠王时开凿，名为鸿沟。汉代称为汴渠，在疏通汴渠的过程中有所拓展，经过开封。隋代加以扩大为通济渠，但习惯仍然称为汴渠或汴河。汴河从黄河取水，贯通淮河、长江。因冬季寒冷，黄河结冰，容易形成冰排，也就是凌汛，严重影响行船安全。北宋时每年十月到隔年二月封锁汴河，禁止船只航行。到清明节前后，河冰开始融化，汴河才开始通航，俗谓"开河"，无论是对于船家，还是开封市民来讲，开河都是一件值得庆贺的事。河一开，船家生意开始兴旺，沿河周围店家的买卖就开始兴旺起来，整个城市也更加具有活力。

在宋代定都汴梁以前，已经有战国时期的魏国在此定都。五代十国北方政权中的 4 个在此定都，经过几代朝廷的建设，社会资源的汇聚，开封已经是一个十分繁华的都市。汴河经过几代王朝的疏浚、拓宽，通航能力大大增强。宋代政府也非常重视汴河漕运，不断加以疏浚。宋神宗时改为从洛水取水，不再从黄河取水，通航时间大大增加。

汴河对于开封城来讲，是一条粮食之河，也是一条生命之河，是立国之本。北宋神宗时宰相张方平曾说："则是今日之势，国依兵而立，兵以食为命，食以漕运为本，漕运以河渠为主。……今仰食于官廪者，不惟三军，至于京师士庶以亿万计，大半待饱于军稍之余。故国家于漕事至急至重。京大也，师众也，大众所聚，故谓之京师。有食则京师可立，汴河废则大众不可聚。汴河之于京城，乃是建国之本，非可与区区沟洫水利同言也。"[1]由此可见汴河的重要性，没有汴河从江南运来的漕粮，汴京百万以上人口的粮食问题就没有着落，汴河一旦废弃，汴京城的人也就散了，汴河是汴京的命脉，同时也是国家的命脉。

当时，漕运船一般以 10 至 30 只为一纲，从淮南来的船只进入汴京的每年有 6000 多条。当时的汴河一派繁忙景象，宋代大词人、文学家周邦彦在《汴都赋》中有过很好的描写，他说，汴河"舳舻相衔，千里不绝，越舲吴艚，官舸贾舶，闽讴楚语，风帆雨楫，联翩方载，钲鼓镗鞳。"舳是指船尾，舻是指船头，钲鼓是指乐器，镗鞳是指鼓声。这段话翻译过来就是：汴河里面船只首尾相连，有来自吴越的船只，官船与商船杂处，船上南来北往的人们各种语言交杂，船只风雨无阻，连绵而来，各种钲鼓之声此起彼伏，相互交汇在一起。由此可见当时汴河的繁荣景象。

靖康二年（1127）金兵攻破汴京，北宋灭亡，汴梁不再是京城。金代也很重视开封，把开封定为南京，开始是作为进攻宋的前哨阵地，后来由于元军的压力，被迫迁都开封，前后也有 18 年之久，通过金代的不断营建，城市规模虽不如北宋，但是也有近百万的人口。这一时期，金与南宋沿淮河南北对峙，金代漕运主要是在淮河以北的河流里进行，数量大大降低。

[1] 参见宋代张方平撰《乐全集》卷二三《论京师军储事》。

《清明上河图》外面的世界

元代定都北京，需要把粮食运到北京，京杭大运河取道山东济宁、聊城，把开封甩开了，开封不再是运河关隘，不再是水运码头，由此衰落了，汴河也衰落了。

大运河和长城是中国古代两大纪念碑式工程。运河实际上就是人工挖的比较大的水沟，把两条不同的河流连接起来，只不过是比较宽的水沟，具有通航能力。世界上很多民族开凿过运河，欧洲也有很多运河，但是都是零散的，像京杭大运河这样长的运河只有中国人才有。京杭大运河全长1797千米，纵贯大半个中国，是苏伊士运河长度的16倍。中间地形复杂，有起有伏，能够开凿这样一个工程并顺利通航，实在是伟大。其中有很多独创的技术，比如船闸等。

在艺术上独步天下、傲视群英的宋徽宗

品读《清明上河图》一定离不开对宋徽宗这样一个传奇人物的分析，他是一代帝王，继承了大宋盛世，在艺术上独步天下、傲视群英，但是，他又是一个亡国之君，关于他的评价争议不断，好的评价可以上天，坏的评价可以入地，可以说有天壤之别。据记载，张择端画完此图，应该进献给了宋徽宗，徽宗题写了画名，并加盖了印章。不然，徽宗的印章和题名就无法解释了。

宋徽宗有两枚双龙印章（见图2-1），圆形双龙小玺用于书法作品，方形双龙小玺用于绘画作品。

图2-1 圆形双龙印（左）、方形双龙印（右）

1. 才俊过人的亡国之君

据研究，《大宋宣和遗事》是宋代无名氏所作，经元代人整理出版。此书是一个讲史的话本，所谓话本就是说书艺人的底本。此书把徽宗刻画得入木三分："说这个官家，才俊过人，善写墨竹君，能挥薛稷书；通三教之书，晓九流之典；朝欢暮乐，依稀似剑阁孟蜀王；爱色贪杯，仿佛如金陵陈后主。"这里是说徽宗是个天才，擅绘画，书法也很厉害，儒道释三教都精通，儒家、阴阳家、道家、法家、名家、墨家、纵横家、杂家、农家等九流的典籍也都有研究，日夜寻欢作乐就像是后蜀末代皇帝孟昶，喜欢饮酒和女色就像是金陵陈后主陈叔宝。这里面一方面是在惊叹宋徽宗的才艺，另一方面也是在批评他不务正业，孟昶、陈叔宝都是亡国之君，拿他们来比宋徽宗，观点不言自明。这种书能在宋代写成，确实也是够大胆的。要知道，即使是在南宋，宋徽宗也是他们的先祖，臣民怎么能批评自己的先皇啊。由此可以推想，宋代的言论相对还是自由的，说书艺人可以调侃本朝的皇帝。

徽宗也曾坦率自言："朕万几余暇，别无他好，惟好画耳。"其实，作为一个皇帝爱好艺术没有什么不好，起码可以推动国家的艺术事业发展，两宋绘画的兴盛与徽宗的大力提倡和率先垂范有很大的关系。但是，这里面需要正确处理朝政与艺术的关系，为政是皇帝的本职工作，艺术只应该是业余爱好，不能因为艺术而荒废了朝政。应该说，宋徽宗没有处理好这一关系。比如，因为喜欢园林艺术和太湖石，就让朱勔在杭州设应奉局，不仅花费很多资金，而且给当地百姓带来很多灾难，为抢夺百姓家的太湖石往往要穿墙破屋，还动用大量的漕船运输太湖石，即所谓的花石纲，桥梁如有违碍，也一并拆除，闹得民怨沸腾，宋徽宗因此饱受诟病。

2. 向太后力挺赵佶当了皇帝

《清明上河图》是宋代绘画的代表性作品，光耀千古，但是在北宋的文献记载仅仅见于《向氏评论图画记》。关于这一记载，和宋徽宗登上帝位有很大的关系。

哲宗是赵佶的哥哥，他们都是神宗的儿子。照理说，哲宗死后，应该由他的儿子继位。哲宗有一个儿子，但是夭折了。哲宗死的时候才25岁，他去世后，要选人做皇帝。当时3个人可以做主：神宗的皇后向太后，宰相章惇，副宰相曾布。

这3个人曾有一段对话很有意思：

向太后：国家不幸，大行皇帝无嗣，事须早定？

章惇：在礼律当立母弟简王似。（简王与哲宗同母，章惇的意思是应该立简王为帝。）

向太后：老身无子，诸王皆神宗庶子，莫难如此分别。（向太后的意思是，她本身没有儿子，诸王都不是神宗的嫡出，都是庶出，既然这样，就不能按是否和哲宗同母来加以分别了。）

章惇：以长则申王似当立。（如果按长幼排序，应该立申王，因为申王年龄最大。）

向太后：神宗诸子，申王长而有目疾，次则端王（赵佶）当立。（申王虽然年长，但是眼睛有毛病。再往下排，就是赵佶了。向太后亮出底牌。端王赵佶一定在事前讨得了向太后的欢心。）

章惇：端王轻佻，不可以君天下！（章惇毫不客气地说：端王轻浮，这样的人不可以做天下之君！）

曾布怒斥：章惇未尝与臣商议，如皇太后圣谕极当！（曾布十分愤怒地说：章惇根本没有与臣商议，我认为皇太后的主张最为合适。在关键时刻曾布的态度给了向太后强力支持，二比一，章惇只能妥协。）

蔡卞等人随声附和。这样，本来与皇帝无缘的端王赵佶做了皇帝，当年刚刚18岁。

过了几天，向太后又说：先帝尝言，端王有福寿，且仁孝，不同诸王。这就等于说先皇帝曾经称赞端王，章惇你们也就别再说什么了。先皇帝说没说这话，就很难说了，很可能是向太后为压制不同声音而杜撰的，这些话无法去核实，因为没有书面记载，也没有证人在旁边。章惇等人当然明白其中的潜台词，也就不再言语。端王赵佶的皇帝位也就坐定了。

由这一过程可以看出，是向太后力主赵佶做皇帝的。所以赵佶投桃报李，要求向太后垂帘听政。向太后就坡下驴，但是仅仅垂帘听政6个月，就归政于赵佶，次年就去世了。《向氏评论图画记》的两位作者向宗回、向宗良兄弟正是向太后的两个兄弟，也就是赵佶的两个舅舅。由于这一层原因，赵佶对向氏兄弟的赏赐毫不吝啬，赵佶很有可能把《清明上河图》赏赐给了这两位舅舅。不然，《向氏评论图画记》怎么能记载宫中藏画的情况。

3. 哪个朝代垂帘听政次数最多？

提到垂帘听政，我们一般会想到清代末年的慈禧、慈安两位太后，实际上，垂帘听政不是慈禧首创的，历史上早已存在，而且还不少，只是我们接触到的史料较少罢了。北宋共9位皇帝，垂帘听政有5次：

（1）仁宗朝：刘太后，刘娥，戏剧狸猫换太子的主角，非常有治国才能。前夫为银匠，后被赵王（真宗）纳入王府。仁宗做了皇帝后，被册封为太后，垂帘听政。

（2）英宗朝：曹太后垂帘听政。

（3）哲宗朝：高太后垂帘听政。

（4）徽宗朝：向太后垂帘听政。

（5）高宗朝：哲宗的孟皇后垂帘听政。孟皇后本来是被废掉的，居住在宫外。因被废未被金人掠走，垂帘听政后归政赵构。

4. 通人皇帝与文化母题

宋徽宗是一个通人，他在很多领域都有独到的见解，达到了一通百通的境界。在人文方面，各个领域在高端距离很近，人们更容易在专业的高端实现互通。也就是说，当一个人在某一领域的认识达到很高的程度，他在相关学科也很容易获得真知灼见，这就是融会贯通、一通百通。宋徽宗非常符合通人的标准，他是园林专家、医学家、诗人、词人、画家、书法家、品茶专家等，精通蹴鞠、音乐、弹琴等。从这一方面来讲，宋徽宗称得上是一个中国文化的母题。

所谓文化母题，就是文化的最基本问题，由这些问题能够生发出很多话题。屈原、司马迁、三曹（曹操、曹丕、曹植）、竹林七贤、唐太宗、唐玄宗、李白、杜甫等都是中国文化母题。宋徽宗也是这样的中国文化母题式人物，是研究中国文化绕不开的人物，举凡绘画、园林、建筑、品茶、书法、诗词、中医等的相关研究都必须研究宋徽宗。他也是中国文化的集大成者之一。

他一生写诗作词无数，但是最好的诗是在被囚禁期间做的。东京陷落，金人把徽宗、钦宗、嫔妃、大臣一同掠走。徽宗被囚禁在东北的五国城。从皇帝跌落到囚徒，这是多么大的落差啊，再加上金人的不断羞辱，能够存活下来，也表明徽宗人性中坚韧的一面。但是，在心理上造成的巨大痛苦是可想而知的，有感而发，才能写出优秀的诗词。在皇宫里，养尊处优，前呼后拥，吟花弄月，不过是无病呻吟罢了，他被囚禁期间的词却达到了化境。

在北壁题

彻夜西风撼破扉，萧条孤馆一灯微；

家山回首三千里，目断山南无雁飞。

被囚禁的地方西风怒号，破门被狂风吹得呼呼作响，豆大的灯光忽明忽暗，遥望三千里以外的故国，望穿秋水，也不见传送书信的鸿雁。这是撕心裂肺的痛啊！

题燕山僧寺壁

九叶鸿基一旦休，猖狂不听直臣谋；

甘心万里为降虏，故国悲凉玉殿秋。

九叶鸿基，从太祖至钦宗共9代皇帝。从这里也可以看出徽宗对自己糊涂行为的反思，想当初不听忠臣劝谏，一意孤行，最后成为阶下囚。很多案例说明，人在顺境的时候，往往很难做到真正的反思，只有遭受重大失败，才可能深刻反省自己的行为，但为时已晚。这也是人生可悲之处。

由此，也让我们想起司马迁在《报任安书》中说的那句话：

盖西伯拘而演《周易》；仲尼厄而作《春秋》；屈原放逐，乃赋《离骚》；左丘失明，厥有《国语》；孙子膑脚，《兵法》修列；不韦迁蜀，世传《吕览》；韩非囚秦，《说难》《孤愤》；《诗》三百篇，大底圣贤发愤之所为作也。

正应和了清朝文人赵翼的两句诗："国家不幸诗家幸，赋到沧桑句便工。"徽宗被囚禁了 9 年，1135 年 4 月甲子日，终因不堪精神折磨而死于五国城，享年 54 岁。对于一个艺术家来讲，50 多岁可能正是艺术水平达到炉火纯青的地步的时候，确实令人惋惜。但是，作为一个被囚禁的皇帝，死了可能也是最好的解脱。

赵佶还曾是一个音乐家，很擅长弹琴，他在皇宫宣和殿专设万琴堂，收藏天下名琴。他主持修订宫廷雅乐，并改名为"大晟乐"，专门颁旨设立大晟府，管理雅乐和部分鼓吹乐等。他对中国宫廷雅乐的发展做出了很大的贡献，他让负责制定大晟乐的乐师刘炳主持编撰的《大晟乐书》，对唐以来的国家乐理和乐制进行总结，为宋以后各个朝代的礼制音乐发展提供了重要的模板。该书至今传世，成为研究我国古代礼制和雅乐的重要文献。这些成就都得益于宋徽宗的大力提倡和推动。

2010 年 12 月 4 日，宋徽宗御制的"松石间意"琴在保利五周年秋季拍卖会的古董珍玩夜场上拍出了 13664 万元人民币高价，这是当时乐器拍卖的最高纪录。现在文物、书画一旦和宋徽宗沾边，就会身价暴增，其影响力是持久的。

宋徽宗还是一个医学家，曾撰写《圣济经》（见图 2-2）10 卷，至今仍是学习中医的重要典籍；他是品茶专家，著有《大观茶论》（见图 2-3）；他是一个词人，后人编有《宋徽宗词》。

图 2-2 《宋徽宗圣济经》书封　　　图 2-3 《大观茶论》书封

5. 在艺术上无可匹敌

《听琴图》（见图 2-4）为徽宗所绘，画面中间一黑色方几，上有香炉，香烟袅袅，似有香味迎面而来。弹琴者即为宋徽宗，眼神缥缈，微微下视，极为投入。听琴者一仰一俯，都很入神，沉浸于琴声之中。用一幅静止的画来表现乐声，这是一个极大的挑战，但是宋徽宗做到了，当我们看到此画，似乎悠扬的琴声正从画中不断传来。

图 2-4　宋　赵佶　听琴图（局部）

中国历史上曾有过 400 多个帝王，宋徽宗是知名度最高的皇帝之一，也是艺术天分、艺术造诣最高的皇帝。他在艺术上获得了极大的成功，很多专业画家也难以望其项背，他对艺术的追求几乎达到了疯狂的程度。也正是有这样的艺术皇帝，才会有众多的艺术臣民，才会在社会上掀起崇尚艺术、艺术至上的风潮，才会使一个朝代的艺术发展到巅峰。在很多时候，皇帝往往是一个时代文化发展的风向标。中国绘画史上两个里程碑式的作品《清明上河图》《千里江山图》都诞生于宋徽宗的时代，而且和他有着直接的关系。

据说徽宗在做皇帝以前已经十分仰慕蔡京的诗词和书法，在做端王时曾经花 10 万钱买过蔡京的书法作品。当了皇帝以后，收藏了很多蔡京的作品。在 1119 年的宴会上还专门展示了他收藏的蔡京作品。[1]

---

[1][美]伊沛霞.宋徽宗[M].韩华，译.桂林：广西师范大学出版社，2018：282.

徽宗还多次到蔡京家里，并要求蔡京换掉官服，蔡京诚惶诚恐地拒绝了。徽宗亲自调茶，并分赐给在场众人。[1]一个皇帝不顾自己的身份，甘愿屈身为大臣调茶，在这个时候，皇帝身份对他来讲似乎是不重要的，展示茶艺才是最好玩的。

徽宗朝大部分宰辅都得到过徽宗御制书法作品的赏赐，徽宗还赏赐给童贯用瘦金体写的《千字文》，现藏于上海博物馆。他还将作品赏赐过蔡京、邓洵武、何执中、郑居中、余深、洪迈、薛昂、白时中、王黼、梁师成、高俅等人，徽宗对大臣的赏赐实在是很大方。

在艺术史上，他是开宗立派的大师级人物，他创立的瘦金体书法如铁画银钩，苍劲有力，别具一格。这种字体艺术造诣很高，史无前例；同时这种字体学习难度很大，后世很少有能模仿者，用后"无来者来"形容十分贴切。

宋徽宗是一个至美主义者。蒋勋说，宋徽宗迷失在美里面，是书法史上最大的背叛者，他的审美水平达到了很高的程度。瘦金体书法为中国书法历史上少有的露锋之作。我们的书法讲究藏锋，可瘦金体不仅露锋，而且刻意地露，正可谓锋芒毕露。他的瘦金体主要是学习唐朝的书法家薛稷，把书体瘦硬一派风格发展到极致。

老子讲，锋芒就是最尖最细的部分，它容易刺伤他人，也最容易折断。中国人不爱出风头，认为树大招风，枪打出头鸟，所以人要藏锋、要钝、要拙。书法藏锋是和中国人做人原则一致的。苏轼、黄庭坚等人的书法都是这样，圆融、朴拙，和赵佶的瘦金体形成鲜明的对比（见图2-5、图2-6）。

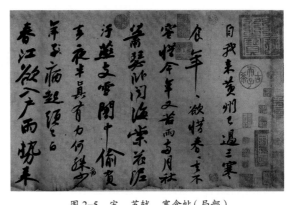

图2-5 宋 苏轼 寒食帖（局部）

[1][美]伊沛霞.宋徽宗[M].韩华，译.桂林：广西师范大学出版社，2018：282.

《清明上河图》外面的世界

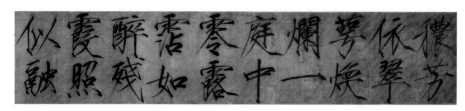

图 2-6　宋　赵佶　秾芳诗帖（局部）

6. 为什么中国古代帝王很少有雕像？

在查阅资料时，我发现一个很有趣的现象，中国古代帝王有很多画像，但却很少有帝王雕像，而古埃及、古代西亚人、古希腊人、古罗马人都为自己的帝王做了不少的塑像（见图 2-7、图 2-8）。究竟是为什么？我还没有找到答案，在这里提出来供大家思考。

图 2-7　汉谟拉比法典碑（前 1760）　　图 2-8　古罗马皇帝马可·奥勒留胸像

7. 野蛮战胜文明的逻辑

按照人类文明发展的历史趋势，人类一直在由野蛮走向文明，这个大趋势没有错误。但是，这条道路不是直线上升的，而是一条曲线。不仅如此，在很多时候文明被打回到原点，需要重新再来。在人类文明发展史上这种人力、智力的浪费很多很多，举不胜举。比如 20 世纪 70 年代在湖南长沙马王堆汉墓出土的一件素纱襌衣，很大的一件上衣才 49 克。为了复制一件，我们的某丝绸研究所花费很长时间只能生产出 50 克的一件，这 1 克怎么也降不下来了。2000 多年前的丝织技术失传了。汉代的日光镜制造技术也一度失传，后来某金属研究所花费很长时间才恢复了这一技术。

文明倒退的主要原因是战争，战争经常造成"白骨露于野，千里无鸡鸣"的惨状。当然，人没有死绝，就是文明延续的火种。新的政权建立后，需要从头再来。等到繁荣到一定程度，社会矛盾无法调和，再一次进入战争状态，文明再一次被重创。历史就是在这样一种循环中前进的。

如果你研究历史，就会发现，人类历史上经常是野蛮战胜文明。前文已经提及古罗马的衰落，就是受到北方蛮族的侵略。古希腊文明辉煌灿烂，是西方理性、民主、自由的精神来源。但是，古希腊被北方的蛮族马其顿灭掉了。古罗马高度文明，但却被北方的日耳曼人灭掉了。历史上并不总是文明战胜野蛮，反倒是野蛮战胜文明，历史是无情的。金灭北宋，元灭南宋，都是这个逻辑。这就好像一个读书人在街上遇到流氓一样，他如何能够打得过街头流氓？

按照这个逻辑，人类社会不就是逐渐走向野蛮吗？这和人类文明发展的趋势不符呀，是矛盾的。它的深层逻辑是怎样的？

尽管在军事上野蛮经常战胜文明，但是，军事上的征服者往往成为文化上的被征服者。马其顿灭掉了希腊，但是马其顿国王亚历山大十分推崇古希腊文化，在四处征战的过程中到处推广希腊文化，亚历山大和他的军队就是希腊文化的播种机。古罗马对古希腊文化几乎是照单全收，罗马神话都是希腊神话的翻版。金代、辽代汉化严重，他们的仪仗制度、文学、法律、服饰等都极力学习宋代，甚至儒家文化成为金代的主流文化，儒家思想成为金治国的指导思想。最后，金甚至放弃草原逻辑，修起长城来了。金章宗对宋徽宗的瘦金体书法佩服得五体投地，临写得几乎可以乱真，连印章都模仿宋徽宗的"政和""宣和"印（见图 2-9）。满族政权虽然灭掉明代，但是从康熙到乾隆都在大力推广汉文化。现在会写满文、会说满语的人还有几人啊？尽管在军事上是野蛮战胜文明，但是在文化上野蛮往往也被文明征服。这就是冷兵器时代的逻辑。

图 2-9　金　完颜璟　书法（盖有"政和"印）

8. 诗书画印结合

宋徽宗在画上的题字和签名一般都是用他特有的"瘦金体"，秀劲的字体和工丽的画面，相映成趣。尤其是签名，喜作花押，据说是"天下一人"（见图 2-10）的略笔，也有认为是"天水"之意。盖章多用葫芦形印，或"政和""宣和"等小玺。

图 2-10　宋　赵佶　花押

作者押印于书画的款识上，始于宋代苏轼、米芾、赵佶、赵子团等人。元明以后，诗、书、画、印相结合已成为中国画的传统特征。但在北宋，却还处于草创时期，赵佶是擅于开风气之先的人。

9. 与民同乐金瓯酒

宋朝元宵节有一个惯例，天子与民同乐，皇帝在皇宫南大门宣德门与老百姓一同过元宵节，皇帝和嫔妃都到宣德门赏灯，观看各种表演。嫔妃们可以随意宣唤小贩前来购物，给钱远远超过物品价格，小贩们巴不得能被宣唤，能不能目睹皇家后妃的尊容不好说，起码可以赚一笔小钱，何乐而不为，但是能被宣唤的毕竟是少数。徽宗年间，皇城端门下摆放御酒，称为"金瓯酒"，百姓不分贵贱，均可到端门下讨一杯御酒喝。有一年，一女子将金杯揣进怀中准备盗走，被侍卫发现。女子说，平时夫君管得严，不能喝酒，今天喝了酒，满嘴酒气，害怕回家无法说清楚在哪喝的酒，拿金杯为证。只听隔帘有人说："将金杯送给她吧。"那人就是徽宗。[1]

10. 儿子高宗也是一位艺术天才

宋徽宗是大书法家、画家，这一点大家都知道。其实，他的儿子——南宋开国皇帝宋高宗赵构书法水平也很高（见图2-11）。不仅如此，高宗还是一个词人，《全宋词》收有15首。如他有一首词："一湖春水夜来生，几叠春山远更横。烟艇小，钓丝轻，赢得闲中万古名。"

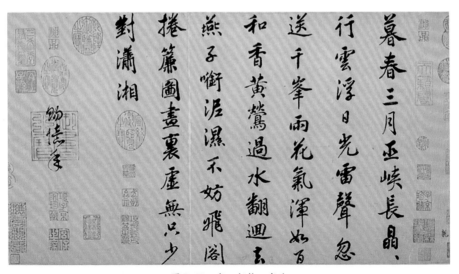

图 2-11　宋　赵构　书法

[1] 参见《大宋宣和遗事》。

11. 韦皇后回銮背后的隐痛

在宋画中有一张《迎銮图》（见图2-12），现藏于上海博物馆。宋金议和以后，金朝答应归还徽宗和郑皇后遗骸。南宋派王伦为使节前往迎接，临行，高宗对王伦说，金人若能归还韦太后（高宗生母），割地赔款在所不惜。经过谈判，金人答应韦太后随徽宗、郑皇后遗骸一并归还。高宗为此专门派出使臣曹勋前往宋金分界线淮河边迎接，并派韦皇后之弟平乐郡王韦渊一同前往。迎接队伍到达临安附近，高宗安排最高的仪仗并亲自出城迎接。《迎銮图》是对这一历史事件的记述，也是一幅历史纪实作品，对研究宋代服饰、仪仗制度有重要价值。画面上绘制了太后銮驾、宋朝官员、围观的百姓等场景。

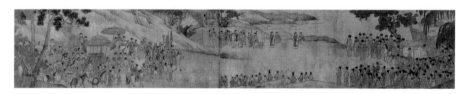

图2-12　宋　佚名　迎銮图

韦太后本来是宰相苏颂家的侍女，后被选入宫，生下高宗赵构。后来随徽宗、钦宗被掠至金朝，被迫嫁给金人盖天大王完颜宗贤为妾，还生有儿女。宋金议和，金朝答应归还韦太后。对于赵构来讲，能够见到自己的生母，确实是一件幸事，母子之情是任何情感都无法代替的。

12. 宋徽宗办画学

皇家画院不是北宋首创，北宋以前西蜀、南唐时已经开始办画院。宋朝沿袭了这一制度。画院画家为"翰林""待招"等，享受文官待遇，有专门的供奉。宋徽宗时期，画院考试纳入科举考试。在科举中专门开设画科，大大提高了画家的社会地位。这里的画院是指翰林书画院。除此以外，宋徽宗还专门成立了画学。

宋代政府建了很多寺庙、道观，需要大量的人绘制壁画，招来的人宋徽宗很不满意，于是就开始想办法自己培养。开办画学为历史首创。

画学招考、管理都参照太学。徽宗1104年建画学，招收第一批生徒。朝廷给予膳食、住宿、文具等。画学开始隶属国子监，后来隶属翰林图画院。

13. 宋徽宗考画师

翰林图画院招人通过考试，宋徽宗把诗与画融在一起对考生加以考察，他出一句诗，让考生根据诗文画画。清徐松编《宋会要辑稿·职官》记载，翰林图画院招收名额："今待招三人，艺学六人，祗侯四人，学生四十人为额。"

宋徽宗曾出题"深山藏古寺"，有人画了寺院的一角掩映在山林中，徽宗摇头；有人画了在小溪边挑水的和尚，徽宗点头称是。以"野渡无人舟自横"为题，有人画船工吹笛子，徽宗摇头；有人在桅杆上画了一只鸟，徽宗称赞。以"踏花归去马蹄香"为题，考嗅觉，如何在纸面上表达香味，这是一个挑战。徽宗最欣赏的一幅是：画面上有一匹马，围绕马蹄画了几只飞舞的蝴蝶。以"嫩绿枝头红一点，恼人春色不须多"为题，很多人画了绿叶中的红花，得胜者画的是绿柳掩映的亭阁中，有一女子倚栏而立，嘴上涂着口红。

从上述考题我们可以看出宋徽宗对诗与画的独到追求，用诗句来考画家，意义非凡，尤其是对文人画的发展意义非凡。在徽宗之前，苏轼说，王维画中有诗，诗中有画。徽宗以一个帝王的身份大力实践诗与画的融合，这就在社会上形成一种导向，成为了一种风潮。这种思想对后世文人画的影响尤其巨大。

14. 皇帝和名妓，说不完的话题

关于宋徽宗与李师师的故事，正史无载，但是宋人的笔记、野史中记载很多，相关图书有《宣和遗事》《东京梦华录》《李师师外传》《贵耳集》《墨庄漫录》《青泥莲花记》《汴都平康记》等。一个风流皇帝和一个绝色妓女的故事当然有巨大吸引力，不论事实上有没有依据，都成为人们街谈巷议的热门话题。说书人、戏剧表演者当然也愿意以此为话题吸引受众。

李师师父亲王寅，是汴京东二厢永庆坊染局染匠，后因误了工期入狱，死在狱中。母亲生她时死去。父亲死去时她才 4 岁，被一李姓收养，李姓是娼家，后来她成为才艺双绝的艺妓，慷慨有侠士风范，号"飞将军"。徽宗禅位后，她曾捐资帮助抗金，并且申请做女道人。当时很多著名文人与她交往，如秦观、晏几道、晁冲之等，都有赞美她的诗词。

《东京梦华录》记载："政和间，汴都平康之盛，而李师师、崔念月二妓，名著一时。晁冲之叔用每会饮，多召侑席。其后十许年，再来京师，二人尚在，而声名溢于中国。"

大词人周邦彦，与李师师有诗词往来，一次正在李师师那里，丫鬟来报皇上来了，周来不及撤离，只好藏在床下。但是在床下构思了一篇词作，乘徽宗睡去，马上出来向李师师索纸笔写下，匆忙中未及带走，早晨被徽宗发现，着蔡京惩罚周邦彦，周被贬官，李师师求情，后被任命为大晟府乐正。这一故事广为流传，但是戏剧、虚构的成分居多。

周邦彦在《少年游·感旧》一词中描写了一位年轻女子与情郎相会，又不忍让情郎离去的情景。张端义在《贵耳集》一书中直接说是宋徽宗幽会李师师，携一枚江南新进橙子给李师师。附会妄断的成分居多。原词如下：

并刀如水，吴盐胜雪，纤指破新橙。锦幄初温，兽香不断，相对坐调笙。

低声问：向谁行宿？城上已三更。马滑霜浓，不如休去，直是少人行！

《水浒传》第八十一回，也涉及李师师。书中说燕青也是李师师的相好，梁山被招安，就是由燕青通过李师师与宋徽宗建立的联系。当然，这更是故事中的故事了。

15. 盛世帝王的膨胀——宋徽宗"丰亨豫大"

要讲明白"丰亨豫大"，就需要从蔡京说起。蔡京（1047—1126），宋神宗熙宁三年进士。通音律，专书画，文史兼长，深得徽宗信任。曾支持王安石变法，官至从三品龙图阁直学士，1086 年变法失败，司马光把主张变法的新派人物尽行贬黜。1093年宋哲宗继位，启用新人，官至正三品翰林学士。

徽宗即位，蔡京想办法接近徽宗。徽宗派童贯到杭州搜罗书画古玩等，蔡京当时正被贬官，住在杭州，于是就巴结童贯，加上蔡京精通书画，童贯经常咨询蔡京。于是蔡京通过童贯向徽宗呈递自己画的屏风、扇带等作品，加上童贯在徽宗面前的美言，蔡京被快速提拔。徽宗喜欢用谐音，赠给在杭州的蔡京一只白玉环，蔡京马上领悟这是"欲还"，很快徽宗诏书就到了，诏蔡京回朝辅政。蔡京在徽宗任内4次拜相。徽宗上台第四年就提拔蔡京任尚书左仆射兼门下侍郎，即左丞相，也就是宰相；大观三年退休；政和二年召回，封鲁国公；宣和二年致仕；宣和六年召回，再次拜相；同年，再次致仕。

在徽宗朝，编辑出版的重要图书《大观帖》《宣和画谱》《宣和书谱》都和蔡京有关，蔡京很可能参与了这些书籍的策划和作品选择标准的制定工作。

王希孟《千里江山图》是一幅卓越的青绿山水画，画幅很长，设色秾丽，富丽堂皇，符合徽宗审美标准。《清明上河图》也是盛世的一个表现，通过全景式画面表现了东京汴梁的繁华。这两幅图都可能是对"丰亨豫大"理论的一种唱和，也就是一种粉饰太平的画作。

蔡京第三次拜相，提出"丰亨豫大"理论。蔡京不断在徽宗面前鼓吹说，现在天下太平，物质极大丰富，要学会消费。

"丰亨"出自《周易·丰》："丰亨，王假之。""豫大"出自《周易·豫》："豫大有得，志大行也。"这本是说"王"可以利用天下的富足和太平而有所作为，而绝不是说"王"应该占有什么。蔡京歪曲解释《易经》里的"丰亨""豫大"两句，以此为"据"蛊惑赵佶去坐享天下财富，理由是天下承平日久，府库充盈，百姓丰衣足食即为丰亨，既然天下丰亨，就要出现"豫大"，即大兴土木，建造一系列专供皇家享受的建筑和园林，如明堂、延福宫、艮岳等，还要铸造九鼎以昭告天下及后世万代，以此迎合徽宗好大喜功的心态。[1]

[1] 杨丽丽.千里江山图的故事[M].北京：故宫出版社，2017：149.

《清明上河图》外面的世界

故宫博物院书画研究专家余辉先生认为，丰亨豫大审美观用于艺术倒是值得肯定的。求大、求全，全景式山水、都市题材长卷无疑是很好的体现，再如宣和画院马贲擅画以"百"为题的动物图，如《百猿》《百雁》《百马》《百牛》《百羊》等也都是对这一理论的迎合。

应该说，蔡京为徽宗带来了很多政绩，任内改革科举，发展教育，实行茶、盐专卖，财政收入大增。《宋史·食货志》记载："异时一日所收不过二万缗，则已诧其太多，今日之纳乃常及四五万贯。"蔡京还推动徽宗举办政府慈善事业，开设居养院、安济坊、漏泽园，使鳏寡孤独有所养。这是一种创造，在中国慈善历史上也是重重的一笔。

宋徽宗和蔡京的关系十分密切，徽宗皇帝把自己的女儿茂德帝姬嫁给了蔡京的儿子。徽宗经常轻车简从到蔡京家去，蔡京不需要行叩拜礼，完全以儿女亲家的礼数相待。按照宋朝的规定，如果一个人在朝廷做了宰相，尤其是首席宰相，他就不能再在朝中安排自己的子女亲属等任重要职务。但是"蔡京拜相数年，子六人孙四人同时为执政、侍从"。可见，宋徽宗对蔡京的信任程度。前文提到的《听琴图》中弹琴者为徽宗，红衣者为蔡京。上面还有蔡京的题诗。

蔡京的书法也很厉害（见图 2-13）。据说宋代四大书法家"苏黄米蔡"的"蔡"就是蔡京，后来因为蔡京是大奸臣，就把"蔡"改为了蔡襄。

面对金朝威胁，宋徽宗匆忙禅位给钦宗，宋钦宗即位，蔡京被贬，流放潭州。蔡京至潭

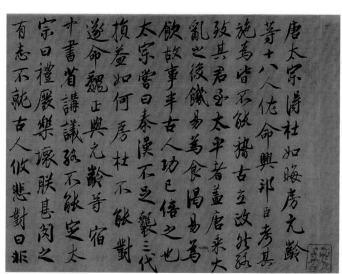

图 2-13　宋　蔡京　跋宋徽宗唐十八学士图卷（局部）

州，作词曰："八十一年往事，三千里外无家，孤身骨肉各天涯，遥望神州泪下。金殿五曾拜相，玉堂十度宣麻，追思往日漫繁华，到此番成梦话。"据说，蔡京被贬时携带大量金钱，但沿途百姓不卖给他东西，遂饿死。这里的"宣麻"是指宋代册立后妃、立太子、拜免将相、宣布大赦的诏书都是用白麻纸书写，在朝堂上对文武官员宣读，故称宣麻。这里的5次拜相和前文4次拜相有矛盾，不知究竟何者为实。

从蔡京的经历，我们也可以看出历代大奸臣大多是能臣，否则，便不可能被任用要职，也就不可能祸国殃民成为大奸臣，杨国忠、严嵩、魏忠贤、和珅无不如此。

16. 铸九鼎能保江山稳固？

传说禹铸九鼎，是王权的象征，拥有九鼎就是拥有最高权力的象征。

蔡京游说宋徽宗铸造九鼎，耗费22万斤铜，公元1105年铸造成功，还建造九成宫存放九鼎，分别叫作帝鼐、宝鼎、牡鼎、苍鼎、冈鼎、彤鼎、阜鼎、晶鼎和魁鼎。每鼎专门建一殿存放，中心鼎称为帝鼐，其他八鼎放置在八个方向。帝鼐铭文由赵佶撰写，其他八鼎由蔡京撰写。这是丰亨豫大理论的又一个体现。当然，也是宋徽宗显示自己治国成功的一种表现。

北宋灭亡后，九鼎被金人掠走，后不知下落。

在历史上铸过九鼎的还有一位皇帝，就是武则天，她在神功元年（697）命人铸九鼎，用铜56万斤。儿子李旦即位后，九鼎被销毁，也有说是唐玄宗时熔毁的。由此看来，无论是对于武则天，还是对宋徽宗，铸造九鼎并不能保江山稳固，充其量只是显摆一下，对于后人来讲，铸造九鼎不过是一个历史的玩笑罢了。

17. 你能发现《瑞鹤图》中的错误吗？

宋徽宗崇信道教，道教特别崇尚仙鹤，被认为是祥瑞的象征，道教中很多神仙被描绘成骑鹤仙人。徽宗很喜欢仙鹤，也喜欢画仙鹤。他特别推崇唐代的画鹤专家薛稷，"犹长于鹤，故言鹤必称稷，以是得名"。徽宗画的

《瑞鹤图》(见图2-14)描绘的是政和二年(1112)正月十六日群鹤在宣德门城楼聚集飞翔的场景,在他题写的跋文中有详细的介绍。据研究,他独创的瘦金体书法中的竖划、捺笔都是刻意模仿仙鹤胫骨等部位的形态,瘦金体的竖划被称为"鹤膝"。

宋徽宗在绘画方面崇尚写实,但是《瑞鹤图》却有了问题。画中不是鹤,而是白鹭。实际上,鹤在飞行时脖子是直的,不是弯曲的,只有白鹭飞行时脖子才是曲的。一个崇尚写实的大师,在自己的绘画中犯如此低级的错误,实在让人不可理解。也许,这件作品不是宋徽宗的作品,或者不是他亲笔绘制的,有可能是画院画家代笔之作。

图2-14 宋 赵佶 瑞鹤图(局部)

我国历朝历代都喜欢各种祥瑞,在汉代画像石上有很多祥瑞的画像。统治阶级喜欢宣告祥瑞,这些祥瑞可以说明自己统治的合法性。地方官员愿意报告祥瑞,以此可以得到皇帝的提拔、奖励等好处。这种把戏玩了几千年,各个方面都乐此不疲。汉武帝时期,因为得到一只一角而足有五蹄的兽,于是改年号为"元狩",有一次发现一个宝鼎,于是改年号为"元鼎"。

徽宗统治时期,有过大量的祥瑞报告。于是徽宗命令宫廷画家用绘画记录下来。邓椿在1167年的《画继》中称,徽宗自己画了很多祥瑞图,包括石头、鹦鹉、芝草、甘露等,画作有数千卷,每卷15张,并称赞"实亦冠绝古今之美也"。邓椿所提到的这些画册名为《宣和睿览图》。一个世纪以后，王应麟提到其中一卷有 15 种祥瑞图，每幅图都有徽宗御制的诗和序。比王应麟晚几十年的汤垕认为，绘画有数百卷，每卷 30 幅图，并推断其中很多是宫廷画师所为。[1] 现存的《五色鹦鹉图》《祥龙石图》《瑞鹤图》都应该是其中的一部分。这些图都有序、诗，宽 51—54 厘米，长 125—138 厘米。符合王应麟等人描述的特征。

18. 不顾大局，挖儿子的墙角

1126 年面对金兵第一次兵临东京，宋徽宗匆忙禅位给儿子赵恒，这是把烫手的山芋扔给儿子。而当时，宋徽宗正值盛年，完全应该自己承担这一重任，但是他没有，而是让自己的儿子当替罪羊。之后，宋徽宗仓皇南逃至镇江，到镇江后连续发布诏令，影响很坏。

第一条，截递角；第二条，止勤王；第三条，留皇纲。截递角，就是命令所有在江南的政府机构，往朝廷递交的文书一律不要递交汴京，送给我看一下就行了，我在这个地方批复就很好，就不要跟朝廷联系了。止勤王，指的是宋徽宗命令南方的部队，南方官府组织的兵马，本来准备火速增援汴京的兵马，暂且不要北上增援。如果有已经出发的，就开到镇江这个地方来，听我调遣就行了。留皇纲，就是命令各地支援汴京的物资，一律运到镇江御纳。他后来被劝返汴京。[2] 这些做法都是在挖儿子钦宗的墙脚，实在是不顾大局之举。

19. 是谁把关羽送上神坛？

中国历代皇帝之中，最爱封神的就应属宋代皇帝了，在宋代皇帝中最爱封神的可能就属徽宗了。在封神方面，徽宗最大的"功劳"应该是加封关羽。我们追溯一下关羽成帝、成圣的过程，就会发现宋徽宗起到了关键的作用，他是关羽成帝、成圣的始作俑者。关羽由于不断被加封，"侯而王，

[1]［美］伊沛霞.宋徽宗［M］.韩华，译.桂林：广西师范大学出版社，2018：220-221.
[2]丁牧.宋徽宗之谜［M］.北京：现代出版社，2016：134-135.

《清明上河图》外面的世界

王而帝，帝而圣，圣而天"，最后竟然成了武圣人，与文圣人孔子齐名，实在是一个奇迹。历史上比关羽武功高强的人多的是，为何独独关羽能超越他们成为第一武圣人，这一问题确实值得思考。总体看来，恐怕还是一个"忠"字在起作用。关羽对刘备的忠确实难有人比肩。若论武功业绩，在历史上数 100 人也数不上关羽。

在关羽生前，曹操曾奏请汉献帝封其为汉寿亭侯，关羽的正式官职为襄阳太守、都督荆州事务，也就是一个管理襄阳、荆州的地方官。后来，刘备封他先为荡寇将军，后为前将军，也仅是个将军而已。关羽死后 41 年，后主刘禅追谥为壮穆侯，也仅仅是一个侯。以后两晋、隋唐、五代未见对关羽的封赐。

徽宗于崇宁元年（1102）追封关羽为"忠惠公"，使关羽由侯爵一下子进为公爵。事隔一年，又于崇宁三年（1104）进封羽为"崇宁真君"；大观二年（1108）再封关羽为"昭烈武安王"；宣和五年（1123）又封"义勇武安王"。在短短的 21 年内，追封关羽多达 4 次，由侯进公，由公进君，由君进王，把关羽加封为君王级别的神是宋徽宗的"伟大"创造。

明代，朱棣灭掉侄子建文帝夺得皇权，自己说他的行动得到关羽显灵保佑，由此他当皇帝乃是"天意"，遂封关羽成神。朱棣在关羽走向神坛的路上又推了一把，使关羽由王晋升为神。到了明朝中后期的正德四年（1509），朝廷下令将全国的关庙一律改称"忠武庙"。

应道士张通元的请求，明神宗朱翊钧（万历皇帝）进封关羽为帝，关庙的称谓亦由"忠武"改为"英烈"。万历四十二年（1614）十月，朱翊钧封关羽为"三界伏魔大神威远震天尊关圣帝君"。万历皇帝看来对封号也毫不吝啬，不仅封关羽为"天尊"而且外加"圣""帝君"，已经达到极致了。关羽成圣之路彻底完成。后世再想对关羽封号进行质的提升已经不可能了。

清代统治者也是极为崇信关羽的，入关前世祖福临（顺治帝）与蒙古族诸汗结拜兄弟，声言"亦如关羽之与刘备，服事唯谨也"。入关后的顺治元年（1644），即封关羽为"忠义神武关圣大帝"。看来顺治帝比较直接，看中关羽的就是"忠义"，明明白白地写入封号之中。

乾隆之后，历嘉庆、道光二朝，关羽的封号陆续加成"仁勇威显护国保民精诚绥靖羽赞宣德忠义神武关圣大帝"，多达 24 字。虽多，并没有超出万历皇帝封号"帝"的范畴，至多是加了"大"字罢了。

在民间，关羽成为武财神、门神，神气很高，全国亿万家庭都要供奉关羽，这和皇帝们对关羽的加封是密切相关的。清代中期全国有关帝庙 30 万座，仅北京一地就有 116 座。

关羽生前打死也不会想到死后变得如此荣光，竟然由一个小小的州官成为王，成为帝，成为圣。在这一过程中宋徽宗功劳最大，所以，关羽应该感谢宋徽宗的大力封举。

历史上，儒家虽然为各代统治提供了统治合法性的理论依据，但是历代统治者仍然需要一个偶像来帮助自己完成统治任务，这个偶像首先要表现出对朝廷的忠心，树立这样一个偶像，让天下人都以忠为最高道德标准。关羽只不过是被选中作为偶像来完成这一使命罢了，没有关羽，他们还会选择其他人作为偶像。这就是关羽被封神的必然性。

20. 色欲强烈

据宋代人确庵、耐庵编纂的《靖康稗史笺证》一书记载，宋徽宗一生临幸过的嫔妃达 600 多人，共生育 72 个孩子（有人统计是 80 多人），即使在被囚禁的 9 年间，又生育了 14 个儿女。靖康之难后，徽宗的嫔妃除了有些被金人霸占以外，还有很多生活在他身边。

1127 年金兵二次围攻汴京，掳掠徽宗、钦宗和大批宫女、宝物北去。被称为"靖康之耻"。靖康为宋钦宗年号，只存在两年。靖康之难后，金人共俘获 14000 余人，分 7 批北行。仅第一批就有宫中后妃及一般宫女、贵族大家女子 3400 多人，由于金人的凌辱、生病等原因，至燕山时死了将近一半，剩余 1900 余人，一部分送上京，听金太宗发配，其中很多人被赐给金国留守人员；一部分送浣衣院，这些人饱受凌辱，被迫披羊裘，裸露上身。徽宗、钦宗先是被关押在韩州（今辽宁省铁岭市昌图县），后被移至五国城（今黑龙江省哈尔滨市依兰县）。五国城距离金上京会宁府（今黑龙江省哈尔滨市阿城区）只有 100 多公里的路程。从开封至上京 1800 多公里，可谓是路途遥远，金人为何要费力把这么多人千里迢迢押解至上京？有人说金朝羡慕宋人的素质，希望和宋人联姻改善金人的素质；也有人说，掳掠的人中有很多工匠，希望这些工匠给金朝做贡献。所以，这还是一个谜，需要研究。

在这一过程中，宋徽宗的 20 多位公主被掠，有部分人被金朝王侯贵族纳为妾。荣德帝姬嫁给了完颜昌为妾，完颜昌被杀，又入宫去侍奉金熙宗。惠福帝姬被宝山大王纳为妾，富金帝姬成了金珍珠大王完颜设也马的妾。

后来民间有传说，爱新觉罗·努尔哈赤是宋徽宗的后代。这种说法也许有一定的道理，宋徽宗被关押的地方依兰县，确实也是爱新觉罗氏的发源地。爱新觉罗氏又属于女真族，宋徽宗众多公主嫁给女真王侯贵族，说不定努尔哈赤在血缘上真与宋徽宗有联系。但是这种说法没有文献证据，只是猜测。从宋徽宗去世（1135）到努尔哈赤诞生中间相差 424 年，400 多年的间隔，去哪里寻找血脉的因缘啊！

宋徽宗死后，宫女随着宋钦宗被移至上京生活。后来金主完颜亮迁都燕京，又随金人进入燕京，宋钦宗在宋徽宗去世后又活了 21 年，于 1156 年去世。韦太后回归南宋时，宋钦宗挽住车轮，请他转告高宗，只要回到南方，当一个太乙宫主（太乙宫为中南山主峰，这里可能是指道观主人）就可以。韦太后说，你如果回不去了，我宁愿瞎一只眼。但是，宋高宗因自己失去了生育能力，怕钦宗回来继位，所以没让他回来。钦宗只能抱恨客死他乡，这样的兄弟情节着实可悲。不过，对于帝王家，兄弟情往往很难是纯洁的，王位之争就是生死之争，在生死面前，亲情都是浮云。

《清明上河图》孪生兄妹知多少

提到《清明上河图》，大家也许马上想到张择端的《清明上河图》，现在藏在北京故宫博物院。其实，现在存世的《清明上河图》不是一件，而是有很多件。关于《清明上河图》，金代人们已经争相收藏，历代仿品很多。中国古代著名的书画作品往往有很多孪生姐妹，无论是《洛神赋图》，还是《韩熙载夜宴图》《清明上河图》，都是这样。因其著名，所以仿品很多。这也和中国画的学习方式有关，中国人学习国画都是临摹前人的作品，通过临摹，学习构图、用笔、色彩等。那些临得好的就流传下来了。这种现象给后世书画鉴定留下了不少难题。

1. 三大系统

据统计，现在全球范围内有 50 余件《清明上河图》，根据天津美术出版社《清明上河图：珍藏版》的说法："中国有 20 件（大陆 10 件，台湾 10 件）、日本有 11 件、美国有 6 件、欧洲有 6 件，其他去向不明的有 5 件。"

根据日本记者野岛刚统计："《清明上河图》大致可以区分为三大系统：第一个系统是张择端的真迹。第二个系统是明代著名画家仇英画的'仇英本'。仇英是明代画美人画的第一把交椅，也能画风俗画和山水画，是一位全能画家。第三个系统是清代宫廷画家画的'清院本'。"[2]（见图 2-15）

	时代	作 者（如为仿本，则为模仿对象的时代及作者名）	书 名	收藏者
1	宋	张择端	《清明上河图》（真迹）	北京故宫
2	宋	张择端	《清明上河图》	美国斯坦福大学美术馆
3	宋	张择端	《清明上河图》	大英博物馆
4	宋	张择端	《清明上河图》	大英博物馆
5	宋	张择端	《清明上河图》	大英博物馆
6	宋	张择端	《清明上河图》	日本东京国立博物馆
7	宋	张择端	《清明上河图》	台北故宫
8	宋	张择端	《清明上河图》	台北故宫
9	宋	张择端	《清明上河图》	辽宁省博物馆
10	宋	张择端	《清明上河图》	日本私人收藏家
11	宋	张择端	《清明上河图》	美国弗利尔美术馆（Freer Gallery of Art）
12	元	赵雍	《清明上河图》	中国台湾兰千馆
13	明	仇英	《清明上河图》	日本宫内厅
14	明	仇英	《清明上河图》（A）	美国大都会博物馆
15	明	仇英	《清明上河图》（B）	美国大都会博物馆
16	明	仇英	《清明上河图》	辽宁省博物馆
17	明	仇英	《清明上河图》	日本仙台市博物馆

图 2-15　世界的《清明上河图》清单[1]

［1］［日］野岛刚.谜一样的清明上河图［M］.张慧君，译.北京：社会科学文献出版社，2014：25.

［2］同上书，第 64 页。

这里简单介绍一下仇英本《清明上河图》和乾隆宫廷画师绘制的《清明上河图》（被称为"清院本"）。

2. 仇英本

在历史上，中国书画造假很多。杨臣彬说："中国古代书画作伪以明代为甚，特别是明代中后期，作伪地区分布之广，作伪者之众，作伪手法和手段之多变，以及赝品流传数量之多，均远超过以前任何时代。"[1]苏州就是假画制造中心，凡是苏州生产的假画都被称为苏州片。故宫博物院原副院长杨新把明代中晚期视为中国历史上第二次书画作伪高潮期，把当时的苏州看成书画作伪中心。

《清明上河图》是很好的模仿题材。仇英本《清明上河图》（见图 2-16）绘于明末，人物造型远不如张择端《清明上河图》生动。街市风景是以苏州为原型绘制的，增加了大量的世俗情节，比如迎娶新娘、摔跤、郊外看戏等，店铺种类大大增加，比如装裱店、书店、古董店、青楼、私塾、首饰店。长度 9.87 米，比张择端《清明上河图》长了将近一倍。描绘人物 2000 多位，整幅画色彩艳丽，场面宏大。仇英还增加了皇家园林金明池一段，金碧辉煌。仇英本中的虹桥是石拱桥，而张择端本是贯木拱桥。不知是仇英没有见过张择端本，还是故意画成这样，这一问题有待研究。总体看来仇英本工细有余，神气却远不如张择端本，但它是明代市井生活的实录，也很珍贵。

图 2-16　清明上河图（仇英本，局部）

［1］叶康宁 . 风雅之好：明代嘉万年间的书画消费［M］. 北京：商务印书馆，2017：35.

3. 清院本

　　乾隆皇帝也是一位艺术痴迷者，早就听闻《清明上河图》的大名，在没有发现张择端真迹前，请5位宫廷画家联合创作了一幅新的《清明上河图》（见图2-17）。这5位宫廷画师分别是陈枚、孙祜、金昆、戴洪、程志道。据该画题款，具体完成时间是乾隆元年（1736）。也就是说乾隆刚刚登基，就迫不及待地让自己的画师绘制了这幅图。这幅画绘制十分工细，情节丰富，富丽堂皇，一派皇家气派。但是，清院本建筑使用界尺绘制，多显呆板。原因也许是宫廷画师不敢随意发挥、比较拘谨的缘故吧。张择端本虹桥下的危机场面没有了，水面十分平缓，虹桥上争抢道路的场面也没有了，一派祥和气象。这倒是符合歌舞升平、粉饰太平的政治要求。这幅画可谓是鸿篇巨制，画面长度、宽度都远远超过张择端本，宽35.4厘米，比张择端本高出10.6厘米，所以街道比张择端本宽了很多，画面纵深加大，店铺也多了很多。张择端本长度仅有5.28米，而清院本长度却达到11.52米，超过了张择端本一倍还多。画面增加了大量的情节，比如运送大石头的车辆、富家

图 2-17　清明上河图（清院本，局部）

园林、西洋楼等，有些情节是清代所特有的。同时，西方的焦点透视画法也被在局部使用，看起来十分舒服。像仇英本一样，增加了金明池部分，拱桥也是石拱桥。整幅图绘人物4000余位。这个本子的很多情节与仇英本高度相似，应该参考了仇英本《清明上河图》（见图2-18至图2-21）。尽管这本子有很多问题，但是同样具有很高的历史价值，对研究清乾隆时期的服饰、街道、建筑、店铺、车马、园林、绘画、风俗等都有重要参考作用。在这里，不免要为这位附庸风雅的皇帝多几分惋惜，以他的帝王之尊却没有见

图 2-18　送亲队伍（清院本）

图 2-19　送亲队伍（仇英本）

图 2-20　郊外拜乘轿之人（清院本）

图 2-21　郊外拜乘轿之人（仇英本）

到张择端本《清明上河图》真迹，实在是遗憾。到他儿子嘉庆时期，因为抄曾任湖广总督毕沅的家才得到张择端真迹。

从送亲队伍和郊外乘轿人等多处，都可以看出清院本对仇英本的继承关系。清院本还增添了很多其他的世俗内容，比如木排、竹排等。

流传的故事

此图在历经 900 多年的流传中，有很多传奇经历，不断地在宫廷和豪贵之间转手，故事连连。

1. 四度入宫，四度出宫

此图画完，张择端应该是呈送给了宋徽宗，据记载徽宗在上面有题名与印章。徽宗可能把它赏赐给了自己的舅舅向宗回兄弟。靖康之变，向氏家族除了一个 6 岁的孩子以外全部被害。据《宋史》记载，向氏家族"阖门皆遇害，唯一子鸿六岁得存"。此图进入金的统治区。金代张著应该见过此图，他和张公约、郦权、王涧等人在图上有题跋。不知中间经过多少人，南宋灭亡后，元朝时期再度进入宫廷。由于元代皇帝对书画关注度不高，宫廷装裱匠用临本调包，把真本卖给某官员，此官员后来在河北正定为官，转手卖给苏州陈彦廉。1351 年四川杨准从陈彦廉处购得，画上有陈的题跋。杨准好友刘汉有题跋，要求杨氏后人好好保管此图。1365 年进入静山周文府家。入明后，收藏者有大理寺卿朱鹤坡，弘治以后归华盖殿大学士徐溥所有。徐临终前赠给李东阳，李东阳曾任内阁首辅、吏部尚书等职，为官清廉。李东阳也是一位文人，诗词书法都很擅长，著述宏富。他在图上有两处长跋，记述画面内容及流传经过。1524 年归兵部尚书陆完，陆完有题跋。陆完死后，归礼部尚书顾鼎臣所有，不久归严嵩、严世藩父子所有。严嵩被抄家，此画再度入宫，后来被太监冯保偷出，在画上加了题跋（见图 2-22）。

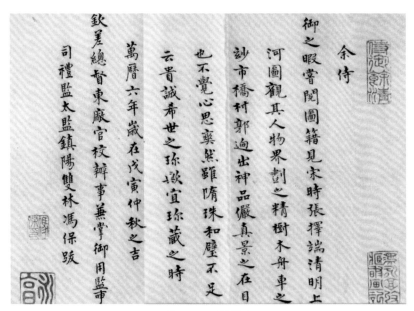

图 2-22　冯保题跋

　　1644 年明朝灭亡，清代《四库全书》总校管陆费墀曾经收藏此图，在画上有题跋，临终前赠给史学家、金石学家毕沅。毕沅曾任湖广总督，毕沅和身为收藏家的弟弟毕泷都有印章加盖在图上（见图 2-23）。嘉庆皇帝在位时，毕沅虽然已经去世，仍然因白莲教起义被抄家。《清明上河图》第四次进宫，深藏紫禁城内。

图 2-23　毕沅、毕泷收藏印

　　1911 年溥仪以赏赐溥杰的名义将此图盗出，带到天津张园。据《赏溥杰单》记载，溥仪先后以赏赐名义，把清宫藏手卷 1285 件、册页 68 件唐至清代贵重字画给溥杰。其中就有张择端的《清明上河图》。日本人在东北建立伪满政权后，这些书画又被带入长春伪皇宫。苏联红军进军东北，溥仪仓皇逃走，伪皇宫文物被抢很多。东北民主联军收缴伪皇宫旧藏书画，并截获溥仪家属携带至临江的部分文物，东北民主联军还收集从小白楼流散民间的文物，苏军移交从溥仪携带的物品中截获的部分书画，这些东西最后都被汇集到后来建立的东北博物馆。1950 年杨仁恺在东北人民政府文化部任职，经常到东北博物馆帮忙。有三幅《清明上河图》，其中一幅最后鉴定为真迹，也就是现在的张择端本《清明上河图》。杨仁恺的发现被认为是中国美术史上最大的发现。1953 年 10 月被故宫借走，从此又回到了故宫。

著名考古学家、甲骨文研究专家、曾负责在安阳挖掘殷墟的董作宾1951 年至 1952 年之间在台湾的学术期刊及美国的杂志上公开表示，住在芝加哥的孟义所收藏的"元秘府"本是张择端的真迹，1953 年还整理出版。徐邦达 1958 年反驳，写了《清明上河图的初步研究》。同一年时任国家文物局局长的郑振铎先生也写了《清明上河图的研究》。[1]

2. 溥仪盗出的为何都是手卷

溥仪通过弟弟溥杰带出宫的《清明上河图》《洛神赋图》《韩熙载夜宴图》等都是手卷，究竟是为什么呢？因为手卷外观比较短，一般也就 20—30 厘米高，便于隐藏携带。那些很宽的卷轴，大多一两米长，不便携带，所以很少被盗出。

1924 年冯玉祥强制溥仪出宫，守军还在他的铺盖卷中翻出了乾隆三希堂头号宝贝王羲之《快雪时晴帖》。但是，敬懿皇贵妃却顺利将三希堂中另外两个帖子《中秋帖》《伯远帖》带出宫，后流散在外，辗转为民国时期大收藏家郭葆昌收藏。郭在故宫文物南迁之时曾经答应故宫文物负责人马衡、徐森玉、庄尚严等捐给故宫。后来，郭的独子郭昭俊将二帖和其他文物带到香港，后要求半捐半卖给台北"故宫博物院"，台北"故宫博物院"方面协调希望中英庚款支付，但是英方拒绝支付。1950 年周恩来知道消息后，马上派人买回，交给北京故宫博物院保存。周恩来还下令专门成立文物收

---

[1][日]野岛刚.谜一样的清明上河图[M].张慧君,译.北京:社会科学文献出版社,2014:83.

购小组，从香港收购了大批国宝，有董源的《潇湘图》、宋徽宗的《祥龙石图》、马远的《踏歌图》、李唐的《采薇图》、吴镇的《渔父图》、顾闳中的《韩熙载夜宴图》等40余件书画作品。

《清明上河图》现在可谓是中国古代第一名画，声名远扬、妇孺皆知，之所以如此，一方面是它的艺术性，其他作品难以超越；另一方面也在于它的故事性。故事是传播之王，再好的艺术品，如果没有故事性，恐怕难以为众人所知。在西方也一样，达·芬奇的《蒙娜丽莎》不是他最好的作品，但是《蒙娜丽莎》却成为西方第一名画。这里面主要原因是附着在《蒙娜丽莎》之上的众多故事在发挥威力。

3.《清明上河图》演绎出的故事

《清明上河图》演绎出的许多故事，这里简略介绍一下。

明代话本《型世言》，全名《峥霄馆评定通俗演义型世言》。该书第32回是"三猾空作寄邮，一鼎终归故主"，此回前有一引言："我朝有一大老先生，因权奸托他觅一古画，他临一幅与之，自藏真迹，竟为权奸知得，计陷身死。"这里讲的就是《清明上河图》在明嘉靖年间因一次交易引发的风波。[1]这个故事还被改编成戏剧《一捧雪》。

有一个故事讲：严嵩儿子严世蕃，字东楼，《金瓶梅》中西门庆的原型就是他，盖以"西门"对"东楼"也。严世蕃搜求古画，时任蓟辽总督、兵部左侍郎、右都御史王忬，为逢迎严嵩、严世蕃，出高价购买《清明上河图》，中间人是装裱匠汤臣。但是王忬把临本给了严嵩，被人识破，严嵩使王忬下狱，并杀头。关于这一段故事明代人李日华、沈德符的说法也各不相同。

还有一个故事，是这样说的：严嵩多方托人寻找《清明上河图》，后来知道藏在兵部尚书陆完家，于是陆完被罗织罪名，流放福建，离奇死亡。陆完妻子知道他最爱此图，装入枕头，拒绝外人观看。但是，她拗不过娘家侄子的再三请求，让侄子在保密的情况下多次观看。不想侄子制作了仿本，

---

[1] 叶康宁. 风雅之好：明代嘉万年间的书画消费 [M]. 北京：商务印书馆，2017：5.

《清明上河图》外面的世界

卖给都御史王忬，王忬送给严嵩，被严嵩的装裱匠看出是假，向王忬索要40两银子，王忬置之不理。严嵩大摆宴席，要大家鉴赏《清明上河图》，装裱匠当场把水泼到画上，作假的药水被洗去，造假败露。严嵩借故王忬打仗战败将他处死。[1]后来严嵩家从陆家得到此画。

还有另一版本，说王忬其实得到了真迹，制作了仿本，正要送给严嵩，被大文豪唐荆川看穿，报给严嵩，严嵩恼羞成怒杀死王忬。王忬儿子王世贞（明代大文学家）为复仇，设局陷害唐荆川。王世贞知道唐荆川翻书都要用手指蘸口水，因此花了三年写了《金瓶梅》，并在每页涂了毒药水，在唐荆川上班的路上，王派人叫卖此书。王买后，在轿上读到忘我，在轿中中毒身亡。

上述故事穿凿附会的成分很多，大多数是小说家言，但是对《清明上河图》的传扬的确像是火上浇油。没有这些故事，《清明上河图》不会有这样大的名声。

4. 故宫文物南迁

1931年九一八事变爆发，蒋介石等人预测中日之间必有一战，加上日本人在冀东一代不断制造事端，他们认为北平有可能不保，于是就制定计划，决定把北平文物南迁。后来国民政府派人将北京故宫、沈阳故宫、承德避暑山庄、颐和园、国子监等处文物精华进行选择，打包南运，共13427箱又60包。包括书画近9000幅，瓷器2.7万余件，铜器、铜镜、铜印2600余件，还有《四库全书》等各种文献。

这些文物先用火车运到上海，后来感到上海也不安全，又转运南京，在南京专门修建朝天宫文物库房。很快，南京危急，文物分三路西运至贵州、四川、陕西等地，抗战胜利后运回南京。一万余箱珍宝在战乱年代跨越一万多公里，无一件损毁、丢失，实在是一个奇迹。

在这一南运过程中，还成功在英国举办中国文物展览，参展文物1000余件，91箱。对中国抗战取得英国支持有重要帮助。

---

[1] 参见明代李日华撰《味水轩日记》。

随着解放军的凌厉攻势，国民党高层认为大势已去，遂决定把文物运往台湾。因为时间紧迫，只运走了一部分，2972 箱被运往台湾，包括毛公鼎、翠玉白菜等。其他南运文物被留在了南京。运到台湾的文物又经过多次中转，后来归入台北"故宫博物院"。

留存南京的一万余箱文物，1950 年以后大部分运回北京故宫，现在尚有部分存在南京朝天宫文物库房，其中有宋元瓷器 97021 件。因归属有争议，现在处于封存状态，不对外展示。

我是较早关注这一问题的人之一，1992—1995 年在东北师范大学读研期间，有机会到学校港台文库看资料，从台湾一则资料中发现文物南迁的部分信息。随后经过查阅资料整理成文。在 1995 年《党史天地》第 5 期和《党史文汇》第 5 期上发表的《故宫文物三迁始末》等文章，应该是较早详细梳理文物南迁过程的文字。在此之前，只有 1988 年第 4 期《紫禁城》上发过姜舜源先生的文章《故宫文物痛苦流离》。后来，有了中央电视台的文物南迁纪录片，一时产生很大轰动。

如果溥仪没有把《清明上河图》盗出，国民政府那些专家们肯定把它选入南迁文物之列，那么它现在也许就躺在台北"故宫博物院"的文物库房里面。清院本《清明上河图》现在就收藏在台北"故宫博物院"。

扑朔迷离话作者

关于《清明上河图》的作者张择端，是一个争议很多的问题。张择端这个人很神秘，很多人怀疑此人的存在，宋代画史上没有记载此人，宋代正史更是查不到有关记录，就连宋代野史也有没半点痕迹。张择端在《清明上河图》上没有署名，如果是真有其人，恐怕也是名声不高的画家。同时代的郭熙、李唐、黄庭坚等人在画史上或其他史料上都有记载。

宋徽宗时期编辑的《宣和画谱》收入晋代至北宋 231 位画家的 6396 幅

作品，未见张择端和《清明上河图》的记载。但是明代兵部尚书陆完在题跋中认为："盖宣和书画谱之作，专于蔡京，如东坡、山谷，谱皆不载，二公持正，京所深恶耳。择端在当时，必亦非附蔡氏者，画谱之不载择端，犹书谱之不载苏黄也。小人之忌嫉人，无所不至如此，不然则择端之艺其着于谱成之后欤！"（见图2-24）陆完的分析虽有一定的道理，但缺乏文献佐证。

现在说此画是张择端所绘只有一个孤证：金代张著在北宋灭亡后58年，在《清明上河图》上题跋："翰林张择端，字正道，东武人也。幼读书，游学于京师，后习绘事。本工其界画，尤嗜于舟车、市桥郭径，别成家数也。按《向氏评论图画记》云：《西湖争标图》《清明上河图》选入神品，藏者宜宝之。"（见图2-25）张著是金代皇家图书馆鉴定专家，相对来讲可信度较高。这说明

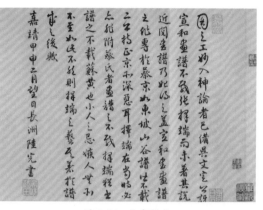

图 2-24　陆完题跋

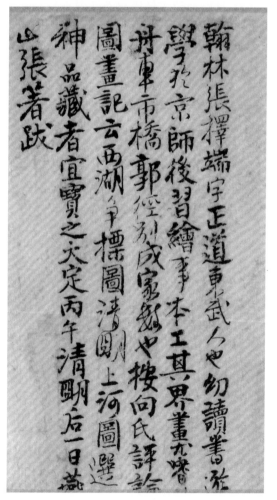

图 2-25　张著题跋

张择端开始来京师不是学画画的，可能是为了赶考，后来才转行的。

明代著名文人董其昌认为："乃南宋人追忆故京之盛，而寓清明繁盛之景，传世者不一，以张择端所作为佳。"这种观点很少被人认可。

与之相映成趣的是宋代另一幅巨作《千里江山图》作者问题与《清明上河图》高度相似。关于《千里江山图》是王希孟所作也仅仅见于画后蔡京题跋，对王希孟其人画史、正史都没有只言片语。这是一个有趣的现象，值得研究。

纷纷扬扬、众说纷纭

关于《清明上河图》有很多的争论。这幅图从创作到现在已经 900 多年，关于它的文献记载都是零星的、不连贯的。而它又是如此著名，无数人关注它，研究它，自然会有不同的声音，存在争论是很正常的。

1. 清明坊说

有人分析认为，东京有 136 坊，《清明上河图》仅仅画了一部分，也就是清明坊。"清明"不是指季节，而是坊名。

2. 太平盛世说

"清明"是太平盛世的意思。《清明上河图》类似于为皇家歌功颂德，这正好满足了宋徽宗好大喜功的想法，也符合所谓的"丰亨豫大"理论。张择端画成后呈给徽宗，徽宗题写了画名。

3. 曲谏说

故宫博物院研究员余辉的《隐忧与曲谏》一书主张此说。

余辉认为，这张画是一个曲谏。明代李东阳看到此画想到了《流民图》，那是宋神宗朝旧党的安上门监守、光州司法参军郑侠差遣画工李荣作的，以此呈报宋神宗，说明王安石变法给老百姓造成灾难。郑侠请人画好后，相关部门不给递送，郑侠冒充边关急报发快马递交银台司，转给神宗，又上《论新法进流民图疏》。神宗"反复观图，长叹数四，袖以如内。是夕寝不能寐"。第二天终于下诏停止变法。但是，郑侠也被处罚了，他因假发快递，被流放广西，到哲宗时才回来。

余辉认为：张择端描绘惊马闹市、船桥险情、官员争道、军力懈怠、城防涣散、消防缺失、商贸侵街、党祸渎文、酒患成灾等诸多场景，深刻揭示出当时的社会痼疾。余辉认为："这些本不是赏心悦目的绘画内容，张择端却精心描绘，'组合成北宋末年沉重的社会危机，暗含着画家对国家社稷的隐忧'。"[1]

4. 秋天还是春天？

据《东京梦华录》记载，每到中秋新酒上市，图中有好几处"新酒"招牌，据此推断为秋天。有人据孙羊正店前有小贩卖甘蔗，推断应该是秋天。当时的甘蔗保存技术恐怕难以到春天。

还有人根据画面有拿扇子的人，推断是夏天。实际上宋代人一年四季拿扇子，目的是见到熟人后不想打招呼，就以扇遮面，意思是告诉熟人："我有事，别跟我打招呼"，这叫"便面"（见图2-26）。

图 2-26　便面

[1] 余辉.北宋张择端《清明上河图》揭秘［J］.紫禁城，2013（4）：91-95.

便面，扇子的一种，后亦泛指扇面，汉代已有便面。《汉书·张敞传》："自以便面拊马。"唐代颜师古注："便面，所以障面，盖扇之类也。不欲见人，以此自障面，则得其便，故曰便面，亦曰屏面。"在现代考古发掘中，也发现了便面的实物。

据宋邵博的《邵氏见闻后录》记载："晁以道言：当东坡盛时，李公麟至为画家庙像。后东坡南迁，公麟在京师，遇苏轼两院子弟于途，以扇障面不一揖，其薄如此。故以道鄙之，尽弃平日所有公麟之画于人。"

本来中国画的时空观念就不强，在张择端《清明上河图》中可能是多重时空的交融，并不具体表现某一季节。比如，画中很多树都没有发芽，只有柳树有些绿色，非常符合春天的景色。但是，画中很多人穿着背褡，这种服装就是现在的背心，前后两块布在肩部相连，在腋下有两个布条连接，只有夏天人们才会穿。清明前后北方还是很冷的，开封人不可能穿这种服装。再加上"新酒"只有秋天才上市，所以我们很难确定这幅画究竟描绘的是什么季节。张择端很可能是把多种季节的景象融合在一起，而没有受具体季节时空的约束。甚至，画面描绘的是白天，还是黑夜，都不明确，很可能是把夜间景色和白天景色糅合在一起了。持这样一种观点，你就不会再为具体季节而纠结了。

据传中国水墨画的创始人、唐代大诗人王维画的《袁安卧雪图》中出现了芭蕉和雪，众所周知芭蕉在冬天会凋零，二者怎么可能同时出现在一个画面呢？有人批评这样画不合理。其实中国画很多就是画家的意念，是画意，而不是画形，画家画画往往不受时空观的限制。在他们的意念中，在一个画面中四季都可以同时出现。唐代美术评论家张彦远在《画评》中说："王维画物多不问四时，如画花往往以桃、杏、芙蓉、莲花同画一景。"沈括《梦溪笔谈》里说："余家所藏摩诘（王维字摩诘）《袁安卧雪图》有雪中芭蕉，此乃得心应手，意到便成，故造理入神，迥得天意，此难可与俗人论也。"自王维将芭蕉和雪画在一起后，后世不断有画家将不同季节的景象画在一起，北京故宫博物院藏有徐渭的《梅花蕉叶图轴》，梅花冬天开放，不可能和芭蕉同时出现。徐渭的《蕉石牡丹图轴》还把牡丹、芭蕉和雪画在一起。在这些艺术家的眼里，为表达艺术的自由可以任意想象、自由驰骋，完全不顾及现实时空的限制，对景象任意组合，只为尽兴。如果仍然用现实的时空观去理解它们，无疑就误入歧途了，当然就不能领会其神妙。

中国古代手卷大多是连环画，时空是连续变化的，往往不是固定在某一时间点，一幅画中出现不同季节是很正常的。《韩熙载夜宴图》《洛神赋图》都是连环画，韩熙载在图中出现5次，曹植在图中出现6次，而画面却是连续的，没有明显的间断，这在实际生活中是不可能的，这就是中国古代绘画的时空观。中国古代画家对表现时空的标志物太阳、月亮都很少描绘，对光影也基本回避，不知是不是这样的原因。

5. 关于"上河"

有人认为"上"是动词，上河即是上河市，和上街一样。

也有人认为上河即汴河，是对汴河的尊称，如上天、上苍一样。汴河漕运关系到百万东京人的口粮，对开封意义重大，故称为"上河"。

还有人认为"上"是方位词，从地图上看，汴河居北，处上位。

6. 不完整说

有人认为这幅画不完整，画面刚刚进入闹市就戛然而止，不自然，应该一直绘到金明池才对。

有一年，《清明上河图》在香港展出，展前，布展方为这幅图专门从英国订制了两块等长玻璃，而两块玻璃的接缝处正处于虹桥的中央，在此投下一条阴影线。虹桥是绘画的高潮部分，说明张择端早在构图时就已经设计好了。

我觉得，画面在进入城门后不久就戛然而止，是一种刻意安排，意犹未尽，画外有画，这才是好画，也正是张择端高明之处。

持不完整说的人认为，此图应该画有皇家园林金明池，只是后来残缺了。金明池不是自然湖泊，而是由人工开凿而成。五代时后周世宗柴荣为进军南唐于显德四年（957），开凿池沼，操练水军。也称教池、西池（位于汴梁城西）。因为南唐为水乡，加上长江间隔，要想征伐必须练习水战。

宋太祖赵匡胤曾和大臣乘舟于金明池，并在舟上宴饮。金明池真正大规模开凿是在宋太宗太平兴国元年，发35000军卒对金明池加以扩展。据宋人王应麟《玉海》卷一百四十七记载："太平兴国元年，诏以卒三万五千凿池，以引金水河注之。有水心五殿，南有飞梁，引数百步，属琼林苑。每岁三月初，命神卫虎翼水军教舟楫，习水嬉。西有教场亭殿，亦或幸阅炮石壮弩。"太平兴国三年池成后，引金水河水注入，宋太宗赐名"金明池"。金明池有盛大的水上表演项目，宋太宗经常在此观看水战表演。宋徽宗时也常到这里春游、观看水战等。金明池在中国园林建筑史上具有重要地位（见图2-27）。

图 2-27　开封清明上河园金明池

金明池虽然是皇家园林，但每年春天阴历三月一日至四月八日一直对民间开放，任人游览。这一点也可以体现出宋代皇家的亲民，汉代的上林苑、清代的圆明园即使是王公大臣，不经允许也是不准进入的。

但是，靖康二年（1127）金兵攻陷汴京后，金明池被金兵所毁，逐渐废弃。

《金明池争标图》（见图2-28）传为张择端绘的另一幅作品。图中有"张择端呈进"字样，从形式上来看虽然符合藏款的习惯，但据分析为伪造的题款。故宫博物院专家余辉认为，很可能是南宋皇家画院画师刘松年的作品。

图2-28　金明池争标图（天津博物馆藏）

金明池是东京最大、最繁华的皇家园林。琼林苑大门直通金明池。

金明池上有一个大殿名临水殿，宋徽宗常在此观看龙舟竞赛。临水殿背后有红衣侍卫把守。

每年三月二十日皇帝驾临金明池，先是在临水殿赐宴群臣，然后坐在大龙舟里巡游，观看各类水戏表演，如水秋千、水傀儡和驾舟列队布阵，最后的高潮是皇帝在临水殿观看龙舟竞渡赛的高潮——冲刺夺标，三次决胜负，赛场人声鼎沸，场面十分壮观和热烈。他们所争夺的是一根插立在临水殿前裹着锦缎的标杆，上挂以锦彩银碗之类，现代体育界的"锦标赛"之名，源于此。[1]

在宝津楼，徽宗观看各种杂技表演，有狮豹表演，有上杆、翻筋斗等表演，著名杂技艺人萧住儿、丁都赛、薛子大、薛子小、杨总惜、崔上寿轮番上场，还有各种精彩的马术表演。参加表演的孩童都是女扮男装，"女童皆妙龄翘楚，结束如男子，短顶头巾"。北宋时期，在杂技艺人中女扮男装较为流行。

苑内有酒楼饭店，还有珍玉、奇玩、匹帛、动使、茶酒器物的关扑，也就是赌博。五殿环廊、驼虹桥上都有赌博的摊位，"殿上下回廊皆关扑钱物饮食伎艺人作场，勾肆罗列左右。桥上两边用瓦盆，内掷头钱，关扑钱物、衣服、动使"。游玩结束，"游人往往以竹竿挑挂终日关扑所得之物而归"，这大概是为了炫耀，类似于我们今天在微信晒各种玩好之物一样。有些富家士女游园，在轿子上插花，而且"不垂帘幕"，倒是十分开放。有些妓女骑着马，披着凉衫，将盖头卷起系在帽子上，一些轻狂少年，也骑着马紧紧跟随她们，左右上下奔驰追逐嬉戏。

《东京梦华录》记载：琼林苑在金明池以南，也是一座皇家园林。自宋太祖时开始建设，徽宗时期才完成，可以说基本持续了整个北宋时代。苑内多古松怪柏，有石榴园、樱桃园等景观，还有很多亭子。徽宗政和年间在苑内东南角建造华觜冈，高达数十丈，上有多处楼房，金碧辉煌，还有池塘、虹桥、柳树、花船等，有各种福建、广东、浙江进献的花卉，如绵素馨、末莉（茉莉）、山丹、瑞香、含笑、射香等。宋代皇帝赐闻喜宴多在此。

---

[1] 参见余辉的《〈金明池争标图〉页的里里外外》，人民网。

科举考试中的殿试始于武则天，武则天曾在洛城殿（唐代洛阳城宫城内建筑）策问考生。至宋代，殿试被制度化，考中后由皇帝亲自主持唱名仪式，赐本科及第、出身、同出身等。所有高中的人都是天子门生，以此来笼络知识分子。

闻喜宴始于唐代，是为考中进士的人专门举办的宴会。闻喜宴，名字起得很好，是接到金榜题名喜讯后举办的第一场庆贺宴会。与之对应的还有鹿鸣宴，是在乡试结束之后，地方官为中了举人的人举办的宴会。这些都是对考中进士、举人的一种庆贺，能够参加这样的宴会也是一生的荣幸。当然，参加这样的宴会，也意味着命运的改变。中了举、中了进士对一个读书人来讲确实是人生一大幸事。古人说，人生四大喜事："久旱逢甘霖，他乡遇故知，洞房花烛夜，金榜题名时"。可以说是人生值得炫耀的资本。

唐代新科进士一般会有两种宴会：闻喜宴、关宴。闻喜宴一般是官方下令举办的庆贺宴会，官方色彩浓厚。但是初期似乎是凑份子，晚唐时开始由朝廷出资。"关宴"是新科进士们自己凑份子，还有专门的"进士团"负责组织，一般都在曲江池举办。关宴名目繁多，有大相识宴、次相识宴、小相识宴、樱桃宴、月灯宴、打球宴、牡丹宴、看佛牙宴、杏园宴等。这些宴会富家子弟可能还能支付得起，贫寒人家子弟被迫举债应付。这种奢靡之风也引起了朝廷的重视，"唐武宗时的宰相李德裕还上奏要求禁止门生拜见座主，只允许新进士小范围的宴乐，不许聚集同年广为宴会，并停止题名活动。唐武宗批准了他的奏章，'于是向之题名，各尽削去'，短时间内起到了扼制颓风的作用。但随着李德裕的被贬，一切又都恢复故态。至唐僖宗年间，朝廷不得不再次颁布《戒约新及第进士宴游敕》，对新进士宴饮的资费限额、参加人数以及时间范围都做了明确规定，至于实际效果如何，就不得而知了。"[1]

宋代以后，闻喜宴基本上是官方出钱举办。

[1] 陶易. 唐代科举宴游风尚[J]. 寻根, 2013（10）.

宋太祖赵匡胤开始实行殿试制度，由皇帝亲自在殿庭上对考生进行最后的考试，以决定名次。科举后进士及第，皇帝要赐宴，以显示恩宠。赐闻喜宴始于宋太宗赵匡义太平兴国二年（977），开始在开宝寺。太平兴国三年（978）改在迎春苑。太平兴国八年（983）改在琼林苑，直至北宋灭亡。因赐宴地在琼林苑，故又被称为琼林宴，琼林宴在我国戏剧中曝光率很高。南宋时改为在礼部贡院设宴。元朝闻喜宴改名为"恩荣宴"，赐宴地点在翰林院。明清沿袭"恩荣宴"称呼，设宴于礼部。但是，民间一直称为琼林宴，在戏剧、小说中也多以琼林宴出现。

太宗、仁宗、徽宗对闻喜宴非常重视，都要赠诗庆祝。宋仁宗天圣五年（1027）以后，还要赐《中庸》《大学》《儒行》篇，并吩咐御厨做几个菜送来。进士们宴罢往往结队游园，成为一时盛事。但是，没有证据显示皇帝亲自参加闻喜宴。皇帝虽然不参加闻喜宴，地方长官一般会参加鹿鸣宴。清代，一般省里的第一行政长官巡抚参加闻喜宴并主持，不光是宴请新科举子，考官也参加，宋代闻喜宴皇帝还要赐花，进士把花戴在头上。熙宁三年（1070），司马光、范镇、王珪、宋敏求的儿子同时登科，由于司马光等人的特殊地位，也获准参加琼林宴。司马光非常兴奋，写《同宋词道培燕琼林》，中有"蒲萄卢橘应相识，半是当年举酒人""桂林衰朽何须恨，幸有新枝续旧枝"的诗句。

因为琼林苑赐宴后，大家一般都会顺便游金明池。宋代文人的诗词中多次出现金明池，王安石、晏殊、秦观等的诗文中都有提及琼林宴。

司马光《约游金明光以贱事失期刘惠诗见嘲以诗四首谢之》："不唯汉帝昆明小，更觉唐家曲水贫。"司马光把金明池比作曲江池，曲江池是唐代文人游娱之地。

苏轼《皇太后阁六首其一》："闽楚遗风万古情，沅湘旧俗到金明。翠舆黄伞何时幸，画鹢飞凫尽日横。"

神宗时期的沈辽在《郊外马嘶》中动情地写道："春草满空春水流，土人放马白苹洲。细风迟日嘶鸣处，遥忆金明池上游。"

《清明上河图》里面的世界

古代农村的自由广场——晒场

在画面的开始，沿着驴队前进的方向，穿过一座小桥，就是一个农家院落，房屋后面有一个晒场（见图 3-1），场里有石磙，这是北方农村的常见景色，麦子、豆子、谷子收割后都要在晒场通过石磙碾压脱粒。在没有脱粒机以前，每个村庄周围都会有晒场，夏秋季节晾晒、碾压收割的庄稼，剩下的秸秆会被垛成垛，干草垛成为那个时代农村独特的风景，同时也成为人们夏天乘凉聊天的好地方。晒场都比较平整，地面较硬，也比较开阔，让人心情舒畅，大人们爱在晒场上聊天乘凉，孩子们也爱在晒场玩游戏。法国画家米勒、梵·高都曾画过农村晒场的干草垛，看了让人顿生思乡之情。

画面中晒场边上有一处猪圈，一个妇女似乎刚刚照看过自己家的猪，正走回房里。在没有现代养猪场以前，农村几乎每家都会养一头猪，剩菜、

图 3-1 《清明上河图》中的农村晒场[1]

---

[1] 以下未标图名的画作，皆为《清明上河图》。

剩饭加上泔水、草面子合在一起喂猪，到了春节前卖掉，能得一笔钱贴补家用，或者杀掉，用于春节消费。

柳树为什么都被"砍了头"？

自隋代以来，汴河两岸广植柳树，汴河河堤自唐宋以来一直被称为隋堤，"隋堤烟柳"是汴京八景之一。

图中其他树都很完整，只有柳树都被锯断了树冠，重新长出了枝条。这种柳树被称为断头柳（见图 3-2），被砍去的柳树枝主要用于加固河堤，可以减少水流对河堤的冲刷。柳树长期被砍头会使树身中空、长树瘤，外形怪异。

图 3-2　断头柳

但是，在《清明上河图》中看不到河堤的样子。图中很多酒馆、饭店沿河建设，甚至还有水榭一样的建筑，看起来非常美，客人也非常惬意。但是，在北方的河流上这样的场景是很少见到的。北方河流季节性很强，每年夏秋季节水位暴涨，都有洪水决堤的危险，历代以来都很重视河防，河堤都是高高的，而且每年加固。房屋都要建在河堤以外，不可能在河堤里面临河建筑饭店、酒馆等，否则，洪水一来，马上就被淹没了。这应该都是张择端的艺术加工。艺术来源于生活，高于生活，不会像照相机一样如实记录现实场景。

看到这些柳树，不由得令人想起古代的折柳文化。柳树在大江南北分布很广，它们生命力很强，姿态婀娜，备受世人喜爱，文人雅士歌咏柳树的诗词可谓是汗牛充栋，民间也有很多习俗和柳树有关，比如折柳文化，朋友送别，要折柳枝相送。我们在读古代诗词时经常遇到折柳这个词。折柳文化可以说源远流长，最早的折柳文化可能来自《诗经》，《诗经·小雅·采薇》有云"昔我往矣，杨柳依依；今我来思，雨雪霏霏"。在《乐府诗集》中有《折杨柳歌辞》诗，也是关于离别折柳的记载。进入唐代，长安附近的灞桥边十里长堤，一步一柳，由长安东去的客人，朋友大多送至灞桥，灞桥折柳成为一种风俗。唐诗中关于折柳的内容很多，如脍炙人口的李白《春夜洛城闻笛》："谁家玉笛暗飞声，散入春风满洛城。此夜曲中闻折柳，何人不起故园情。"这里的"折柳"是指《折柳曲》，是专为送别谱写的曲子。折柳成了送别和思念朋友、家乡的代名词。

朋友送别为何折柳，这里面有什么象征意义呢？一种解释是"柳"和"留"谐音，意思是不愿离别。还有一种解释，清代褚人获在《坚瓠广集》卷四中指出，朋友离别就好像树木离开了土壤，送给朋友柳枝，意思是祝愿朋友适应当地环境，生活好，随遇而安。他说："送行之人岂无他枝可折而必于柳者，非谓津亭所便，亦以人之去乡正如木之离土，望其随处皆安，一如柳之随地可活，为之祝愿耳。"实际上，柳树生命力强，柳枝随插随活，它是喻示客人到一个新地方能够迅速适应环境最好的象征物。

大运河修通以后，隋炀帝命令在河堤上大量种植柳树，并赐柳树帝姓"杨"，故称"杨柳"，柳树突然华丽变身为皇家之树，也该备感荣耀吧。柳树不仅看起来美观，而且根系发达，是固堤防洪的理想树种，这也是河堤为什么大量种植柳树的原因之一。想想看，几千里的河堤都是柳树，如两条绿色的长龙随运河而蜿蜒，柳条随风飘摆，如绿浪般起伏，与河水、船只相映生辉，确实是一奇观。唐代大诗人白居易在《隋堤柳》诗中对这一盛况有过精彩描写，他写道："大业年中炀天子，种柳成行夹流水。西自黄河东至淮，绿影一千三百里。大业末年春暮月，柳色如烟絮如雪。"暮春三月，柳絮飘飞，如银似雪，煞是壮观，可能也是隋炀帝下江南的最好时光。汴河是隋代大运河中一段，从黄河取水，直接入淮河，汴河段也一样广植柳树。宋代词人周邦彦在《兰陵王》中写道："柳荫直，烟里丝丝弄碧。隋堤上，曾见几番，拂水飘绵送行色。登临望故国，谁识京华倦客？长亭路，年去岁来，应折柔条过千尺。"由此可见，折柳送别在宋代还是很盛行的。画中这些怪异的柳树肯定也是被折枝的对象。但是，朋友送别折枝，不可能把树头砍掉，应该说取材护堤才是它们怪异的主要原因。

民间还有一个习俗，就是正月在门前插柳。据考证，这一风俗起自南北朝时期，民间在门前插柳意味辟邪，北魏贾思勰《齐民要术》中的说法印证了这一观点，他说："正月旦取柳枝著户上，百鬼不入家。"柳树被赋予了类似钟馗的功能。

人扛人的一种方式——轿子

北宋人出行，大多乘驴，在汴梁有专门的出租驴的商户。宋代马很少，主要是北宋边关战事不断，马匹需求量大。但是，京城仍然有租赁马匹者，而且很多坊巷、桥头、市场等都有这样的租赁者，城市居民出行，只要路途稍远就会租用马匹，价钱也不贵，也就百钱左右，"寻常出街市干事，稍似路远倦行，逐坊巷桥市，自有假赁鞍马者，不过百钱。"宋代已经有轿子（见图 3-3），但是轿子也不是随便乘用的，宋徽宗时期下诏规定：

图3-3　小桥边的轿子

图3-4　孙羊正店前的轿子

图3-5　郊外的轿子

"民庶之家不得乘轿。"所谓民庶之家，就是没有获得科举功名（秀才、举人等）的一般平民家庭。这是对庶民的一种限制，也是对文人士大夫地位的提高。

在城内孙羊正店前有两顶轿子（见图3-4），方格状轿窗是可以移动的，后轿中的女人正拉开窗子向外看。前面的轿帘上还可以看到隐隐约约的图案，看样子像半透明的纱帘，轿帘应该是左右两幅，像两扇门一样。这两顶轿子应该是同属一个队伍，但是前后并不是一条直线，前面轿子已经开始转向，似乎要掉头，前后两轿基本呈130度的夹角。张择端这样构图，使得画面富于变化，不呆板，独具匠心。

全图共绘7顶轿子，样式没有大的变化。画面前端描绘郊外一顶轿子

（见图3-5），随行一队人，有骑马者，轿子上插有树枝等物。《东京梦华录》记载："清明时节……轿子即以杨柳杂花装簇顶上，四垂遮映，自此三日，皆出城上坟。"此为点题之处，自然说明是清明节的景象。

最前面一人开道，骑马之人应是男主人，头戴笠帽。二人抬轿，轿子里坐的应是女主人。轿子后面还有一仆人扛着猎获的野鸡、野兔等。队伍最后的仆人挑着担子，似乎是食盒之类的东西。由队伍行进的方向来看，应该是上坟归来，正在回城。一行人好像正处在弯道上，前后形成美丽的弧线，足见张择端的艺术构图之用心。

宋代人是如何看待轿子这种交通工具的呢？来看看宋人自己的记录，《朱子语类》记载："南渡以前，士大夫皆不甚用轿子，如王荆公（王安石）、伊川（程颐）皆云：'不以人代畜。'朝士皆乘马。或有老病，朝廷赐令乘轿，犹力辞后受。自南渡后至今，则无人不乘轿矣。"看来，轿子在北宋还不大被士大夫所接受，他们大多骑马，不愿意让别人抬着自己走，有把别人当成驴马等牲畜的嫌疑，南宋则习以为常。

清院本《清明上河图》中也绘制了轿子（见图3-6），但是轿子的结构细节交代不多。有意思的是宫廷画师们绘制了由骡子驮着的轿子，这种轿子体量较大，轿内宽敞，图中有一项轿子的轿窗还被支了起来。

图3-6 轿子（清院本）

追溯一下轿子的历史，我们发现春秋时期的辇车应该是轿子的前身。图3-7为陕西陇县边家庄春秋墓出土的辇车复原图。这种车宋代还在使

图 3-7 辇车[1]

用。所谓"辇",就是由人拉的车,从字形上可以看出,"车"上有两个"夫"。

秦代的辇成为帝王专用出行工具。魏晋南北朝时期东晋皇帝桓玄的大辇,能供30人乘坐,要200人抬着,"大辇容三十人坐,以二百人舁之"。这实在是太夸张了,我们难以想象200人合抬一个大辇的场景是什么样子。

后来又发展出一种新的形式就是"肩舆","舆"在轿子没有产生以前就是指车,所谓肩舆就是用肩膀来扛的"车"了,既然用肩来扛,就没有必要有轮子了,辇与车开始分离。1978年在河南固始侯古堆一座春秋战国墓葬中发现三套肩舆,木质,分为屋顶式、伞顶式两种,四周封闭。前面开一小门,供乘坐人出入。浙江省博物馆藏有一组肩舆青铜连接器(见图3-8),用于木质构件的连接与加固,制作十分精良,与河南固始县出土的肩舆形制基本一致。这是中国迄今发现最早的辇的实物。

图 3-8 春秋时期肩舆的青铜连接器(浙江省博物馆藏)

汉代把辇统称为"箯舆",六朝把肩舆统称为"平肩舆"。帝王在宫中使用步辇(见图3-9)。

[1] 刘永华 . 中国古代车舆马具[M].北京:清华大学出版社,2013:101.

图 3-9　云南晋宁石寨山汉墓出土储贝器腰部的图像

山西大同北魏司马金龙墓出土一件朱漆彩绘屏风中的平肩舆（见图 3-10），只有伞盖和顶棚，四周开放。可以看到，这件舆如果加上轮子，就是车了，也可以明白它为什么被称为"舆"了。

东晋画家顾恺之绘制的《女史箴图》中也有肩舆的描绘（见图 3-11），这个肩舆较大，里面坐着两个人，四面用支架支撑着巨大的红色纱帘。从形制上来看和司马金龙墓出土的肩舆十分接近，不过抬舆的人数多了一倍。

图 3-10　北魏司马金龙墓出土的屏风画

图 3-11　《女史箴图》中的肩舆

唐代阎立本绘制的《步辇图》中李世民就是坐在肩舆上（见图 3-12）。令人不可思议的是，肩舆竟然由女子抬着，而且似乎主要是由两个女子抬着，其他人只是在边上帮帮手。值得注意的是，这个肩舆

《清明上河图》里面的世界

图 3-12 《步辇图》中的肩舆

似有腿，但仅见前腿，应该还有后腿，更像是一个移动的高坐具。

据文献记载，唐代一些老臣入宫议事如蒙允许可以乘坐"檐子"，陕西礼泉县唐新城公主墓墓道绘有檐子的壁画。图中的檐子就像是移动的房子，体积较大。唐代末年秦王李茂贞墓出土的砖雕上的檐子和轿子已经十分接近，由八个人抬着，造型优美。檐子实际上就是肩舆。五代后，皇后、公主在宫廷中来往专用"凤辇"。[1]唐朝肩舆一般富人也可乘坐。《唐语林》记载："杜悰坐镇荆南时，对宗族亲戚从不接济馈赠，以致有宗亲妇女乘肩舆到其后门诟骂者。[2]"

北宋时轿子也被称为檐子，只不过檐子四面都封闭起来了。据《东京梦华录》记载，公主出行乘坐金铜檐子，用剪棕覆盖，"约高五尺许，深八尺，阔四尺许，内容六人，四维垂绣额珠帘"。可见公主乘坐的檐子是十分巨大的，高五尺，长八尺，宽四尺，竟然能够容纳 6 人。不仅如此，而且"匡箱之外，两壁出栏槛皆缕金花，装雕木人物神仙"。可见檐子箱体两边还设有护栏，并且用金花装饰，推测可能是描金工艺，还装有用木头雕刻的神仙人物。官僚士庶百姓婚嫁也可以乘坐檐子，有专门的机构提供租赁服务。"士庶家与贵家婚嫁，亦乘檐子……左右两军，自有假赁所在。"

［1］董伯信 . 中国古代家具综览［M］. 合肥：安徽科学技术出版社，2004：128.
［2］高世瑜 . 唐代妇女［M］. 西安：三秦出版社，2011：240.

将肩舆四周封闭起来，自然就是轿子了。檐子和轿子已十分接近。轿子成熟以后，辇车并没有消失，南宋仍有（见图3-13）。

图3-13 《胡笳十八拍》中的辇车

从世界范围来看，肩舆使用的历史更加久远，大概是帝王们为显示尊贵，都喜欢被别人抬着走，古埃及法老早在公元前2000多年就已经开始乘坐肩舆了（见图3-14）。

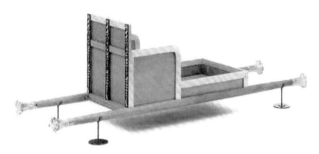

图3-14 古埃及第四王朝时期（前2686—前2181）的肩舆

肩舆制作简单，使用方便，轿子的出现并没有完全代替肩舆，在清院本《清明上河图》中就有肩舆仍在使用的画面（见图3-15）。乘坐肩舆的人显然是一个官员，前

图3-15 肩舆（清院本）

面有喝道等仪仗队，还有罗伞、仪仗扇等。我国四川地区现在还在使用的滑竿实际上就是肩舆的现实遗存。

惊马——古代最危险的交通事故制造者

在郊外扫墓归来的队伍前方不远处，正在发生一起十分危险的事件，有一匹马受惊了，正在狂奔（见图 3-16）。在没有汽车等现代交通工具以前，最大的交通事故恐怕就是马匹受惊了，马匹体型庞大，受惊后都会狂奔，一旦进入闹市区，十分危险，惊马踩伤人、踩死人是常有的事，往往令人恐惧。一旦发现惊马，周围人就会大呼小叫，提醒行人赶紧避让，除非专业的驭手，一般人很难制服惊马，更不敢靠近。画面此处有残缺，惊马只剩下后半身。惊马前面正有一个小孩，场面十分危急，大人急忙想抱回。后面一人在追赶，似乎是惊马的主人，他应该是大声呼叫，让路人闪开。惊马右前方有两头牛，只是在观看，没有惊慌，这大概就是牛性子的体现。再向前方的一处茶馆内 3 个人都被惊马吸引，凉棚柱子上拴的一匹马十分惊恐，这非常符合马的特点。一匹马惊了，往往也会让其他马躁动不安，而牛却表现出一副事不关己的样子。这些细节都是围绕惊马展开的，十分逼真，呼应很好。细细看来，《清明上河图》中的几百个人物，都不是孤立的，都是围绕一定情节组合而有联系的。

图 3-16　惊马

在没有抽水机时代的提水工具——辘轳

在一棵树下，一架辘轳清晰可见，辘轳边无人，左边有一个人刚刚提完水，已经挑着一担水离开了（见图3-17）。

人类由采集为主过渡到耕作为主以后，灌溉就成为主要的问题，为此，人类一直在探索如何从河里、井里提水灌溉。在没有机器提水的时代，辘轳是主要的灌溉工具。据说周代已经发明辘轳，春秋时期被广泛使用。汉代画像石中辘轳很常见。实际上在西亚、古埃及很早就使用了桔槔提水。公元前2300年古代西亚的苏美尔人已经在泥版上刻画了桔槔。有专家推测在公元前4000年古代苏美尔人已经在使用桔槔提水，后来被传入埃及，古埃及第八王朝（前1550—前1295）时已经普遍使用沙杜夫灌溉（见图3-18），类似桔槔。辘轳的发明要比桔槔晚，但是提水效果要好于桔槔。直到20世纪80年代，我国农村

图 3-17　辘轳

图 3-18　古埃及的沙杜夫

还有人在使用辘轳和桔槔提水。记得我们村有一家院子里有半亩多土地，有一口水井，装着一架辘轳，主人种点菜和花，还有葡萄架，闲来给菜和花浇浇水，真是一幅非常理想的田园生活画面。现在由于机器提水，地下水位大幅度下降，四五十米以下才有水，砖井早已枯干，辘轳早就废弃了。

宋代有煤炉？

在画面第一家店铺里面有一炉子，有人分析认为是煤炉（见图3-19）。

人们是如何发现煤这种燃料的？煤矿有些是露天的，而且会自燃。早期人类可能受到启发，开始使用煤这种燃料。中国是世界上最早利用煤的国家，在距今7200多年的辽宁省新乐古文化遗址中，就发现有煤制工艺

图3-19 煤炉

品，河南巩义市也发现西汉时用煤饼炼铁的遗址。

我国古代文献《山海经》中称煤为石涅，魏晋时称煤为石墨或石炭。明代李时珍的《本草纲目》中首次使用煤这一名称。

现在已经有大量的文献证明，北宋时期人们已经开始大量使用煤炭作为燃料。

如何给亡灵送财富？

自远古时期，人类就相信灵魂不死，至今世界上很多民族都有自己的

亡灵节（鬼节），墨西哥、日本、中国、新加坡、泰国等都有亡灵节，在这一天他们举行各种仪式祭祀亡灵。西方国家每年 10 月 31 日的万圣节也是祭祀亡灵的节日。

清明节是祭祖的节日，人们都要到祖坟上烧纸钱（冥币）等，意思是给在阴间的先人送些钱花，在先人去世周年之际还会烧纸人、纸马、纸扎楼阁等。这些纸人、纸马、纸车、纸扎楼阁被统称为纸马或纸扎。现代人还会制作一些纸扎的电视、汽车等物品。究竟去世的人会不会享受这些东西，人们一般不愿意考虑，反正是一种习俗，大家都一起遵守。另外，先人去世后，总要有一种怀念方式吧，烧纸钱、纸马毕竟为大家提供了祭祀先人的一种方式，人们借此表达对先人的怀念，这也是中国孝文化的体现。这种风俗历史悠久，据考证烧纸开始于唐代，封演在《封氏闻见记》中就记载了唐代人烧纸钱的风俗。《清明上河图》上绘有王家纸马店，在孙羊正店旁边的十字路口，水井边上，也绘制了一家纸马店（见图 3-20、图 3-21）。这应该是张择端为点明清明主题的刻意安排。《东京梦华录》记载："清明节……诸门纸马铺，皆于当街用纸滚成楼阁之状。"这两个文献可以互相印证。这说明至少在宋代已经开始烧纸马。北宋哲学家邵雍（1011—1077）在春秋两季祭祀祖先时都烧纸钱。和邵雍同时代的著名政治家、文学家司马光（1019—1086）认为，纸钱之所以流行，是因为很多人要给在服丧期间的亲友寄一些表示哀悼的礼物，很多人选择了纸钱。司马光认为寄送纸钱对服丧期间的亲友没有帮助，还不如寄给他们一些有用的东西。苏轼被流放儋州（海南岛）时，当地人已经有烧纸钱的习俗了，他写道："老鸦衔肉纸灰

图 3-20　王家纸马店

图 3-21　赵太丞家左边的纸马店

飞，万里家山安在哉。"有一个资料显示宋代很多纸张被用于制作纸钱而烧掉了。

关于给逝去的人送冥币，早在汉代就开始了。浙江省博物馆藏有汉代的釉陶冥币（见图 3-22）。

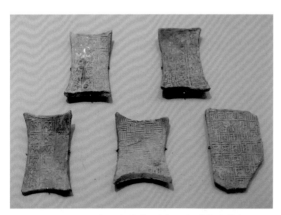

图 3-22　汉代釉陶冥币　（浙江省博物馆藏）

有人推测，纸钱的流行应该是和纸币的发明、使用有关联，意思是说纸钱是受到纸币的启发而发明的。也有人认为纸钱始于魏晋南北朝时，南齐废帝好鬼神，用纸剪成钱的形状来陪葬。关于之前始于魏晋的说法，这里有一则史料可以佐证，唐朝封演在《封氏闻见记》说："纸钱，今代送葬为凿纸钱，积钱为山，盛加雕饰，异以引枢。……其纸钱，魏晋以来始有其事，今自王公逮于匹庶，通行之矣。凡鬼神之物，其象似，亦犹涂车刍灵之类。古埋帛，今纸钱则皆烧之，所以示不知神之所为也。"纸币发明于北宋，照这种观点看来，纸币明显晚于纸钱的使用，南齐到北宋又过了 500 多年，纸币很可能是受到纸钱的启发而发明的。也许人们认为，既然可以给死人用纸钱，为什么活人不能用纸钱代替铜钱、铁钱呢？究竟是纸币受了纸钱的启发，还是纸钱受了纸币的启发，需要专家们来考证。

除了清明节以外，还有七月十五（中元节）、十月初一等鬼节，这些节日是专门为亡灵准备的，都要烧纸、烧香、献祭等。据《东京梦华录》记载，在中元节前几天，"市井卖冥器靴鞋、幞头帽子、金犀假带、五彩衣服"。皇宫在这一天安排专门机构，举行祭祀大会，烧化纸钱山，"祭军阵亡殁、设孤魂之道场"。可见宋代皇家也会祭祀为国牺牲的将士，同时为孤魂野鬼进行超度，这是对牺牲将士家属的抚慰，也是对无人祭祀的亡者的安抚。这些都是国家精神生活的重要方面。

烧纸钱虽然在中国各地流行，但是不同地区纸钱形制不一样，有的是自己制作，在一些粗糙的纸上打上圆形方孔钱的形状，有些是用锡箔纸折叠成金银元宝形状，还有些是用黄纸做成各种形状的祭品。现在则是通过机器大量印刷各种类似现行纸币图案的冥币，面额十分夸张，都以亿元为单位，还煞有介事地印上地府银行行长玉皇大帝、阎王爷等。

中国烧纸钱的风俗持续了近千年，至今还在盛行，每逢清明节，无论城乡都要给祖先送纸钱，每年烧掉的纸钱数量巨大，2003年鬼节过后沈阳市留下70余吨的黑色垃圾，其中大多数是烧纸钱留下的纸灰。一位美国人弗雷德·布莱克对这种习俗很好奇，通过大量的调研专门写了一本书叫《烧钱》。

除了烧纸钱以外，人们还用陪葬的方式把各种实物送给亡灵，这种习俗在世界上很多民族都有，古埃及、古希腊、古巴比伦、古印度、古代玛雅、古代中国等，给当代人了解古代社会留下了丰富的资料，是一笔十分宝贵的财富。

水路与陆路连接点——码头

在图 3-23 中，码头边停靠的船只很多，而且都是大船，这是全图最大的码头。停靠的 5 条船只至少有 3 条是豪华客船。码头旁边的大街十分宽阔，有一家酒店很是气派，临河的大厅里有人正在消遣，门口有高大的彩门欢楼。临河的门口有两个人似乎刚

图 3-23　码头

图 3-24　虹桥右边的码头

图 3-25　虹桥左边的码头

从船上下来，边聊天边走进饭店。有一人似乎在说："走走走，今天咱们兄弟好好喝一杯。"

虹桥右边也有一个码头（见图 3-24），只停了两条大船。虹桥左边的码头（见图 3-25），停靠 5 艘大船，都是大型客船，这个码头应该是客运码头。有两条船雕梁画栋，十分豪华。船上桅杆都被放倒。有一人挑行李正在登船，后面一主一仆随行。河里面正有两条大船在行进中，都是重船，吃水很深，有一条大船没有拉纤，船头船尾各有 8 个人在摇橹，另一条船的纤夫们正在拉纤。

漂浮在水上的运输工具——船只

当早期人类看到木头在水上漂浮的时候，就开始思考如何加以利用。人类很早就发明了船只，早期可能是独木舟或木筏。世界上最古老的船是在阿塞拜疆里海地区发现的，一块石雕上雕刻了一艘芦苇船，时间可以追溯到公元前 10000 年，船上大约有 20 名桨手（见图 3-26）。也有人认为，早在公元前 9500 年，北欧就开始使用皮划艇了。

在河姆渡文化时期，人们已经发明了独木舟。2002 年文物考古部门在浙江萧山跨湖桥遗址发现一艘独木舟，该遗址经测定为距今 8000—7000 年的遗存（见图 3-27）。据报道这艘独木舟是世界上至今发现的最早的独木舟。由此可知道，在距今七八千年前，我们的先人已经开始使用独木舟了。2010 年 12 月浙江省文物考古所在一处良渚文化遗址——临平茅山遗址发现一艘独木舟，全长 7.35 米，宽 0.45 米，深 0.23 米。据报道是中国境内发现的最长、最完整的史前独木舟，距今 6000 多年。在我国其他的新石器时代遗址中也发现了独木舟。

图 3-26　阿塞拜疆里海附近的岩画（前 10000）

图 3-27　浙江跨湖桥遗址
出土的独木舟

在古代，纸莎草、芦苇是一种很好的造船材料。在古埃及、古代西亚地区人们用纸莎草、芦苇造船。现在非洲的埃塞俄比亚还在使用纸莎草造的船，南美洲的秘鲁的喀喀湖上人们还在使用芦苇船。纸莎草长得很高，很轻，而且很有韧性便于漂浮。芦苇也很高，并且中空，硬度高，用芦苇制造的船更加牢固。

古代埃及对外贸易发达，在地中海上有很多埃及的船只航行。考古发现的公元前 15 世纪雷赫米尔墓壁画上的船体型巨大，有巨型船帆，装饰华丽，已经十分豪华（见图 3-28）。

宋代汴河主要运输任务是粮食，东京有 100 万人口，是当时世界上规模最大的城市，需要大量的粮食，北方产的粮食难以满足需要，大批粮食从南方运来。通过运河运粮被称为漕运。宋代水路运输把一定数量的物资称为一纲，有米纲、银纲、钱纲等。铜钱两万贯为一纲，黄金两万两为一纲，

图 3-28　古埃及雷赫米尔墓壁画上的豪华大船

米一万担为一纲。运河漕运，500 料船（一料等于一石，相当于现在的 60 斤，500 料相当于 3 万斤，也就是 15 吨）每 25 船为一纲。宋代皇帝都十分重视漕运，宋太宗时漕运每年达到 400 万担，最高时 700 万担。

宋徽宗为建造皇家园林艮岳也让船只运花石，所以这些船被称为花石纲。为了收集南方的奇石、宝玩，宋徽宗命令朱勔在苏州设立应奉局，专门搜罗奇石异木等，将船编队，10 船或 20 船为一纲，花费都是原来用于运粮的资金。

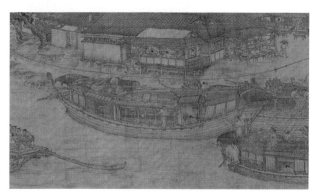

图 3-29　豪华客船

《清明上河图》共绘 25 条船，除两艘小船，其余都是大型船只，制作精良（见图 3-29）。找遍全图，你不会找到两条完全一样的船，这也是张择端的高明之处。

宋代造船从设计到施工都积累了丰富的经验。有好的船型，政府就会颁给其他船厂建造。《宋会要》记载："温州言，制置司降下《船样》二本，仰差官买木，于本州有管官钱内各做海船二十五只。"

据《东京梦华录》记载，东京汴梁有很多粮仓，如东水门外的虹桥元丰仓、顺成仓，东水门的广济、里河折中、外河折中、富国、万盛、广盈、永丰、济远等官仓。但是《清明上河图》中没有反映，大概也被张择端艺术化地去掉了。

官船一般都有押运
官，可是《清明上河图》
里没有，应该是被简化
了。从宋代绘画《雪涧
盘车图》中可以明显看
出，骑马戴笠帽的人就
是押运官（见图 3–30）。

图 3–30 《雪涧盘车图》中的押运官

1. 生命之船——运粮船

画面中第一个出现的码头边上有
一条运粮船，岸上一主人正在指挥卸
船，从重量感来看应该是粮食（见图
3–31）。汴河主要是将江南粮食运到
汴梁，画家画的头两只船就是运粮船，
这符合事实。

据资料显示，宋代已经能够制造
万担船。一担约等于 100 斤。10000
担相当于 500 吨，可谓是运量巨大。

图 3–31 正在卸粮的苦力

2. 为什么码头苦力每人手中都拿着一根小棒？

图 3–32 中，有一个人手拿好几根
小棍，扛包的苦力每人手里拿一根小
棍。这究竟是为什么？原来这是码头
为工人计算报酬的一种方法。他们手
中拿的都是竹签，称为"筹"。手里拿
着好几根筹的人是监工，他正在为装
卸工人发放筹，装卸工人扛一袋货物
给一根筹。装卸完毕，装卸工人用筹

图 3–32 竹签计酬

到货主那里领取劳动报酬。用筹来计算码头工人的劳动报酬，这种计酬方式一直到民国时的上海、天津码头还在使用。这种方式对于那些不识数、不认字的码头工人来讲是最合适的，这可能也是它能延续千年而不断的原因之一吧。

3. 气死风雨的大型封闭船

图 3-33 中的大船停靠在岸边，从开着的窗户可以看出舱内袋的粮食，应该是货船。船是拱形仓，也就是封闭性船只。运粮船最怕粮食受潮，这样的封闭船可以有效地保证粮食的干燥，不用顾虑沿途下雨。这些大船从杭州、苏州出发往往需要三四个月才能到达东京，中间不知道要经过多少雨雪天气，防止粮食受潮始终是主要任务。这条船吃水很深，尚未卸货。船尾有一人似在休息。

从绘画艺术上来看，这条船的绘制使用缩短法，符合透视关系。

图 3-34 中是条封闭船，开启的舱窗上还挂有围子，舱内也很豪华，应该是豪华客船。

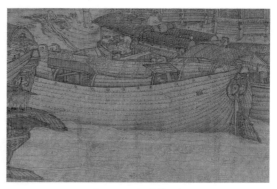

图 3-33 运粮船　　　　　　　　　　　图 3-34 大型封闭船

4. 内河航运的利器——眠桅

在虹桥一段，大船过桥，桅杆放下，场面紧张，说明宋代眠桅技术已经成熟（见图 3-35）。也就是船的桅杆是可以放倒的，在需要的时候再立起来。这种技术对内河航运非常有用，因为内河上会有各种各样的桥，如果桅杆是固定的，很多桥梁根本无法通过。图中有些桅杆设计成人字形，这样更增加了其稳定性。

图 3-35　码头上眠桅的船只

河中正在行进的一条大船，船两头各有 6 人摇橹，船的桅杆也是放下的，估计是顺水而下的船只，如果是逆水而行的船只，需要拉纤，桅杆必须撑起来。就在这条船的右边，有一条上行的船正在被纤夫拉纤前行（见图 3-36）。如果有风，船

图 3-36　拉纤

桅也要撑起，张开船帆，以便利用风力前行。

5. 可以随水位自由升降的平衡舵

《清明上河图》中船只都是平衡舵（见图 3-37）。这种舵能够升降，深水浅水都能用。欧洲到 18 世纪才开始用，比中国晚了 700 多年。宋代造船业发达，宋周去非著《岭外代答》卷六《木兰舟》记载："舟如巨室，帆若垂天之云，桅长数丈，一舟数百人，中积一年粮，豢豕酿酒其中。""一舟容千人，舟上机杼市井，或不遇便风，则数年而后达，非甚巨舟，不可至也。"一条船中竟然可以储存数百人一年的粮食，还在船上养猪、酿酒，简直就是一个水上的移动村落，是当时的航空母舰。没有巨大的财力，没有高超的技术，如何能够造出这样的航空母舰！

图 3-37 中的船只为空船，吃水很浅。张择端绘制十分细致，每一个局部都经得起反复推敲。

靠里的一条船船顶 5 组卷棚，应该是船工居住，船尾的卷棚内还有一人在睡觉。卷棚上挂着 3 只斗笠、3 件蓑衣。其他船上也有很多蓑衣。两条大船吃水都很浅，显然是空船。

在船舵正上方的船尾，一般设有舵楼，是舵工操作船舵的工作室（见图3-38）。操控船舵的舵柄叫作"关门棒"。由图中可以看出，操控船舵非常方便。据说，在船上舵把子（掌舵人）是老大，权力最大。

图 3-37　平衡舵　　　　　　　　　　图 3-38　《雪霁江行图》中的舵楼

经过研究发现，宋代已经发明了水密舱，也就是把船底分成多个仓位，各个仓位之间互不相通，即使一个舱漏水，因为与其他舱不通，船也不会沉没。这种技术增加了行船的安全性，为远途航运带来极大保障。著名的南海一号南宋沉船有 14 个水密舱。

6. 用脚步丈量河流长度的人——纤夫

杭州至开封 1000 公里，都是纤夫一步一步丈量出来的，无数的纤夫来来往往不知走了多少遍（见图 3-39）。行船的速度也就是步行的速度，甚至比步行都慢。

北宋官方按照船的载重量每 40 斛（唐代每斛 10 斗，宋代改为 5 斗，约 30 千克，40 斛就是 1200 千克，比 1 吨还多）配一个纤夫。400 料船（一料等于一石，相当于现在的 30 千克。载重量约为 12 吨）每船配纤夫 8 至

9人。北宋运河漕运纤夫为4.8—5.4万人。加上其他内河航运，总数应在60万人左右。[1]

清院本在这一点上表现比较真实，正在穿越虹桥的船只拉纤人看得到的就有20多人。当然，清院本中的小船也有五六个人拉纤的，但是船只确实很小。

图 3-39　虹桥下游的拉纤人

一般来讲，船只行走都是单面拉纤。清代康熙皇帝、乾隆皇帝南巡都需要大量的纤夫，乾隆的5条御船拉纤需要3600人轮流拉纤。乾隆十六年第一次南巡，为了显示皇家威仪，两岸均有拉纤人，名为"虾须纤"。这个名字很形象，拉纤队伍就像虾的长须一样一边一个。清乾隆时期宫廷画师徐扬绘制的《乾隆南巡图》中有虾须纤场面的描绘。后来因为大臣邵大业等进谏反对，才改为单面拉纤。

这不由得让我想起俄国名画《伏尔加河上的纤夫》（见图3-40）。

在拉纤的队伍中头纤用力最大，大家都不愿意拉头纤。拉纤要有专门的纤板，一般60—70厘米长，两头有孔，可以穿绳，绳子连接大绳。纤板可以增加纤绳的受力面，纤夫的膀子不至于被勒伤。有的地方用纤带，是一种比较宽的布带。纤夫还有号子，以便一起使劲。

在古代，河边上都有专门的纤夫路。江苏苏州吴江大运河纤道，被称为"九里石塘"，始建于唐代，元代重修，现在还保存完好。起自浙江萧山西兴镇，终于上虞曹娥，横跨萧山、山阴、会稽、上虞四县，全长75公里的

[1] 黄纯艳.宋代内河船夫群体的构成与生计——以漕运为主的考察[J].首都师范大学学报，2017.

图 3-40　列宾　伏尔加河上的纤夫

绍兴"十里官塘"阮社段也保存完好。

在没有机动船以前，逆水行舟都需要拉纤。行船是靠纤夫们一步一步走出来，船的行进速度可想而知。汴河的漕运船只从南方来，几乎都是逆行，又是重船，纤夫的艰辛难以想象。逆水行舟需要大量的劳力，如果是顺水行舟，水流较为平缓时，也需要拉纤。但是，如果有风，就可以借助风力推动船帆行船。

我国三峡纤夫的辛苦让人吃惊。他们往往赤身裸体，或者只穿很少的衣服，在悬崖边上的石道上负重前行，很多时候要手脚并用。至今，在三峡石道边的石头上还留有拉纤绳索磨出的深深的沟。

纤夫是一个很好的文学、影视剧话题，可惜没有很好的作品记录纤夫的生活。

7. 长达数丈的巨型船橹

摇橹是为船提供动力的又一种形式。画面中有 3 条大船都是靠摇橹提供动力，有一条大船船头船尾都摇橹，船尾的 6 个船夫在尽力摇橹，船头的似乎在休息（见图 3-41）。有一条大船船尾竟然有 8 个人同时摇一个橹，大橹很长，估计超过 10 米（见图 3-42）。有的人张着嘴，似乎能够听到他们的号子声。船的平衡舵被卸下，放在船上。

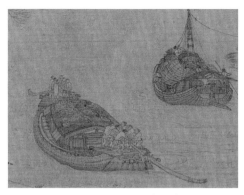

图 3-41　船头船尾都摇橹　　　　　　　　　图 3-42　八人摇橹

8. 船只靠岸利器——绞车

绞车可以利用杠杆的力量节省人力，力量大。绞车和辘轳是一样的原理，只不过辘轳是摇动一端的把手使轮子转起来，卷起绳索，达到垂直提升目的。绞盘车主要是用于横向牵引，通过下压转轴上的木柄，使轮子转起来，把绳索缠绕在轮子上，从而带动船只靠岸。《清明上河图》中好几条船上都备有绞车，都设在船头（见图 3-43）。

图 3-43　船上的绞车

9. 豪华大船

图 3-44 中应是一条客船。在后舱门，一妇女正在观水。在没有机动船以前，乘船远行是十分辛苦的，两个乘船人也许是行船寂寞，开窗观赏河上

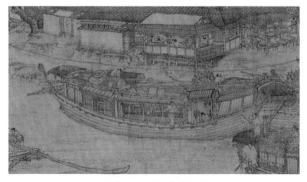

图 3-44　行进中的大船

风景，借此打发时光。船舷有一位船工在走动。船后部的舱门仿照门楼建造，显示出很高的等级。船窗外都有挡风雨的遮板和雨篷。透过打开的窗户，可以看到舱内家具、隔扇等物品，都十分精致。门窗雕刻精美，每扇窗的下部都有 6 个壶门图案。由此可见，这是一条豪华船。船顶上，随意放置着拆下来的挡风板，有一妇女似乎在劳作。两个卷棚，应是船工休息之处。

10. 船只夜行的标志——船灯

图 3-45　船灯

晚上行船怎样去辨别方向，如何避免与他船相撞？恐怕也要有船灯，在图 3-45 中确实看到了船灯。船灯很大，外罩竹篾编成的网子。这种灯是固定在船上的，在造船时已经造好了。夜间行船除了要点亮船灯，有些船只还要高声喊叫，或敲打响器，避免撞船。这些细节都把握得如此准确，张择端一定是经过大量的观察、调研后才绘制此图的。

11. 运送花木的大船

图 3-46 中这条大船是运送花木的专用船，船舱内摆满了方形花盆，内有花木。船头船尾舱内各有一人。船舷外似乎还携带有浮筒等救生装置，船头也备有绞车，船桡既有人字桡，也有独木桡。这说明宋代都市人养花已经成为一种习惯，也成为一个产业，需要有人专门提供花卉，是宋人生活雅致化的标志之一。人们有心情赏花，有时间赏花，当然也有了养花的资财，所以才会催生这样一个产业。

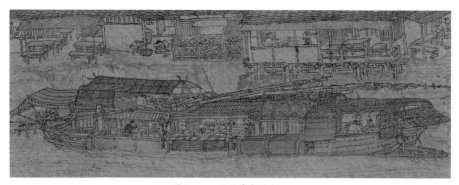

图 3-46　运送花木的船只

12. 船上炉火

　　一条船从杭州至汴梁往返一趟需要好几个月，船上人吃饭是大问题，船上往往设有灶台，船上人可以自行做饭。图 3-47 中，一个人正坐在船头灶台边做饭，灶膛内似乎还能看到火光。

图 3-47　船上炉火

13. 船民的信仰

　　古人相信万物有灵，河里有河神，需要祭祀。曹植的《洛神赋》中洛神就是洛河的河神。黄河之神为河伯，《庄子·秋水篇》曾记载河伯的故事。河神属于水神系列，水神还有水仙、水君、水母、龙王等称谓。如果船只出了事故，人们往往会想到是不是得罪了河神。所以，对于船民来讲，祭祀河神是必须的。图 3-48 中这个简易的祭台反映了船民的精神生活。

　　据《海外北经》记载：（黄）

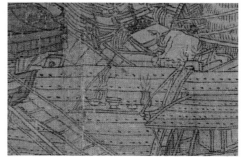

图 3-48　船上的祭台

河神为冰夷。《太平广记》条引《成都记》记载：蜀江（都江堰）神为李冰。各地祭祀的水神不一，几乎每条河都有自己的河神。

希腊神话中海神是波塞冬，他是宙斯的哥哥，地位仅次于宙斯。在《西游记》中龙王是海神，过去很多地方建有龙王庙。龙王不仅是海神，还负责降雨，在干旱之年，人们往往要到龙王庙烧香叩头，祈求降雨。龙王虽是海神，但实际上沿海居民大多信奉妈祖。我国福建沿海、台湾由于渔民经常出海打鱼，妈祖是海上航行的保护神，所以多信奉妈祖，很多地方都建有妈祖庙。妈祖又称天上圣母、天后、天后娘娘、天妃、天妃娘娘、湄洲娘妈。"妈祖"的称呼是自宋代开始的。

宋朝海运发达，妈祖信仰盛行，皇家也非常重视，屡次册封，抬高妈祖地位。

宋徽宗宣和五年（1123），赐"顺济庙额"。

宋高宗绍兴二十六年（1156），封"灵惠夫人"。

宋高宗绍兴三十年（1160），加封"灵惠昭应夫人"。

宋孝宗乾道二年（1166），封"灵惠昭应崇福夫人"。

宋孝宗淳熙十二年（1184），封"灵慈昭应崇福善利夫人"。

宋光宗绍熙三年（1192），诏封"灵惠妃"。

宋宁宗庆元四年（1198），封"慈惠夫人"。

宋宁宗嘉定元年（1208），封"显卫"。

宋宁宗嘉定十年（1217），封"灵惠助顺显卫英烈妃"。

宋理宗嘉熙三年（1239），封"灵惠助顺嘉应英烈妃"。

宋理宗宝祐二年（1254），封"灵惠助顺嘉应英烈协正妃"。

宋理宗宝祐四年（1256），封"灵惠协正嘉应慈济妃"。

宋理宗开庆元年（1259），封"显济妃"。

宋理宗景定三年（1262），封"灵惠显济嘉应善庆妃"。

山东半岛的渔船忌讳说"翻"字，不准女人上船，因为老婆的"婆"字与"破"同音，不吉利。每次出海，第一网网上的黄花鱼要选4条大的祭祀龙王。

14. 缺乏细节的仇英本翘尾船

仇英本中的船只远不如张择端本精细，甚至有些草率，立体感也不如宋本，当然神气更是差了很多（见图3-49）。

图 3-49　船只（仇英本）

15. 四平八稳的清院本船

张择端本虹桥下水流湍急，一条大船在河中心打横，十分危险。清院本中河水过于平静，船只通行也十分平稳，推测宫廷画师不可能像民间画家那样百无禁忌，一些危险的场面可能不便画进图中。清院本没有宋本工细，船身僵硬，没有船的曲线美（见图3-50）。

图 3-50　船只（清院本）

16. 最早的轮船——车船

车船是在船舷两侧各装一个大的轮子，这些轮子被称为翼轮，用一根大轴左右贯通，船员用脚踩踏使轮子转动，轮子击打水面，带动船只前行。

宋代造船工艺已经很先进。水战已经有了车船，行船速度很快。由于人力是脚踏，人的自身重量可以施加上去，较摇橹省力。车船可以安装多轮，可供多人同时踩踏，船行如飞。车船并不是宋人发明的，早在南北朝时期陈朝水军已有水车等战船，唐代李皋也曾造过车船。[1]

据记载，南宋有一个人叫高宣，善于造船。绍兴元年（1131）奉命造八车、二十车、二十三车等各种战船（见图3-51）。一轮为一车，船有护板，轮在里面，人工踩踏。后来高宣投靠杨幺起义军，造出了二十车、二十三车，甚至三四十车的战船。也就是在船舷两侧各装有60—80个轮子。大船

图 3-51　宋代战船

长达三四十丈（宋计量单位）。南宋后车船又称轮船，船上设有撞杆，可以直接撞毁敌船，还装有发射巨石的发射器。船分两层或三层，能载上千名士兵。这应该是世界上最早的轮船。但是，浅水不可以使用，也不能用于海上航行。

交通拥堵、人声鼎沸的虹桥

1. 张择端本虹桥

我做过统计，全图超过三分之一的幅面为河景，汴河交通繁忙，这正应合"上河图"的名字。虹桥一段是全画最生动、最精彩的部分，是画面的高

---

[1] 邓广铭，程应镠. 中国历史大辞典·宋史［M］. 上海：上海辞书出版社，1983：28.

潮部分（见图 3-52）。

画面中虹桥下的大船正在紧张地放下桅杆穿越桥洞（见图 3-53）。因为桅杆放下，无法拉纤，船只控制出现问题，船只斜

图 3-52　虹桥全景

向进入桥洞，有人从桥上向船上抛下绳索（见图 3-54），船篷上有人接应。有很多人扶着桥栏观看大船过桥洞。大船头上站着好几个人，似乎是害怕撞上前船，前船只有一个橹露出来，船头已穿过桥洞，这种船前后都有 6 或 8 个人摇橹。大船头上的人的视线都在前船上，有一个人举着撑杆，想通过撑住桥底来改变船的方向。

图 3-53　穿越桥洞

图 3-54　桥上人向下抛出绳索

船头左侧 4 个人在努力撑篙，力图改变船的方向。船顶还有一老妇人在指挥，看样子是老板娘。后面一位拎着篙，向前跑来支援，连乘船的客人都紧张地伸头张望。

为了帮助大船，桥上有 5 个人已经站在桥栏杆以外了。

后船上一人惊得张大了嘴巴，生怕撞上了自己的船，船顶棚上一人也在指挥，甲板上一人似乎正在躲避后退的大船（见图 3-55）。

就连对岸船上的人也着急起来，有的站在船顶上指挥，好几个人挥动着手臂（见图 3-56）。

《清明上河图》里面的世界

　　《清明上河图》中的人物虽然众多，看似纷乱，其实都是分组的、相互有呼应的。坐在对岸的人也被吸引了，当时一定是许多人在大呼小叫，声音很大（见图3-57）。

图3-55　后船细部

图3-56　对岸船上的人在呼叫　　　　图3-57　对岸树下的人

　　桥下险象环生，桥上也不消停，轿子与骑马官人争路。双方的仆人在交涉究竟谁给谁让路（见图3-58）。

　　虹桥也叫无脚桥、飞桥，是一种木拱桥，桥拱跨度很大，横跨汴河两岸（见图3-59）。这种桥是青州"牢城废卒"发明的，被引进到汴河。汴河上船流如织，十分繁忙，每年有6000艘漕船来往，还有一些民船等，一些大型船只通过有柱桥会有困难，而且可能撞坏桥梁和船只。虹桥有效解决了这一问题。虹桥有5组贯木相互穿插，每根贯木架于另外两根贯木的横木上。所以这种桥也叫贯木拱桥，《石渠宝笈》称其为悬臂梁桥。

图 3-58　虹桥桥面　　　　　　　　　　图 3-59　开封清明上河园的虹桥

2. 清院本虹桥

　　仇英本、清院本《清明上河图》上的虹桥都是石拱桥（见图 3-60），这一点和张择端本区别非常明显。我国隋代已有石拱桥，如赵州桥。

图 3-60　虹桥（清院本）

　　清院本虹桥是石拱桥，桥面很宽，两侧的店铺格式化，显然是统一规划过。桥下的流水也很平静，不像张择端本流水湍急。桥下行船也很安全，没有险情出现。

　　张择端本桥下石块之间固定的燕尾榫铁件都清晰可辨（见图 3-61）。这一点，仇英本、清院本都加以继承。清院本虹桥桥面明显宽了很多。

图 3-61　虹桥下固定石构件的燕尾榫

唐寰澄在《中国科学技术史·桥梁卷》中称木拱廊桥"是世界桥梁史上绝无仅有的一个品种，在世界桥梁史上唯中国有之"（见图 3-62）。其实，不是绝无仅有，其他民族也有这种桥梁。达·芬奇就曾经绘制过贯木拱桥的草图（见图 3-63）。

图 3-62　唐寰澄对虹桥结构的推测

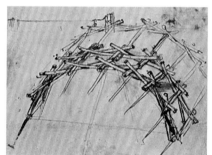

图 3-63　达·芬奇贯木拱桥草稿

很多人认为这一技术已经失传，后在福建、浙江发现多座贯木拱桥。福建宁德屏南万安桥、千乘桥，岭下村广利桥等都是贯木拱桥。

3. 桥的历史

原始社会，人们会在村落周边挖壕沟，一方面是为了防止动物侵袭；另一方面也是防止其他部落侵袭。有壕沟，自然就要有桥，西安半坡遗址周围有一条宽五六米、深五六米的壕沟，据分析壕沟上应该有七八米长的树木拼成的桥。

人们也许是通过横跨在小河上的树木得到启发，开始人为架设独木桥。后来逐渐发明索桥、藤桥、石桥、铁桥、浮桥、吊桥等。

隋代赵州桥为独拱桥，如长虹饮涧，彩练行空，非常优美。历代歌咏桥的文章、诗词很多。桥梁在满足通过的同时，也具有了审美功能，南方园林中的很多拱桥几乎都是追求造型美。圆明园十七孔桥更成为一处胜景受到人们的喜爱。南方的廊桥更具韵味，在方便通行的同时，还为人们遮风避雨。

中国桥梁历史上有一座很有名的桥——洛阳桥，又称万安桥，是中国古代四大名桥之一，是北宋时期著名书法家蔡襄负责督造的，当时蔡襄是福建惠安的郡守。该桥始建于皇祐五年（1053），嘉祐四年（1059）十二月竣工，建造时间长达 6 年，桥全长 1200 米，宽 5 米，有 46 个桥墩，500 多个石栏，桥头有武士雕像，有 7 亭 9 塔点缀其间，是一座跨海大桥。桥上原有扶栏、石狮子、石亭、石塔等，做工十分精美。1932 年在桥上添建了钢筋水泥的混凝土桥面，石桥原貌损失很大。1993 年由国家文物局派专家全面考察后，对古桥进行了修复，恢复了古桥原貌。

红军长征时通过的泸定桥，由 13 根铁索组成，在木板被拆掉以后，红军战士仍然能够在枪林弹雨中通过，创造了一个奇迹。

浮桥。在《诗经》中有"亲迎于渭，造舟为梁"的描写，传说在公元前 1000 年的时候，周文王为了娶亲，在渭水上架了一座大浮桥以显示其气派。《史记·秦本纪》上记载：公元前 541 年，秦公子针去投奔晋国，为便于大批车马行人通过，在临晋关附近的黄河上建一大浮桥，通过的队伍有"车重千乘"之多。

船家最喜顺河风——测风仪

虹桥两头各有两个高杆，高高的杆子上端立一只仙鹤，据研究这是测风仪（见图 3-64），共有 4 个。对风向变化最为关注的大概就是船家了，这些测风仪应该是为航运船只设置的。船只除了拉纤、摇橹提供动力以外，就是靠风提供动力了。如果是顺风，船只张起船帆，行进起来要比拉纤快得多，所以船家最喜顺河风。但是，在张择端的图中我们没有见到船帆，不知道是什么

图 3-64　桥头测风仪

原因。在仇英本、清院本中每条船都有船帆，而且船帆巨大。

古代工具大全——铁器铺

图 3-65　桥头铁器铺

在桥头上，有一个铁器铺（见图 3-65），各种铁制工具应有尽有，剪子、刀具等陈列有序。这个摊位明显是一个临时摊位，属于占道经营。宋代冶铁技术发达，铁匠铺遍布城乡，为农业生产、手工业生产、家居劳作提供了充足的工具。铁匠铺往往选择桥头、城门等交通要道开设。仇英本、清院本铁匠铺都开在城门处。图上铁器铺的里边上还有一家鞋店。

这些人袖子为什么特别长？

虹桥桥头有两个人袖子特别长，远远超出必要的长度，这两人还在交谈。他们是干什么的？他们是牙人（见图 3-66、图 3-67）。

孙羊正店右侧十字路口也有两位牙人，深色衣者和戴幞头的人并肩而立，浅色衣者正在与他人打招呼。

图 3-66　三位牙人　　　　　图 3-67　孙羊正店旁十字路口的牙人

1. 牙人的由来

牙人的服装特征就是袖子特别长，这是有特殊用处的，在袖子里摸手指头，决定价钱多少。只有互捏手指头的人知道，不让外人知道，便于牙人在买卖双方之间撮合。这种做法在 20 世纪 80 年代的农村集市中还存在。这种服装可算是牙人的职业装。据说东京汴梁的职业划分非常细，每个行业有自己的特殊穿戴。

用服装来区分职业由来已久，也就是所谓的职业装。穿着职业装便于政府管理，也便于大众识别，也有些职业装的设置有职业歧视的成分。汉代以来很多朝代都有职业装，带有强制性质。汉代通过巾帻（头巾）颜色区分职业：车夫戴红色，厨师戴绿色，官奴戴青色。《东京梦华录》记载：卖药卖卦"皆具冠带"，香铺裹香囊者"顶帽披背"，质库掌事"皂衫角带"。

晋代牙人职业装。宋李昉《太平御览》卷六九七《服章部》一四载，晋朝有律令规定："士卒、百工履色无过绿青白，婢履色无过红青，古侩卖者皆当着巾，帖额题所侩卖者及姓名，一足着黑履，一足着白履。"[1] 通过政策强制经纪人在戴的头巾上面写上所经纪的行业和自己的姓名，让他们穿一只黑鞋、一只白鞋，显然有歧视的成分，这是长期以来重农抑商政策的反映。

---

[1] 曲哲，艾珺 . 中国经纪人行业流变轨迹踪痕（周秦至宋元部分）[J]. 文化学刊，2016（3）.

《清明上河图》里面的世界

《水浒传》中"浪里白条"张顺就是牙人，是鱼牙子。戴宗和李逵要买鱼，船家说："今日的活鱼，还在船内，等鱼牙主人不来，未曾敢卖动，因此未有好鲜鱼。"由于牙人的存在，使得小本生意人买卖极不方便，影响交易的自由、便利。有些牙人欺行霸市、垄断市场，甚至坑蒙拐骗。

牙人这一行业历史悠久，在农村集市交易中早就存在了。他们以促成买卖双方交易、提取佣金为目的。早期自耕农、手工业者不了解市场，需要牙人替他们寻找买主，讲好价格。

在中国古代，经纪人的称谓最早出现在西周时期，为"质人"，属于政府设置的官职，可查的文献为《周礼》。牙人又称牙侩、牙郎、牙子、市牙、市牙子、牙保等，在各个朝代的称谓有变化。三百六十行，行行有牙人，牛行、马行、田产、房屋、粮行、布行、木行、古玩、书画都有专业牙人。

驵侩在先秦两汉之际就是居间说合促成牛马交易的人。《吕氏春秋·观表篇》记载："赵之王良，秦之伯乐、九方堙尤尽其妙矣！"相马名手伯乐、九方皋，实际上就是两个促成马交易的经纪人。《吕氏春秋·尊师》载："段干木，晋国之大驵也，学于子夏。""驵"字代表了牙人交易的主要对象马、驴等。《汉书》颜师古注："侩者，会合两家交易者也；驵者，其首率也。""驵侩"开始只是牛马交易的经纪人，后来成为所有经纪人的名称。

唐代称经纪人为牙人、牙郎、互郎、市牙或牙子。牙人在规范市场和与少数民族边境"互市"中发挥了重要作用。他们是官方认定的经纪人，由政府向他们颁发纸质凭证。唐代国际贸易发达，在边关设置番市，需要大量的牙人中间说和、促成交易。安禄山从 15 岁就开始做牙人，通 6 种民族语言，一直做了 10 多年，后来和同是牙人的史思明一同参军。因为做牙人的缘故，特别善于揣度人心，擅于奉迎，深得杨贵妃、唐玄宗的喜欢。

到宋代，繁荣的商业活动推进了社会生产，对经纪人的需求量很大，牙人代为管理市场的职能被沿袭下来，宋代政府明确赋予牙人监督商人交易和代政府收税的职能。

宋代牙人也称市侩、行老。需要官府登记注册，政府颁发"身牌"，并交付一定的押金才可居间活动。宋代牙人分工很细，买卖、租赁房屋的是"庄宅牙人"，代理税务的称为"揽户"。根据北宋的赊买赊卖法规定，凡是非现金支付的大宗交易，比如田地、房屋等，必须有牙人作为担保人，并签订三方合同。宋代《宋刑统》卷一三记载："田宅交易，须凭牙保，违者准盗论。"宋代为规范牙人活动，专门颁布《牙保法》。牙人还有交易证人、合同担保人、受委托的代理人等身份。[1]

牙人一般是男的，但是宋代也有女牙人，主要负责女性人口买卖的中介业务，她们被称为"牙嫂"。南宋吴自牧《梦梁录》中记载："如府宅官员，豪富人家，欲买宠妾、歌童、舞女、厨娘、针线供过、粗组婢妮，亦有官私，牙嫂及引置等人。"

在宋代买卖田宅，双方先起草一份合同，名为草契，然后用草契去官府换取正式合同（正契）。官府有印制好的格式合同，需要逐项认真填写，然后才具有法律效力。南宋绍兴十年（1140）规定：若契内不开具倾亩间架、四邻所至和税租役钱，及无立契业主、邻人、牙人、保人和写契人，就是违法行为，断为违法典卖田宅罪。可见牙人是必备的，缺了牙人合同无效，而且违法。

元代规定大宗、大额交易必须有牙人参与，否则违法，比如房屋、人口、粮食、马匹等。《元典章·户部五·典卖》规定："凡有典卖田宅，依例亲邻、牙保人等立契，画字成交。"

明代初年曾经禁止牙人的存在，明太祖洪武初年下令："天下府州县镇店去处，不许有官牙私牙。一切客商应有货物，照例投税之后，听从发卖。凡有称系官牙私牙，许邻里坊厢拿获赴京，以凭迁徙化外。若系官牙，其该吏全家迁徙，敢有为官牙私牙，两邻不首，罪同巡拦。敢有刁蹬而多取客货者，许客商拿赴京来。"

经纪人是商业中必要的一环，虽然有些牙人、牙行欺行霸市，抬高价格，牙人佣金在一定程度上增加了交易成本，但是整体来讲是促进经济发

[1] 韩立新，杜恩龙，等. 文化经纪人［M］. 北京：人民日报出版社，2017：6.

展的，没有牙人、牙行，很多贸易活动将遇到困难，所以，明代弘治以后又开始允许牙人的合法存在，并发给印信作为凭证，称为"牙帖"。

明清两代有了"官牙"和"私牙"之分。"官牙"隶属于封建官府；买办经纪人为私人则称为"私牙"。[1]明代牙人需要具备一定的资产，由官方发给印信，对于往来客商的名称、籍贯、字号、人数、货物都要登记，每月向官府报告，官府要进行查验，对违法经营者给予惩罚。牙人、牙行还代收税金。

2. 为什么要有牙人?

买卖双方直接交易不好吗，不是更加快捷吗？我们需要分析牙人存在的必要性。

牙人信息灵通，负责为双方提供商品信息，促进交易。部分牙人还负责翻译，比如在边关互市中，牙人往往通好几种语言，便于撮合生意。

牙人还居间协调价格。买卖双方有时候对价格争议较大，经纪人会从中协调，促成交易的达成。

商业往来事务十分繁杂，政府官员的监督能力有限，于是就赋予牙人代为收税的职能，也就是代行政府的部分职能。

牙人也是一种证人，一旦买卖双方发生争议，可以请牙人作证。

牙人也负责协调纠纷，交易双方一旦出现纠纷，牙人有居间协调的责任。

牙人还负责鉴定商品品质、银钱品质。古代的金银成色多样，稍有不慎，就可能吃大亏，牙人对这些较为精通，负责约定、鉴定金银品质，减少交易风险。明代《士商类要》记载："买货无牙，秤轻物假；卖货无牙，银伪价盲。所谓牙者，别精粗，衡重轻，革伪妄也。"明清两代运河漕粮运到北京，首先要经过粮牙子对粮食品质进行鉴定，才能入仓。

---

[1] 韩立新，杜恩龙，等. 文化经纪人 [M]. 北京：人民日报出版社，2017：6.

预知未来的算命铺

算命占卜历史悠久，原始社会巫政不分、巫医不分、巫舞不分，巫的主要工作就是占卜。甲骨文就是占卜记录。占卜的方法多种多样，举不胜举。

占卜、算命都源于人们对未来的好奇和兴趣，在人们想知道未来，又不知道未来是什么样时候，算命、占卜正好满足这种社会需求。世界上很多民族都喜欢占卜。

图3-68席棚子下挂有3块牌子，分别是"神课""看命""决疑"。桌子后面一黑衣男子，头戴黑冠，正在为桌旁的人算命。一人似正在接受服务，三人站立观看。

据王安石《汴说》，在汴梁从事卜巫的人员多达万人。

宋徽宗大力提倡道教，自称道君皇帝，对卜巫事业也是一种推动。徽宗重用擅妖术的林灵素，对其赏赐无数，竟说"朕诸事一听卿"。[1]

仇英本、清院本也都绘制了算命的场景。由此可见，算命是各种版本《清明上河图》的标配（见图3-69）。

图3-68　算命铺

图3-69　算命铺（清院本）

[1] 张勇.北清明南姑苏：《清明上河图》与《姑苏繁华图》风俗画研究[M].北京：故宫出版社，2016：199.

衙门？军巡铺？

紧挨着算命铺，有一处门楼，里面是一个院落（见图3-70）。有人认为是军巡铺，汴梁城街道每三百步设一巡铺。据《东京梦华录》记载，东京"每房巷三百步许，有军巡铺屋一所，铺兵五人，夜间巡警收领公事。又于高处砖砌望火楼，楼上有人卓望"。军巡铺有及时发现火灾并报警的责任，军巡铺也叫"潜火兵"。[1]东京汴梁大多为木结构建筑，防火是重要任务。尤其是春冬季，一旦发生火灾，延烧起来，损失不可估量。所以，政府非常注意防火。

图 3-70　衙门

这是一种城市治安制度。一旦发现火警，马上驰报，即由"军厢主、马步军、殿前三衙、开封府各领军汲水扑灭，不劳百姓"。

在大门外，有人趴在地上睡觉，有人靠在树上睡觉，还有人打盹，都是一副慵懒样子。两扇门装在两块巨大的条石上，有三人坐在条石上休息。门上似乎有一份告示。墙头上有竖起的竹签状尖物，显然是防止越墙。院内卧着一匹马，马槽里草料充足。

故宫博物院余辉认为此处是递铺，皇宫文件第一站从这里开始，外地文件到此为最后一站。也就是相当于皇家邮政局。

图上画了3排门钉，应有5排5列，按照宋朝规定这是很高级别的衙门。

［1］余辉.隐忧与曲谏：《清明上河图》解码录［M］.北京：北京大学出版社，2015：143.

门钉是古建筑的一种装饰物，本来只是起固定门板作用，因为一扇门往往由多块门板组成，为了使门板之间连接紧密，就需要在后面加上横向的穿带，门钉就把门板固定在穿带上。后来逐渐变成一种装饰物，而且被等级化。

很多人十分推崇皇家文化，那么什么是皇家文化？所谓皇家文化就是皇家将民间文化的优秀部分据为己有并加以规范化的产物。皇家文化无一例外都来自民间，有些被皇家垄断，民间不得再用，比如明黄色，在明清时期只有皇家可以使用。从这个意义上来讲，皇家文化也是一种霸权文化、掠夺文化。门钉也一样，被规范化、等级化了，民间不得私自使用。

门钉确实也是很美的装饰物，尤其是金黄色门钉在朱红色的门板上显得更加富丽堂皇，皇宫、皇家陵寝一般都是朱漆大门上点缀金黄色门钉。

按照明清时的规定只有皇宫、皇陵才可以是九行九列门钉（见图 3-71）。

故宫南门（午门）、西门（西华门）、北门（神武门）都是纵横各 9 颗门钉。独东华门门钉数量特殊，八行九列，共 72 颗门钉。

《大清会典》记载："宫殿门庑皆崇基，上覆黄琉璃，门设金钉。""坛庙圆丘外内垣门四，皆朱扉金钉，纵横各九。"这是指一个门扇上门钉的数量，如果是两个门扇，就是 162 颗。对亲王、郡王、公侯等府第使用门钉

图 3-71　南京明孝陵门钉

数量有明确规定："亲王府制，正门五间，门钉纵九横七""世子府制，正门五间，门钉减亲王七之二（减掉七分之二）""郡王、贝勒、贝子、镇国公、辅国公与世子府同""公门钉纵横皆七，侯以下至男递减至五五，均以铁。"不仅数量有别，而且质地也有等级分别，公侯以上是金钉，公侯以下均用铁门钉。

可见门钉数量是有严格等级的，不能随便使用。这也是中国古代礼制在建筑上的体现。

为什么宋代人可以沿街开店？

1. 里坊制变为街巷制

提起汉唐盛世，我们往往想当然认为当时的京城里繁华热闹，夜晚歌舞娱乐不休。其实，当时的都市人晚上的生活一点都不自由，一点也不浪漫。一年中大多数时间都实行宵禁，只有个别节日晚上居民可以不受限制。这和汉代、唐代的里坊制有密切的关系。汉唐里坊制没有夜生活，孙机在《中国古代物质文化》一书中说得十分明白。

西汉长安城虽然是一座面积达 35 平方千米（罗马城为 13.68 平方千米）的大城市，但宫殿、官署和邸第占去了 4/5，再扣除官府手工业用地，仅以所余的有限空间容纳民众居住的 160 个闾里，而这些闾里都以围墙封闭，里门设监门司督弹。入夜大街上实行宵禁，居民不得出里夜行。西汉名将李广因作战失利免职家居时，夜间经过霸陵亭，被亭尉呵止。李广的从者说，此人是"故李将军"。"尉曰：'今将军尚不得夜行，何乃故也。'"其严格程度可以想见。[1]

唐代三百年间，长安的坊虽几经变动，但大体稳定在 108 坊之数。大坊内辟十字街，小坊辟横街，更窄的巷子则称为曲。坊有坊墙，墙基宽 2.5—3 米，大坊开四门，小坊二门，坊门晨昏定时启闭。坊门启闭的信号从宫城前发出，天明时承天门击鼓，各大街上的街鼓（又名冬冬鼓）随着敲击 600 下，于是坊门开启，大街上允许通行。日落照样击鼓，于是闭坊门，断行人。假使爬墙出去，则叫"越坊市墙垣"，要"杖七十"。[2]

有些关于唐代的小说，说长安的夜生活如何丰富，其实纯属想象，没有

[1] 孙机.中国古代物质文化[M].北京：中华书局，2014：144.
[2] 同上。

任何可能。不仅如此，里坊制居民区与商业区分开，街道不准摆摊设点，街道两旁不准开设店铺，整个长安只有东市和西市。买东西只能到这里，而且不是随时都开门，市场也是定时启闭。唐张九龄著《唐六典》载："凡市，以日中击鼓三百声而众以会。日入前七刻，击钲三百声而众以散。"

里坊制是封闭的，是要宵禁的，居民是非常不自由的。宋代改为街巷制，街巷制就突破了里坊制的封闭性，具有开放性，这种开放性有划时代的意义。政府一方面表现出一种自信，不怕老百姓因为街巷制而不好管制；另一方面，也可以繁荣经济，提高经济实力。对老百姓来讲，生活的自由度大大提高。宋初也实行过宵禁，但很快就形同虚设，宋代汴梁昼夜繁忙，汴梁人基本上可以 24 小时外出。

《清明上河图》的街景就反映了这一现实。如果是里坊制，是不准沿街开设商店的，沿街都是高高的坊墙，如果沿街开设商店，就无法禁止人们晚上外出了。《清明上河图》是宋代城市街巷制的重要图像资料。

宋太祖开始取消唐五代以来的宵禁，首开夜市，乾德三年（965）"诏令京府令京城夜市至三鼓以来不得禁止"。这是城市管理历史上的一个转折点。

里坊制转变为街巷制和宵禁的取消，大大促进了经济的发展，使得东京汴梁的夜生活变得非常丰富，简直就是一个不夜城，据《东京梦华录》记载："夜市直至三更（晚上 11 点至次日凌晨 1 点）尽，才五更（3 至 5 点）又复开张。如要闹去处，通晓不绝。"

宋代也有宵禁，但是晚上 11 点左右才开始，形同虚设。

唐代长安城规规整整，街道笔直如削，全是根据图纸建造的（见图 3-72）。汴梁城不那么规整，斜街斜路都有，很多是自然发展而成。

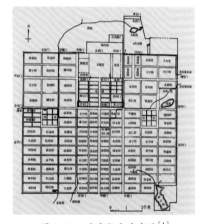

图 3-72　隋唐长安城布局[1]

［1］沈睿文．中国古代物质文化史·隋唐五代［M］．北京：开明出版社，2015：23.

2. 元代以后宵禁趋严

但是，进入元代以后，宵禁又开始严格起来。《元典章》规定："一更三点，钟声绝，禁入行。五更三点。钟声动，听人行。"一更三点相当于现在的晚上 8：12 分。可以说，刚刚进入晚上，就不准出行了。

明清基本沿袭元制，《大明律》与《大清律》均规定："凡京城夜禁，一更三点，钟声已静之后，五更三点，钟声未动之前，犯者笞三十。二更、三更、四更，犯者笞五十。外郡城镇各减一等。其公务急速，疾病、生产、死丧不在禁限。其暮钟未静，晓钟已动，巡夜人等故将行人拘留，诬执犯夜者，抵罪。若犯夜拒捕及打夺者，杖一百；因而殴人至折伤以上者绞，死者斩。"

可见，只有大宋居民可以享受夜生活的自由，元明清的居民生活自由度远不如宋人。

里坊制变为街巷制，没有坊墙，沿街开设商店。街巷制使得城市中过去专门的东市、西市开始受到冲击。商铺可以在城区任何位置开设，经营时间不受限制。有了临街商铺，很多人就不愿再到专门的东市、西市买东西了，这些专业市场开始衰落，有些甚至废弃了。

坊墙虽然没有了，但是里坊作为行政管理单位还存在。有里正、坊正，里正负责催缴税赋、催服徭役等，坊正负责治安管理。

3. 一个坊有多大呢?

里坊这种城郭居住区之所以成为"里"就是因为其边长基本是一里，面积基本上是一平方里，北魏洛阳城的里大概就是这样。但是，各个时代里的大小不一致，而且在同一座城里的大小也不一致。北魏平成大坊有居民四五百户，小坊仅有六七十户。唐代长安城一般的坊有居民一两千户，大坊多达 5000 多户。宋代开封共设 121 坊，每坊 800 多户，居民数千。

唐代《大唐令》规定："诸户以百户为里，五里为乡，四家为邻，五家为保。每里置正一人，掌按比户口，课植农桑，检查非违，催驱赋役。在邑居者为坊，别置正一人，掌坊门管钥，督察奸非，并免其课役。在田野者为村，别置村正一人。……掌同坊正。"[1]可见唐制的里属赋役管理单位，按户口多寡来设置，掌户口增减、征发赋役；坊则属于治安管理单位，按地域设置，置坊正掌治安，在农村也有与其相同的管理者，称为村正。[2]宋代坊正"主课税"，职责包括户籍管理、催缴赋税、催发徭役，治安也归他管，实际上是唐代里正、坊正功能二合一，不再有里正一说了。

酒楼饭店

1. 五星级酒店——孙羊正店

在北宋，餐饮店采用执照制度，正店的开设有严格的规定。《东京梦华录》记载，东京有 72 家正店，但是没有记录孙羊正店。北宋实行酒类专卖，官府通过控制酿酒原料酒曲来控制酒类生产与销售，设有专门的部门负责，法酒库负责发放酿酒的酒曲、检查造酒质量，并准备宫廷祭祀、赏赐用酒。宋代政府规定酒店是分等级的，其中正店可以经营酒类批发，可以从批零中赚取差价。脚店比正店等级低。未经允许任何人不准酿酒，私酿 5 升就要判死刑，后来放宽到 15 升。

通过酒类专卖，政府获得了很多财政收入，比如宋神宗熙宁年间仅汴京一地酒税收入就高达 40 万贯。

画面中孙羊正店彩门欢楼高大、气派，悬挂彩帷，缀满绣球、花枝等。前有栅栏，落地灯上写"香醪""正店"字样，是大幅的宣传广告，一根长长的木杆斜向挑出，上面悬挂酒旗，酒旗用青白布制成，上写"孙羊店"三个大字，在十字街口十分显眼。店后是五层叠放的大缸，可能是储酒之用。楼为二层（有人认为是三层，因为是俯视缘故，前面的彩楼干扰了视线，但

---

[1] 包伟民.宋代城市研究[M].北京：中华书局，2014：109.

[2] 同上。

是从右侧看二层楼很明显），二楼有两人在对饮，桌上有酒壶执壶，也称注子，宋代特征明显（见图3-73至图3-76）。

图3-73　孙羊正店前景

图3-74　孙羊正店后院

图3-75　孙羊正店二楼雅座桌上的执壶

图3-76　饭店的茶瓶

2. 低调的奢华——宋瓷

宋代瓷器的烧造达到了登峰造极的程度，蒋勋评价它为美学的最高峰（见图3-77至图3-79）。

本来唐代已经有了三彩瓷（明器，也就是随葬器皿），但是宋代没有沿着三彩瓷的路子继续发展，而是独树一帜，大多是单色釉。宋代的审美可能受到道家思想的影响，崇尚简单、素朴、细致、淡雅，与唐代雍容华贵、繁盛、艳丽、汪洋恣肆形成鲜明的对比。老子讲："五色令人目盲，五音令人耳聋"。宋徽宗主张"淡而无为"。道教追求自然，主张简淡，反对过多装饰。宋代崇尚道教，道教的哲学观影响了宋代的制瓷艺术。

图3-77 北宋湖田窑青
白釉注子与温碗（图片
由海宁博物馆提供）

图3-78 宋代"野风送梅
香"瓷盘（开封博物馆藏）

图3-79 宋代磁州窑点珠纹荷花
"皇帝万岁"瓷枕（开封博物馆藏）

庄子说，不自美，方为美。宋瓷的单色系不喧哗、不夸张。有的是简单的刻画，有的是在白底上作简单的黑色装饰。唐代绘画中的雍容华贵、繁盛华丽，在宋代没有被继承。

宋代五大名窑分别是河南开封的官窑、禹州的钧窑、汝州的汝窑、河北曲阳的定窑、浙江龙泉的哥窑。其中，钧窑以窑变著称，窑变是瓷器烧制过程中，釉料由于烧制环境的变化而出现的色彩变化，有些色彩变化神秘莫测，烧制出来的成品色彩迷人。据朱良志《真水无香》一书观点，早在西周时期的浙江地区烧制的青瓷中就已经出现了乳光斑，但是把窑变作为一种美来追求并刻意烧制是宋代才有的。非常有意思的是，"窑变"一词流传很广，使用非常普遍，在元曲中大量出现，多指情变。窑变几乎无法控制，俗话说："入窑一色，出窑万彩。"很多窑变完全出乎窑工意料。这更加符合中国人追求自然的审美取向，故钧瓷一直受人追捧，民间有句俗话："家财万贯，不如钧瓷一片"。这句话虽有夸张的成分，但至少反映了钧瓷的珍贵。汝窑的天青釉，据说是按照宋徽宗"雨过天青云破处"的颜色要求烧制出来的。实际上，这句话不是宋徽宗的诗文，而是后周世宗柴荣的诗句，原句是"雨过天青云破处，这般颜色做将来"。

哥窑的开片最具代表性。开片是瓷器烧造过程中的正常现象，原因是釉的膨胀系数和瓷胎的膨胀系数不一致，导致开裂，本来是一种缺陷。在浙江省博物馆展出的早期青瓷中就可以看出明显的开片，唐三彩上也有明显的开片，但是真正把开片作为一种美来追求是宋代的事。开片以浙江龙泉的哥窑为最。传说章氏兄弟各开一窑，瓷器烧造水平都很高超。哥哥的窑被称为哥窑，弟弟的窑被称为弟窑，二人都追求开片美。哥窑的开片繁密，弟窑的开片强调纹理的连续性，没有断纹，各得其妙。开片被作为美来追求，是从破碎、残缺中发现美，审美很独到，我们不能不佩服宋人审美的伟大与独到。这种在残缺中发现美的行为，开片并不是孤例，开片之美和法国卢浮宫的断臂维纳斯之美有异曲同工之妙。瓷器开片后来被专门命名为冰裂纹，这种命名更具诗意。实际上，宋代五大名窑之一的汝窑瓷也有开片，著名的"蝉翼纹"就是指汝窑的开片。这种开片细小，若隐若现，纵横交错，韵味独具，受到很多人的追捧。汝窑瓷器的开片在使用过程中还一直发展，每一件汝窑瓷在使用一段时间后开片都会不一样，这种开片完全不能预料，为使用者带来特有的期盼。瓷器开片，不是人工所为，而是自然天成，是一种天趣，是妙趣天成，自从被创造出来就一直很受欢迎。明代著名戏剧家、文学家李渔喜欢开片，还主张用冰裂纹装饰房间。清代乾隆皇帝也喜欢瓷器开片。台北"故宫博物院"门前的晶华餐厅大量使用冰裂纹作为装饰图案。后来冰裂纹的影响远远超出了瓷器的范围，被广泛应用到服装、建筑、家具、扇子等物品上，有时还被加上梅花纹，更显雅致。后世文人对冰裂纹的吟咏可谓是数不胜数。

定窑在河北曲阳，宋代曾作为官窑，以烧制乳白色著称，色泽温润，简单素朴，不张扬。定瓷装饰色彩很少，大多是刻划花，或模印花纹，大多是单色，显得十分素雅。定窑因为是覆烧（碗、盘等器物倒扣着烧），碗、盘等器物口沿不能施釉，否则就要粘连，所以烧出来的器物口沿是芒口，不光滑，于是，宋人就发明一种新工艺，就是在口沿用金银来包裹，反倒是别具一格。

3. 酒店幌子（酒招）

也叫酒旗、酒望子、酒幔、酒帘等。古往今来，开店都要想办法吸引人注意，挑一面酒旗可能是最简便的。酒旗制作简单，花钱很少，只需要一块布，请村里的秀才写上酒店名字即可。复杂的还可以画上一些装饰图案，在布料上也可讲究一些。

《韩非子》中有则寓言，宋人卖酒，"遇客甚谨，为酒甚美，悬帜甚高"。酒却卖不出去，找人一问，原来是家门口的猛犬把人都吓跑了。这个故事从侧面说明在战国时期就已经有了酒旗。

唐代大诗人杜牧的《江南春》脍炙人口，传诵千古，其中就有酒旗的描写。

江　南　春

杜牧

千里莺啼绿映红，水村山郭酒旗风。

南朝四百八十寺，多少楼台烟雨中。

北宋汴梁人口多达百万，商旅往来频繁，酒店数量很多，各种旗帜如林。《东京梦华录》记载："街市酒店，彩楼相对，秀旌相招，掩翳天日。"各种酒店的酒旗竟然多到了遮天蔽日的程度，可想而见之繁盛。

南宋洪迈札记《酒肆旗望》："今都城与郡县酒务，及凡鬻酒之肆，皆揭大帘于外，以青白布数幅为之，微者随其高卑大小；村店或挂瓶瓢，标帚秆。"《清明上河图》中孙羊正店、十千脚店等多处悬挂酒旗，确实都是用清白条纹布制作，是当时的一种通行的风俗。

4. 孙羊正店的原型——樊楼

《东京梦华录》卷二记北宋首都汴京酒楼盛况云："凡京师酒楼……南北天井两廊皆小阁子，向晚灯烛荧煌，上下相照，浓妆妓女数百，聚于主廊上，以待酒客呼唤，望之宛若神仙。"

《东京梦华录》记载，东京最著名的酒楼是樊楼，也叫白矾楼，后改名为丰乐楼，位于东京宫城东华门外景明坊。原是商贾贩卖白矾的集散地，故名白矾楼，后来讹传为"樊楼"。据记载："更修三层相高，五楼相向，各有飞桥栏槛，明暗相通，珠帘绣额，灯烛晃耀。初开数日，每先到者赏金旗，过一两夜，则已元夜，则每一瓦陇中皆置莲灯一盏。"《齐东野语》说"白矾楼乃京师酒肆之甲，饮徒常千余人"。即使现在，能同时供千人饮酒的饭店也不多。樊楼有自酿的好酒"眉寿""和旨"。樊楼每天上缴官府酒税两千钱，每年销售官酒 5 万斤。[1]

白矾楼因为高大，在西楼楼顶，竟然可以"下视禁中"，所以，西楼一般不许宾客登高。《新刊大宋宣和遗事》载："樊楼上有御座，徽宗时与李师师宴饮于此。"

宋代诗人刘子翚少年时曾登樊楼游乐，有诗文《汴京纪事诗》为证。

汴京纪事诗

刘子翚

梁园歌舞足风流，美酒如刀解断愁。

忆得少年多乐事，夜深灯火上樊楼。

5. 撒珠郎的故事

沈偕，字君与，吴兴东林（今浙江湖州）人。据《宋人轶事汇编》卷一三引周密《齐东野语》云：沈偕"家饶于财。少游京师，入上庠，好狎游。时蔡奴声价甲于都下，沈欲访之。乃呼一卖珠人于门首茶肆内，议价再三，不售，撒其珠于屋上。卖珠者窘甚。君与笑曰：'第随我来，依汝所索还值。'蔡于帘内窥见，大惊，惟恐其不来。后数日乃诣之，其家喜相报曰：'前日撒珠郎至矣！'接之甚至，自是常往来。一日携上樊楼，楼乃京师酒肆之甲，饮徒常千余人。沈遍语在坐，皆令极量尽饮，至夜尽为还所值而去，于是豪侈之声满三辅"。一个富家子弟要与某名妓相好，名妓因不明其身份，不愿相见。富家子弟就做一些炫富的事情，让名妓吃惊，二人遂相友好。类似故事，我们在小说、电影中都见过，这大概是一个较早的版本。

据《都城纪胜》记载，北宋有专门为社会提供服务的"四司六局"，代理客户打理婚嫁等事务。四司指帐设司（专掌桌帏、搭席、屏风等事）、厨司（烹饪）、茶酒司（茶酒、迎送）、台盘司（出食、接盏）；六局指果子局（食果）、蜜煎局（糖蜜花果）、菜蔬局（购置蔬菜）、油烛局（灯火照明、烧炭取暖）、香药局（香料、醒酒汤）、排办局（挂画、插花、扫洒、拭抹等）。这种

[1] 贾冬婷，杨璐. 我们为什么爱宋朝［M］. 北京：中信出版集团，2018：162.

社会服务非常全面，事主家不需太费心思。

6. 男人们都知道——栀子灯

宋代酒店内是不是有色情服务，关键是看门前是否有栀子灯（见图3-80）。《都城记胜》记载："谓有娼妓在内，可以就欢，而于酒阁内暗藏卧床也。门首红栀子灯上，不以晴雨，必用箬盖之，以为记认。"孙羊正店有三盏红色栀子灯，十分显眼，说明是提供色情服务的（见图3-81）。

图3-80　栀子灯

卖淫是一个古老的行业，有可能是人类城市化的一个伴生物。古罗马庞贝城遗址已经有专业的妓院。也有人认为是伴随私有制而产生的。

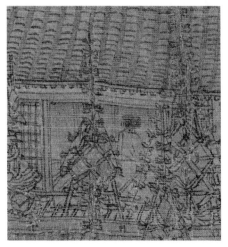

图3-81　孙羊正店二楼的女子

在古代巴比伦、亚述、古希腊，卖淫是向宗教献身的一种神圣行为方式。希罗多德在《历史》中记载了这样一种习惯，在古巴比伦，"有一个最丑恶可耻的习惯，这就是生在那里的每一个妇女在她的一生之中必须有一次到阿普洛狄铁的神殿的圣域内，去坐在那里，并在那里和一个不相识的男子交媾"。男人要给女人一个银币，"银币的大小多少并无关系，妇女对这件事是不能拒绝的，否则便违反了神的律条，因为一旦用这样的方式抛出去的钱币便是神圣的了，当她和他交媾完毕，因而在女神面前完成了任务以后，她便回家去；从这个时候开始，不拘你再出多少钱，便再也不能得到她了。"美丽女孩很快完成了这一神圣任务，但是丑陋的女孩可能要等三四年才能完成。这也是结婚前必须完成的任务。[1]

在古希腊卖淫业十分发达，妓女往往才艺出众，与政界名人交往频繁。公元前 6 世纪古希腊政治改革家梭伦在雅典建立第一所官办妓院。在公元前 4 世纪雅典的一篇演说中有狄摩西尼这样一句话："我们雇佣妓女是为了像情人一样和她们作乐；我们雇佣女佣，是为了让她们侍候我们；我们娶妻子，是为了让她们为我们生儿育女、传宗接代，看管好我们的财产。[2]"

古希腊著名的判例"被赦免的最美丽的乳房"，弗拉纳是一名妓女，乳房特别美丽，有一次法庭准备判她有罪，著名雄辩家西佩里德斯当众扯下她的长袍，美丽的乳房一下子裸露出来，全场震惊，一致判决她无罪。这就是著名的"弗拉纳审判"。后来，这名妓女用自己的钱重建了底比斯城墙，在成墙上镌刻铭文："亚历山大毁了它，名妓弗拉娜重建了它。"

欧洲中世纪最著名的神学家托马斯·阿奎那说："都市的卖淫就像宫殿的阴沟，假使没有阴沟，宫殿将成为臭恶不堪的地方。"在古罗马卖淫也很盛行，公元 79 年，维苏威火山爆发，一下子吞没了庞贝古城，这对当时的人来讲是一次毁灭性的灾难，但却给现代人研究古罗马生活提供了生动的资料。通过发掘，考古人员在庞贝城发现了很多妓院，妓院的墙壁上绘制有大量的各种色情画面。

中国战国时期齐国管仲开始官办妓院。越王勾践设营妓，把一些女人集中在山上，供军士享受。中世纪欧洲营妓非常普遍，她们白天还要做饭、协助士兵运输军用物资。

---

[1][希]希罗多德.历史（上）[M].王以铸，译.北京：商务印书馆，1997.

[2]胡宏霞.爱琴海的爱情：中国与希腊的性文化比较[M].呼和浩特：远方出版社，2008：153.

7. 十千脚店

这家酒店门口装饰华丽，门口灯箱上书"十千脚店"。据《东京梦华录》记载，东京有一万多家脚店。门口悬挂"天之""美禄"两块幌子。彩门欢楼上出一根横杆，悬挂"新酒"酒旗。在北宋中秋节每家酒店都要对彩门欢楼重新装饰一番，高高悬挂酒旗。中秋节前新酒上市，中秋节当天，市民争饮，到了下午，几乎家家酒店的酒都销售完了，就把酒旗扯下。十千脚店高悬"新酒"酒旗，应该是对中秋节情景的一种描绘。

这家酒店处于黄金地段，虹桥的桥头，离码头也很近，处在十字路口，门前人流如织、熙熙攘攘。

酒店为了营销，也会在各种节日营造气氛讨好顾客，九九重阳节是登高的节日，也是菊花盛开的季节，根据《东京梦华录》记载，酒店在重阳节这天，"酒家皆以菊花缚成洞户"。宋代东京菊花品类丰富，有"万龄菊""桃花菊""木香菊""金铃菊""喜容菊"等。用鲜花扎成门洞的做法早在宋代已经开始了。

门口一辆串车，独轮，前后都有驾驶把手，一人拉，一人推，还有毛驴帮套（见图 3-82）。据研究这辆独轮车是一辆运钱车，两人似乎在点钱，另一人正抱着钱串走向独轮车。这应该是中国最早的运钞车了。院内二楼有两桌酒席，一桌四人，另一桌只能看到两人，正在用餐（见图 3-83）。

宋代喝的酒都是酿造酒，不是烧酒。元朝时烧酒技术才由西亚传进来，

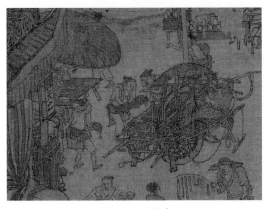

图 3-82　独轮车

图 3-83　雅座

《清明上河图》里面的世界

是西亚人最早发明了蒸馏技术，有了蒸馏技术才可能有高度白酒。1330年出版的《饮膳正要》是最早记录蒸馏酒的文献。宋代酿造酒的度数一般很低，酒精度在10度以下，类似现在的啤酒，大碗喝酒也没有问题。烧酒就不一样了，酒精度数可以达到四五十度，有些甚至达到70度以上，这样的烈性酒就不能用大碗来喝了，只能小杯品尝。

自古以来酒的别称为美禄，同时，美与禄二字又含吉祥之意（见图3-84）。据北宋张能臣《东酒名记》记载，汴梁的梁家园子所产美酒就叫"美禄"。[1]这里的美禄不知究竟是哪种意思。

在河边另一家小饭店内，服务员端着两只碗饭正送给客人，客人面前桌子上有碗碟和筷子（见图3-85）。遮阳伞已经破损，店家还在使用。遮阳伞下，一位客人正在买东西，店小二好像正在给客人递东西。桌角有一个小筐，似乎是用来收钱的。有一卖膏药的江湖郎中只露出头部和招牌，正从饭店前经过。

图3-84　美禄店招

图3-85　小饭店

在宋代，饭店和现在一样是一种公共场所，也是重要的社交场所，人们在饭店里谈事情、交友等。《水浒传》中有很多发生在酒楼的故事，宋江在酒楼墙上题反诗，陆虞侯在樊楼计算林冲，武松在狮子楼杀西门庆，等等。大闹大名府一节，梁山好汉以大名府最大酒楼翠云楼为根据地，翠云楼最

---

[1] 曹星原.同舟共济:《清明上河图》与北宋社会的冲突妥协[M].杭州:浙江大学出版社,2012:103.

后被时迁一把火烧掉。梁山好汉大闹东京时，柴进、宋江也是进入樊楼在酒楼里指挥。第39回宋江到著名的浔阳楼饮酒，"便上楼来，去靠江占一座阁子里坐了；凭栏举目……喝彩不已"。在十千脚店的二楼河上景色、虹桥景色一览无余，视野绝佳。

8. 外卖小哥

十千脚店门口一小哥正一手持筷、一手托两碗送外卖，技艺高超（见图3-86）。宋代商业发达，有很多商人家里不做饭，都由饭店供应饭菜，外卖业务需求量很大。据《东京梦华录·食店》记载，这些饭店的小二技艺高超，一个人的手臂上可以摆放20个碗，这简直可以和杂技演员相媲美啊！可是你别忘了，杂技演员的表演碗碟都是空的，这些小哥们手臂上的碗都是盛有饭菜的。这么多碗送给各位客人，不能有错，一旦有错，如果客人投诉，就会遭到呵斥，或者罚钱，严重的可能开除。"行菜者左手权三碗、右臂自手至肩驮叠约二十碗，散下尽合各人呼索，不容差错。一有差错，坐客白之主人，必加叱骂，或罚工价，甚者逐之。"小二们也不容易啊！

图 3-86　外卖小哥

9. 彩门欢楼

十千脚店门口有壮观的彩门欢楼，在虹桥一带特别突出，应该是这一地段的标志性建筑。孙羊正店虽然级别比脚店高，但是欢楼不如十千脚店华丽。

这种彩门欢楼实际上是一种广告。一般用绳索捆绑木竿、竹竿等搭成，上面再用彩帛、花卉装饰，一般比建筑本身高大，十千脚店门口的彩门欢楼约有三层楼高，比虹桥桥头的测风仪还高出一大截。

图3-87 "刘家功夫针铺"商标

彩门欢楼上还悬挂一面巨大的店招，用青白条纹布做成，上面写有"新酒"两个大字，可惜这两字都有所残缺。

宋代人已经有商标意识，比如著名的"刘家功夫针铺"商标（见图3-87）。现在中国国家博物馆还留有此商标的铜版。铜版最上方是"刘家功夫针铺"，正中是白兔捣药图案。可以看作是最早的商标。下面有文字，"收买上等钢条，造功夫细针。不偷工，民便用，若被兴贩，别有加饶，请记白"。

彩门欢楼的设计可以复杂，也可以十分简单，主要取决于主人家的意愿。《清明上河图》上还有几处欢楼，都比较简单（见图3-88、图3-89）。比如刘家香店、郊外的小饭店等，仅仅用根木棍简单绑扎一下，没有过多装饰。

图3-88 城郊两处彩门欢楼

图3-89 刘家香店的彩门欢楼

刘家香店的彩门欢楼虽然简单，但是也有特色，悬挂的横幅上面写着一行大字，写的大概是自己经营的香的品种。横幅下面有流苏作为垂饰，也很华丽。这种横幅广告在《清明上河图》上仅此一例。

另外，在宋代的《闸口盘车图》中也发现了彩门欢楼（见图 3-90），可见这是宋代的一种市井风俗。

图 3-90 《闸口盘车图》中的彩门欢楼

宋代的城市户口和农村户口

在《清明上河图》中，人流如织，熙熙攘攘，他们中有外地来的商人、旅人、官员等，但是大多数还是城市本地人。那么，朝廷是如何管理他们的呢？无论是居住在京城，还是州、县、镇的民户，唐宋时期有一个专有名词叫"坊郭户"，用现代的话来讲就是城市户口。按照有没有房产，坊郭户又分为主户和客户。有房产者为主户，无房产者为客户。按照房产多少将坊郭户分为 10 等。坊郭上户包括地主、商人、富有房产主，坊郭下户包括小商、小贩、手工业者等。坊郭户都要负担劳役、住宅税、土地税等。

宋代里坊虽然没有了，但是里坊作为行政组织还存在，城市的居民还要接受里坊组织的管理。每坊有坊长，每里有里正。

主户是纳税服役的人户名称，农村根据田产多少把主户分为 5 等，一、二、三等为上户，四、五等为下户。一、二等为地主；三等有地主，也有自耕农；四、五等一般是无地少地的贫民。官府按户等高下摊派某些税负和徭役，或免除下户税役。遇有灾荒，也优先赈济下户。

另外还有很多专业户，比如市户，主要是指城市中从事商业活动的人户，包括行商、坐商、牙人等。还有匠户，专营手工业的人户，在城市中，大多独立从事手工业；在农村，可能还兼事农业。还有机户，是主要从事纺织业务的专业户。船户主要是指拥有船只的民户。窑户主要指烧制砖瓦、瓷器的专业户。其他还有绣户、染户、药户等。

宋人的夏季享受——饮子

在十千脚店对面有一个摊位的遮阳伞下悬挂"饮子"的牌子，在孙羊正店左侧的十字路口解铺的对面有一个遮阳伞下面挂着"香饮子"的牌子（见图 3-91、图 3-92 ）。所谓的"饮子"是饮料，如凉茶之类。《东京梦华录》记载，六月天，就有铺子销售"冰雪凉水""荔枝膏"等，还有"卤梅水""缩脾饮"等。这些是专供夏天消暑的饮料，宋代没有制冷设备，一般是需要在井里冰凉后出售，或者是利用冰窖存冰降温后销售。同时我们也可知道，宋代人夏天并不缺少冷饮，在这一点上宋人的福分比我们现代人并不差多少。根据记载，在夏天东京人还可以喝到荔枝饮子，鲜味十足又冰凉的荔枝饮子确实让人神往。我们都知道唐代诗人杜牧的名句"一骑红尘妃子笑，无人知是荔枝来"，在盛唐时期备受唐明皇宠爱的杨贵妃要吃荔枝，需要动

图 3-91　饮子

图 3-92　香饮子

用国家的快递系统，那样的享受只有皇家贵妃才可以有。可是在宋代，由于交通发达，老百姓也可以有这样的享受。

我国古代用冰的历史悠久，至少在周代已经开始，周王室为保证夏天供冰，专设"冰政"一职。湖北省战国曾侯乙墓出土一件冰鉴，是专门储存冰凉食物的，可以说是最早的冰箱。

唐玄宗命人在大明宫专门建造凉殿乘凉。据《唐语林》卷四记载："玄宗起殿……时毒方甚。上在凉殿，座后水激扇车，风猎衣襟……四隅积水帘飞洒，座内含冻。"能工巧匠们通过设计由水车把水汲到屋顶上，水流沿凉殿四边屋檐流下，形成水帘，自然使屋内十分凉爽。由此可见，这种制冷设备利用自然水冷，具有较强的降温能力，也很环保。当然，一般老百姓是无权享用这种高档设备了。

宋代政府有一个专管藏冰的大部门——冰井务，属皇城司管，专门掌管藏冰以备用。

关于古代人如何存冰，这里还有一个资料可供参考。据日本人中川忠英编写的《清俗纪闻》记载，清乾隆年间江浙一带夏天通过冰厂供冰，冰每斤三四百文。冰场一般是在山中阴冷处选址，深挖两三丈，宽约三四丈，焚火夯实，冬天放入数万块冰，用石头盖住，再用土封实，避免漏气。然后在上面建草亭用来防雨水进入。待到夏天，再来取冰。不知这种方法在宋代是不是已经发明出来了。现在的江浙地区冬天很少结冰，应该是比清乾隆年间暖和了很多。

小时候在河北大名老家，夏天最高兴的事就是把西瓜、黄瓜等放到刚刚挑来的井水里，过上一两个小时，拿出来吃，冰凉冰凉的，是难得的享受。在热得难耐的时候，喝一碗冰凉的井水也十分过瘾。有些人家离水井较近，干脆就把瓜类直接放到井里，想吃的时候再捞出来。我想这一做法宋代人一定会用的，因为这样做不需要什么技术。

在王家纸马店右边有一家小酒馆，悬挂"小酒"幌子。小酒就是老百姓喝的便宜酒，一般级别较低，用大米发酵酿成，发酵周期短，口味不太醇厚，价格低廉。一般春天开始酿造，秋天开始上市销售。与之相对应的是

"大酒",要用专门的酒曲发酵,时间较长,价格较贵。

北宋东京汴梁的道路竟然是土路

北宋汴梁的城市道路都是土路,如果是石头铺路,张择端是不会这样画的(见图 3-93)。

图 3-93　孙羊正店旁的十字路口

宋代北方城市道路都是土路,遇大雨就会泥泞不堪,就连东京汴梁成也一样,皇帝出行要在路上撒细砂土,洒水降尘。[1]欧阳修曾任开封知府,嘉祐四年(1059)上奏皇帝请求停止在元宵节放灯,理由是:"目下阴雪未解。假使便得晴明,坊市不免泥淖。"但是,与之形成鲜明对比的是,南方因为雨多,城市道路建设要求较高,一些城镇用石头、砖铺路,杭州、苏州、绍兴、镇江、嘉兴等城市都是砖石路面。当时的苏州,不仅大街铺砖石,就是小街小巷也用砖石铺路。宋代有文献记载:"天下郡国唯江浙甓其道,虽中原无有也。"据《东京梦华录》记载,公主出行,在仪仗队中专门有"数十人,各执扫具、镀金银水桶,前导洒之,名曰'水路'"。据南宋周辉《清波

[1] 包伟民.宋代城市研究[M].北京:中华书局,2014:295.

杂志》卷二《凉衫》记载"旧说汴都细车前列数人,持水罐子洒路,过车以免埃蓬勃墢(尘埃)蓬勃。江南街区皆甓以砖,与北方不侔"。[1]如果是砖石路,这种洒水就没有必要了。

两宋时期南方城市大多用砖石铺路。宋末元初人吴自牧说:"向者汴京用车乘驾物运,盖杭城皆石板街道,非泥沙比,车轮难行,所以用舟楫及人力耳。"[2]当时的江浙已成为国家财富中心,有财力用石头铺路。此外,四川、两湖、福建、两广也都有砖石铺路的记载。[3]成都府城从南宋初年开始,全部用砖铺路。淳熙四年(1177)范成大由成都回临安时路过眉州,当时的眉州城"遍城悉是石街,最为雅洁,前守王阳英昭祖所作也。"[4]现代考古发掘也已经证实广州城的北京路在宋代已经用砖铺路。北方城市道路发展一直不如南方,直到清代,北京路面还都是土路。20世纪初,外国人拍的北京照片中可以见到路面尘土飞扬,遇雨则泥泞不堪。

根据文献记载,汴梁皇宫前面的御街自宣德门起,穿过州桥、朱雀门,直至外城的南熏门,是皇帝祭祖、举行南郊大礼、出宫游幸的必由之路。这条路长10余里,宽200步,换算成现在的单位,应该有300多米宽。按照国家标准,双向10车道路面宽度一般也就35米左右,加上人行道,也不过40米左右。御街的宽度是双向10车道的7倍多。北京长安街也就120米宽,东京御街是长安街宽度的2.5倍。不过这条道路中间部分可能是皇家专用道——御道,这就好像故宫午门前后中间部分的大石板路面一样,只有皇帝可以行走。不仅如此,御街两侧还有长廊,原来允许商家摆摊卖东西,宋徽宗年间禁止了。两廊摆有黑漆杈子(路障),御路中心摆有两行红漆杈子,禁止路人行走。行人只能在两廊以外行走。道路两旁的水沟用砖石砌筑,里面种有荷花,两岸种有梨树、杏树、桃树、李树。可以想象一下,东京这条御街一定十分气派、漂亮,尤其是春夏之际,桃树、李树、杏树、梨

[1]周辉.清波杂志(卷三)钱塘旧景[M].刘永翔,校注.北京:中华书局,1994:53.

[2]吴自牧.梦粱录[M].杭州:浙江人民出版社,1980:113.

[3]包伟民.宋代城市研究[M].北京:中华书局,2014:294-295.

[4]范成大.吴船录(卷上)[M].孔凡礼,点校.北京:中华书局,2002:193.

树的花次第开放，十里长街繁花似锦，一定壮观异常。张择端画的显然不是御街。

每年元宵节前后，开封府专门安排人扎制假山，正对宣德门放置。御街两廊之下，百姓云集，有各种杂技表演，人声鼎沸，"奇术异能，歌舞百戏，鳞鳞相切，乐声嘈杂十余里，击丸蹴踘，踏索上竿"。有木偶戏、吞铁剑、吹笛子、弄虫蚁、猴戏、卖药、算卦等无奇不有。假山上绘制各种神仙人物，或者卖药算卦之人。灯山用彩色布帛或纸张装点，金碧辉煌，"横列三门，各有彩结金书大牌，中曰'都门道'，左右曰'左右禁卫之门'，上有大牌曰'宣和与民同乐'"。彩山左右还有文殊菩萨、普贤菩萨分别骑着狮子、白象，而且他们的手指还会动。有人专门用辘轳把水提到山顶上，上有大木柜储存，水逐渐被放下，形成瀑布奇观。在左右两门上，还有草扎的龙，用青色的布帛笼罩，草上面还安排很多灯烛，看上去就像两条龙在飞行。从灯山到宣德门前横着的大街上，有百余丈的距离，用荆条围住，被称为"棘盆"，里面树立两个高杆，高达数十丈，都用彩色的布帛或纸张装饰，上面有"纸糊百戏人物，悬于竿上，风动宛若飞仙"。里面还设有乐棚子，有音乐伴奏。宣德楼上，有黄罗彩棚，黄色帘幕后面就是皇帝御座。宣德门两侧两个朵楼上各悬挂巨型灯笼，方圆数丈，里面燃烧的蜡烛很粗，像椽子一般。整个御街和宣德门热闹非凡，真是一幅皇帝与万民同乐的盛世繁华景象。

在这条大街上人们还能看到皇帝出行的壮观景象，也只有"帝都"的人才有机会看到，算是"帝都"居民的一种荣耀吧。宋代遗留下来的《大驾卤簿图》，让我们可以观赏这一盛况。所谓卤簿，就是古代帝王的出行仪仗。卤簿制度在汉代已经形成，包括车马、伞扇、器乐、服饰等方面。魏晋南北朝、隋、唐、五代都有延续和发展，到了宋代已经形成十分完备的制度，明清基本沿袭了宋代的卤簿制度。皇帝仪仗大致分为大驾、法驾、小驾、黄麾仗四等，其中大驾级别最高，一般在祭天、籍田等仪式中使用。

宋代皇帝到南郊祭天是一项重要活动，被称为郊祀，用于祈求上天保佑社稷安康、天下永固，一般都要在这一时间大赦天下。据说，皇帝出行仪仗队有上万人。从图中可以看到，12个仪仗队中仅马匹就达2000多匹；前导队伍中有6头大象；还有皇家禁军队伍，其中有重装甲马和弓箭手。有文武官员随行，还有乐队，鼓乐齐鸣，各种彩旗迎风招展，有各种豪华的大型车辆，如记里鼓车、风鸟指南车、白鹭旗车、鸾旗车、崇德车、皮轩车。仪仗队以帝王玉辂为中心，还有木辂、象辂、革辂、金辂等。辂是指大型车辆，这里专指帝王乘坐的车辆。有人专门做了统计，发现全图共绘制人物5481个、车辇61乘、马2873匹、牛36头、象6头、乐器1701件，兵仗1548件。这种仪仗队一方面显示皇家威仪，另一方面也表示对神的尊重。

过去关于皇帝仪仗队的文献记述较多，图像资料很少，给相关研究带了很多困难，《大驾卤簿图》（见图3-94）是最早的关于帝王仪仗队的图像资料，内容十分丰富，是研究帝王仪仗和礼制的重要资料，在一定程度上可以和《清明上河图》相媲美。

这种仪仗队都是一种远超实用的摆设，目的是制造皇家威仪。

图3-94　宋　佚名　大驾卤簿图（局部）

鳞次栉比话瓦房

在研究《清明上河图》的过程中，我发现从图中切下来的任何一个局部都是一幅完整的画作。

从郊区到城中心建筑的变化非常明显。图中看似随意的建筑，包含了张择端的巧意安排，从郊区到城里，建筑的质量越来越高，出现的第一个农家，3座房子，其中两座是茅屋，一处是瓦房（见图3-95）。

第二处出现的房屋虽然是瓦房，屋脊不直，令人怀疑屋内的檩条是否由于太细而变得弯曲。院墙是土墙，而且高低不平，大门由细树枝绑扎而成，另一半围墙也如此绑扎。

图中出现的第一家茶馆后面有一处高台，上建一亭，有人说是望火亭，是官府设立的，用于瞭望，以便及时发现火情（见图3-96）。

图3-95　第一处农家房屋

图3-96　小茶馆和望火亭

到了城边、城里，房子的质量明显高出很多，还有了楼房，比如十千脚店，屋瓦整齐，屋脊平直，鳞次栉比。与郊区建筑形成鲜明的对比，这符合实际的社会情况，一般郊区人穷一些，而城里人富一些。

我国大约从西周时期就开始用屋瓦了，距今已有3100多年的历史。孙机说："我国西周早期已经开始用瓦，西周中晚期的扶风召陈遗址中已经有了真正的瓦屋。"[1]屋瓦需要脱坯、烧制，耗时费力，盖瓦房要比盖草顶房多花很多钱，在古代穷人家庭用不起，所以屋瓦的普及很缓慢。不要说早古代，就是到了20世纪六七十年代，华北平原很多家庭还用不起屋瓦。

我的老家在河北省大名县，在北宋时期是北京，当时是大名府。我

［1］孙机.中国古代物质文化［M］.北京：中华书局，2014.

小时候，家里穷，用不起瓦，房顶是泥顶，每年的夏天在雨季来临以前，父亲都会用红土（胶泥）和上麦糠、麦秸再抹一遍。即使这样，遇有连阴雨，屋里经常漏雨，尤其是晚上，整个屋子到处漏雨，没有可睡的地方，十分痛苦。为此十分羡慕别人家的瓦房。直到 20 世纪 80 年代，家里有了钱才盖起了瓦房，才不再遭受漏雨之苦。1980 年代以前，当时这种泥顶房在华北十分普遍。瓦房对普通老百姓来讲是高级房、上等房，一般是盖不起瓦房的。

我们在《清明上河图》上可以看到，除了郊区的几座茅草顶房以外，大多是瓦房。过了虹桥以后，全部都是瓦房，没有一座茅草房。因为是京城，富家大户较多，瓦屋普及程度可能较高。由此也可见北宋时期社会的富庶。

宋代政府发现茅草屋顶容易失火，一旦失火，容易连绵成片，很难扑救，尤其是北方城市，冬春季节干燥，非常容易失火，东京曾经发生过多次火灾，损失惨重；另一方面，茅草顶容易漏雨，住家十分痛苦。唐代大诗人杜甫在成都的住所就是茅屋，现在称为杜甫草堂。杜甫曾写《茅屋为秋风所破歌》，自己茅屋的茅草被风吹得满天飞，小孩子抱着茅草跑进竹林，自己大声喊叫直至口干舌燥，下雨天"床头屋漏无干处，雨脚如麻未断绝"，对茅屋的弊病进行了十分真实的刻画，让读者对大诗人的悲苦处境产生同情。茅草屋相对瓦屋来讲，弊病说也说不尽。自唐代开始很多地方官大力推广瓦房。唐代名臣宋璟任广州刺史时就曾大力劝导民众使用屋瓦。

查阅文献发现，早在北宋前期，宋代政府就开始有意识地大力推广瓦房，瓦房在一定程度上得到了普及。宋真宗大中祥符五年（1012）五月十三日，朝廷颁布《川陕屯兵草茅屋坏者易以瓦诏》，命令川陕屯兵住的茅草房坏掉的改成瓦顶。这个诏书具有代表意义，对推广瓦屋有引领作用。宋代大将李允则镇守雄州，雄州是宋辽边境地区，李允则劝导民众使用屋瓦。南宋时期，政府一再下令将官设仓库、兵营改为瓦房。不少地方政府鼓励民众使用瓦屋，并用州县财政给予补助。

根据文献记载，宋代农村只有少数富有家庭使用屋瓦，大多数家庭房屋是茅草顶。甚至一些州县官衙、寺庙也是茅草屋顶。元丰二年（1079）苏轼因乌台诗案被贬黄州，他住的就是茅草屋。他说："近于城中得荒地十数亩，躬耕其中。作草屋数间，谓之东坡雪堂，种疏接果，聊以忘老。"[1]

宋代初年编订的《册府元龟·州牧部·兴利》中专门把"陶瓦覆屋，以宁室居"作为地方官为民兴利的重要内容。[2]

北宋京城里都有什么样的车辆？

在图中共绘制了20多辆各式各样的车辆。画面中一个十字路口明显位置有一修大车的铺面，一位匠人正在用大木榔头修理车轮，另一位匠人正在刮平一根辐条，地上摆满了各种木构件（见图3-97）。

在古代，制造车辆需要高超的技艺，他们被称为"车轮匠"，"车轮匠"也成为一个称颂别人手艺高超的专用词汇（见图3-98）。

锯子是木匠的重要工具，尤其架子锯是分解木头的关键工具。关于

图3-97　修车铺

图3-98　山东嘉祥出土汉画像石中的造车场景

---

[1]苏轼.苏轼文集（卷六〇）[M].孔凡礼，点校.北京：中华书局，1986：1829.

[2]包伟民.宋代城市研究[M].北京：中华书局，2014：282.

锯子，我们中国人传说是鲁班发明的，实际上，早在公元前两三千年古代埃及人已经在使用锯子（见图 3-99）。古埃及第四王朝（前 2625—前 2515）时期的外科手术工具中就有锯子，专业的锯木锯子也已经被广泛使用。

图 3-99　古埃及壁画中的锯子

1. 世界上最早的车辆是哪一个民族发明的？

车辆是人类的重要交通工具，是一个重要发明，可以代步，可以运输货物，可以用于战争等。我国的传说是奚仲造车，其实，车辆很可能是从西亚传来的。约公元前 3500 年苏美尔人发明轮子，并发明车辆。美索不达米亚乌鲁克文明象形文字——车，距今已有 5500 年的历史。考古人员在乌鲁克文明彩陶钵上也发现了双轮车，还发现了泥塑双轮车。距今 4600 至 4500 年的幼发拉底河下游基什王墓等古墓中出土了四轮车。现在已知世界上最早的车辆出现在公元前 2600 多年的苏美尔王朝的乌尔王陵军旗旗座上（见图 3-100）。共有 5 辆车，都是 4 匹马拉的四轮车，都是战车，实心车轮，还

图 3-100　乌尔王陵战旗

不是辐条式的。有些车辆马肚子下面还有被打倒的敌人。

图 3-101　亚述帝国王车车轮

在西亚亚述帝国（前 722—前 705 年）国王萨尔贡二世的战车上，有专门的驭手，还有侍从打着象征帝王威仪的宝伞（宝盖）。后来的伞盖成为王车上的固定配置，不再由人来持着。中国帝王的伞盖很可能是从西亚传来的。有些车辆的轮子上已经加装了金属钉之类的保护车轮的物件，同时也可以增加抓地力（见图 3-101）。有些车辆还为马匹加了装甲，这恐怕是人类较早的装甲战马，马匹装饰十分华丽。当然，士兵也是重装甲，头戴金属尖顶头盔，也是较早的装甲兵。

古代埃及、罗马、希腊的车辆都可能是从西亚传入的。公元前 17 世纪希克索斯人由西亚侵入，占领埃及 100 余年，并建立了第十五、第十六王朝，是他们给埃及带来了马拉两轮车，车辆开始在埃及得到发展。我们在很多画面上看到法老们乘坐战车指挥作战，车轮包有金属条，并用皮带捆绑。在埃及的王陵、神庙的壁画、雕刻中都有法老乘坐战车的形象。他们往往是动态的，法老搭弓射箭，马在飞奔，没有专门的驭手，法老既是战士，又是驭手，又是指挥。马车十分小巧，只能乘坐一人，战争机动性强。古埃及战车和中国战车比，确实小了很多，但是，比中国的战车要早几百年。马头上还有很多类似羽毛的装饰物，马背上有装甲，显得十分威猛。

有专家研究得知，公元前 1274 年 5 月发生在古埃及和赫梯国王之间的卡迭石战役，古埃及之所以战败，就是因为他们的战车车轴是铜质的，而赫梯人的战车车轴是铁质的，铜的强度远不如铁。赫梯人是最早掌握冶铁技术的民族。当时，埃及军队规模巨大，有 2000 辆战车和近 16000 名步兵投入战斗，赫梯人也投入巨大兵力，包括 2500 辆以上的战车和 15000 人步兵。由此可见在公元前 13 世纪的北非、西亚地区，战车已经普及，使用数量巨大，战车上已经开始用铁制构件。

中国相传黄帝时期已经有车，当时实心车轮。夏代薛人奚仲改进车辆制造技术，改为空心车轮，开始有了辐条。通过考古发掘，在夏代二里头遗址（前1800—前1500）发现了间距仅有1米多的双轮车车辙印。车辙印时代被测定为公元前1700年左右。有学者认为是公元前2300年左右，车辆由西亚传入中亚，商代晚期传入中国。

中国考古发现最早的车辆是晚商时期的安阳殷墟遗址出土的车辆，车轮间距为2.2—2.4米。据记载，商汤对夏作战中使用了70辆战车，周武王伐纣使用了300辆战车。现代考古已经发现大量的商代、周代的车马坑。周代图书《考工记》记载了造车的很多技术细节。

2. 车辆与马匹

古代的车部件繁多，名称繁多，现在带有"车"字旁的字大多和车有关。比如"辐射"的"辐"就是指车轮的辐条。比如"发轫"，"轫"就是车辆的一个部件，车辆处于停止状态时，一般把轫支起来。开始行车，首先要把轫提起来。一般有一个机关可以对轫的起落进行控制。

在古代一般是车马并提，有车必有马。但是，秦代以前中原地区的马体形矮小。这一点从秦陵出土的铜车马就可以看出，这些马个子低，腿短、脖子短，奔跑速度不快，对于作战极为不利。

汉代在对匈奴作战中，这种马很不给力。汉武帝非常不满意，他派张骞出使西域，一方面是为了打通与西域的贸易之路；另一方面是为了获取西域的良马，尤其是大宛（今天的乌兹别克斯坦）的汗血宝马，汉武帝把大宛马视为天马。汉代以前，中原地区马比较少，汉武帝时期一匹马要20万钱。汉武帝要对匈奴作战不仅面临良种马少的困难，而且面临马的总量不足的困难。开始的时候，汉武帝派使节带着重礼到大宛希望购买汗血马，大宛不仅不卖良马，而且杀死汉使。汉武帝大怒，派李广利率军7000人，长途跋涉上万里，结果由于西域各国不予配合，战败。汉武帝二次派李广利率军6万，加上10万人的运粮大军，大宛国被打败，李广利派人选择良马几十匹，并带回3000匹中等马，中原马种开始逐渐得到改良。

《清明上河图》共绘制了 20 多匹马，骑马的都是有身份的人（见图 3-102，图 3-103）。经统计，画中驴却多达 41 头。驴子大多是拉车、驮载货物，少数被人骑用，而马基本上都是供人骑用。马的负载力强，速度快，驴子的负载力不强，速度较慢，但是驴子容易饲养，马的饲养难度高一些。

图 3-102　文人骑马出行

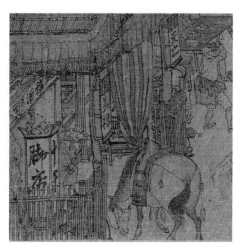

图 3-103　十千脚店前的马

北宋马匹同样紧张，政府为保障战争用马，专门制定户马制度，政府规定民户以财产多少来决定养马多少，以供官方购买。宋神宗时北方诸路（河北、河东、陕西等五路及开封府诸县）坊郭户（州、府、城镇、市户）资产 3000 贯的养马一匹，农户资产 5000 贯的养马一匹，资产倍增，养马数量也倍增。自愿多养者，政府给以官马，或者政府给钱让户民购买。

《清明上河图》中车辆形式有多种，既有单辕车，也有双辕车；有牛车，也有驴车；有棕盖车，也有席篷车；有双轮车，也有独轮车，就是独轮车每辆也都不一样。

画中从虹桥开始，道路上人流如织，车辆、行人、挑担人纷纷攘攘，这不由得让我们思考一个问题，宋代有交通规则吗？经查，宋代沿袭唐代交通规则，在唐代《仪制令》中明确规定贱避贵、轻避重、少避长、去避来。宋代将这一原则用木牌刻字悬挂在重要的关口、要道、坊门、桥梁等公众交通场所，在全国推行，违者要受到惩罚。这个交通规则虽然较为笼统，但是却体现了儒家的礼制思想，比如贱避贵，皇家贵族是上层尊贵人士，是统治阶级，士庶百姓理应避让；宋太祖时规定，大小官员路上相遇，如果品级较为悬殊，品级较低的官员应该下马避让，立于道旁，待长官通过。少避长，在儒家看来，少要尊长，遇到长辈过来，理应让步。同时也体现了士庶伦理合理性，如轻避重，走路的理应避让挑担的，因为他们负重。去避来，是指下坡的要礼让上坡的，上坡的较为吃力，下坡较为轻松。去避来，也有人解释为出城要给进城的让路。细细想来，这些规则和我们现在的礼让三先的原则实际是一个道理。

另外，皇帝出行实行出警入跸制度。出警入跸就是皇帝出行要进行清道，一是保障道路平整；二是清理道路行人，这一制度始于秦朝。清理百姓，但不是完全不让百姓出现，还要保障百姓对皇帝的朝拜，显示天子威仪。百姓如有冲撞仪仗，这叫犯跸，要治罪的。宋朝因为取消坊市制度，坊墙取消了，百姓可以沿街开设店铺，侵占街道现象较为普遍，影响皇帝出行，但是，宋代政府不是完全取消侵街，而是减少皇帝仪仗数量，后来甚至出现皇家队伍与市民交杂而行的情况。但是，后代的明清出警入跸制度十分森严，远不如宋代的开放与自由。

3. 宋代人的兰博基尼——棕盖车与罗伞

在修车铺旁边的十字路口有两辆棕盖车（见图 3-104 ）。《东京梦华录》记载，这种车是专供女眷乘用的。一队人似是刚从城外上坟回来，一个仆人挑着食盒，一个仆人顶着托盘。这两辆棕盖车应该属于同一家庭，一前一后，前面的一辆已经拐弯，还有一把罗伞，这是图中唯一一把罗伞。

宋代有一段时间曾颁布禁伞制度，主

图 3-104　棕盖车

《清明上河图》里面的世界

要是禁止民间使用罗伞。图中有很多硬质伞，很多商铺都在使用，这种伞和罗伞不一样，不在禁止之列。宋代的罗伞被称为"清凉伞"，由布帛制成，主要是供皇家和重臣使用，皇家使用红黄两色罗伞，官员使用青罗伞。由此可以推断，这两辆棕盖车一定属于高级官员家庭。在明清时代，官员出行都要有罗伞作为仪仗，罗伞成为官员出行的标配，有些罗伞的垂饰还被制成好几层，十分华丽，更见尊贵。

从已经拐弯的车辆侧面可以看出，这辆车边厢做工十分精美，车厢四周有低低的护栏，车前部护栏在车轮前向两边突出一部分。车门开在后面，有垂帘。车轮高大，比一个人还高出三分之一。车厢板像一扇一扇的小门，下部还有装饰纹样。车顶盖着棕丝，像房屋一样也有脊梁。这两辆车规制完全一致，是图中最高级的车辆，能够拥有两辆这样的高级车辆实在是不容易啊。这应该是当时的宝马、奔驰，或者兰博基尼。再向前方有两辆前后相沿的席篷车，虽然是三牛拉车，但是感觉级别低了不少。

罗伞前面由于建筑物遮挡，画家只画了一个持棍人上半身和拉车的牛的头部。大车拐弯的十字路口的遮阳伞下挂着"饮子"的牌子，在店铺临街的一个长凳上有一个茶瓶，就是刘松年《茗园赌市图》中的高桩长嘴茶瓶，一个人坐在桌旁，正在一手持瓶。

骑马的应该是男主人，戴着荷叶形帽子，仆人挑的可能是纸马或食盒。车上的女人撩起青白条纹的帘子，似乎在看随车的人员是不是跟上来了（见图 3-105、图 3-106）。

图 3-105 骑马的主人

图 3-106 侍从

4. 席篷牛车

这是两辆单辕三牛车，两头牛驾辕，一头牛拉长套（见图3-107）。有席子制成的卷棚顶，车前部有可以放下的半圆形部件，是供人上下车用的。两个赶牛人各持一小棍，走在两侧，里面的一位应该是主驾驶，一手还拉着缰绳。牛身淡黄色，显然是黄牛。在北方，黄牛很多，黄牛的拉力大，皮实，好饲养，但是速度慢。魏晋名士尤其喜欢乘用牛车，他们不需要赶时间，而且牛车里面可以装饰得很华丽。这两辆车的做工明显不如棕盖车细致。车轮上有一横木条，和辐条的方向不协调，推测是车轮辐条有松动，加固辐条用的，图片放大后可以明显看出用绳索把横木条与辐条绑在了一起。后车的尾部还有一个荆条编的筐，这个筐说起来你也许不相信，应该是盛牛粪用的。在农村，牛马驴粪都是宝贝，可以给庄稼提供很好的肥力，所以农民都非常珍视它们，在车辆尾部放一个筐，可以随时把牛拉的粪捡起来放到里面。我小时候在农村经常见到这种场景。有些人还专门背着背筐沿路捡拾牛马驴粪，等积攒一定数量，就会运到田里给庄稼施肥。张择端的观察和描绘真是精妙，如此细致的情节都能描绘出来，实在是了不得。

图 3-107　两辆席篷车

张择端对两辆棕盖车、席篷车的画面处理都很高超，没有把它们画成前后相沿的直线，而是画成一辆正在拐弯、一辆正在直行的状态，使画面富于变化，妙趣横生。

上海博物馆藏的北宋《闸口盘车图》中的牛车（见图 3-108）与《清明上河图》的牛车高度相似，有竹席或者芦席制的卷棚，前后都有遮挡，有独辕车、双辕车。

图 3-108 《闸口盘车图》中的牛车

这种车在南宋朱锐的《溪山行旅图》中也能见到（见图 3-109）。但是，如果细细审视就会发现《溪山行旅图》中前牛套法是错误的，这样会把牛勒死的。大家如果有农村生活经验的话，一眼就能发现其中的错误，牛脖上要有牛梭子，牛梭子都是由木头制成，是弯曲的，呈 V 字形，两端穿孔，绳索穿过牛梭子两端的孔，然后再与车辆相连。牛梭子受力面积很大，放在牛脖子上，让牛既能用尽力气，也不感到难受。

图 3-109 南宋朱锐所绘的《溪山行旅图》中的牛车

5. 在城市闹市区的驴车

在孙羊正店旁边的十字路口有两辆驴车，由人驾辕，四驴在前拉套。（见图3-110）这两辆是空车，4匹驴子显得很轻松，有一匹驴子竟然在得意地大叫。驴车速度很快。驴肩膀上的拉套软垫绘制十分清楚，可以清楚地看到套系方法，前辆驴车的后部还有专门供人上下的脚踏。

图 3-110　平板驴车

20世纪80年代以前，这种车在华北平原农村非常常见，只不过不是由人驾辕的，而是由驴、马、骡子驾辕，现在新疆地区农村还有使用，不过都改为橡胶轮胎了。我小时候在大名县老家特别喜欢雨后沙地上留下来的橡胶轮胎印，那么有规律，俨然是一幅连续的浮雕。

在"久住赵员外家"招牌边上，两头驴拉着一辆平板车，上有两个巨大的木桶，似在向孙羊正店行进，应该是运酒专用车（见图3-111）。根据体积，估计载重量在1000斤以上。车的尾部同样放着粪筐，也许有人觉得不伦不类，或者不卫生，在那个时代这却是再正常不过的事情。

和赶牛车人不同，这里的赶车人手持长鞭。我小时候在老家经常见到赶车人拿着这种长鞭。那个时候，赶牲口是一个技术活，也是一个比较有光彩的活，相对其他劳动要轻松很多，而且时间自

图 3-111　运酒专车

《清明上河图》里面的世界

由得多。这种鞭的柄一般由细竹梢编成，三根细竹梢呈螺旋状绞在一起，既结实，又有弹性，在竹梢尾部系上长长鞭绳，这种鞭绳一般用细绳和皮条编成，系在竹梢的一端粗一些，随后逐渐变细，尤其是尾部一定是质量很高的细皮条，一个优秀的车夫用鞭技术高超，一般是想打哪个部位就打哪个部位，轻重都能控制，如果牲口不听话，能够在它们的屁股上用鞭梢剪出口子来，所以牲口们老老实实听使唤。有些车夫会炫技，通过甩鞭，鞭梢会发出清脆的响声。我的老家南边隔几家有一个古怪的老爷爷，是生产队的赶车人，每次下班，在家门口连打三鞭，鞭声很响，能够传得很远，家里的老奶奶听到鞭声，赶紧把饭盛好给他吃，如果慢了，就要被呵斥，甚至被打。

由北宋到现在，这种鞭子已经使用了900多年。

6. 诸葛亮的木牛流马究竟长什么样？

独轮车也叫串车，全图共有7辆独轮车。有的独轮车前有一驴子拉套，前后各有一人驾辕，载货量大；有的由两驴拉套，一人驾辕。无论哪种车辆，一般都有一人赶驴（见图3-112、图3-113）。

独轮车相对于双轮车来讲，对路面要求不高，通行性好，但平衡性不够，需要有一定的驾驶经验。

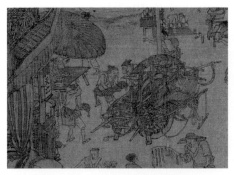 

图3-112　十千脚店门前的独轮车　　　　图3-113　税务机关前的驴车

诸葛亮发明了木牛流马，但独轮车不是他发明的，独轮车早于诸葛亮的发明。这种车因为不用人们起早贪黑铡草喂牛，故称木牛。流马与此意思相近，过去把摩托车叫"电驴子"、把拖拉机叫"铁牛"也是一样的意思。

　　根据汉代画像石资料，独轮车发明可追溯至西汉晚期。刘仙洲考证独轮车出现在西汉晚期，古代的鹿车（辘车）就是独轮车。[1]

　　在刘家香店的牌子前正有一辆独轮车通过，只有一人推着（见图3-114）。这种车被称为"江州车"，也就是"流马"。宋人高承在《事务记原》卷八《小车》中说："蜀相诸葛亮之出征，始造木牛流马以运饷。盖巴蜀道阻，便于登陟故耳。木牛，即今小车之有前辕者；流马，即今独推者是，而民间谓之江州车子。"根据这个记载，十千脚店前的独轮车、税务所前面的独轮车、城门外盖有大幅书法作品的独轮车都属于木牛，因为它们都有前辕。现

图3-114　刘家香店门前的独轮车

在有些人把诸葛亮的木牛流马搞得神乎其神，其实完全没有必要。鲁迅先生说："诸葛亮多智近妖"。

7. 独轮车上隐藏的一件惊天大案

　　《清明上河图》中两次出现独轮车上覆盖大幅书法作品，让人感到很奇怪，书法作品竟然作为独轮车的盖布（见图3-115）？经过学者们的研究发现，这和元祐党人碑事件是有关联的。崇宁元年（1102）九月，宋徽宗令中书省进呈元祐中反对新法及在元符中有过激言行的大臣姓名。蔡京列120人，由宋徽宗书写刻碑，为元祐党人碑，文彦博、司马光、晁补之、苏轼、黄庭坚、秦观等人名列其中，苏轼等人的书法、图书被销毁。独轮车上的书法作品推测是某大家屏风上的书法作品，因被禁，扯下来准备销毁。车上的

［1］刘仙洲.我国独轮车的创始时期应上推到西汉晚年［J］.文物，1964（6）.

《清明上河图》里面的世界

图 3-115　盖有书法作品的独轮车

小方块推测是被禁的元祐党人的书籍，也应该是要销毁的。一辆车正在行进中，已经出城，正在走向郊外。穿过虹桥，在一家饭馆前停着一辆独轮车，上面也盖着大幅书法作品。这两辆独轮车都有前辕，应该是属于诸葛亮的木牛。

徽宗曾颁布诏令："朕自初服，废元祐学术，比岁至复尊事苏轼、黄庭坚。轼、庭坚获罪宗庙，义不戴天，片纸只字，并令焚毁勿存，违者以大不恭论。"第二年蔡京又命令：焚毁苏轼、黄庭坚等人墨迹文集，严禁生徒习读、藏家宝之。

林语堂先生在其专著《苏东坡传》中对元祐党人碑事件有过评论，切中要害。元祐（1086—1094）是宋哲宗年号，在此年间，苏轼的蜀党当权。元祐党人碑是哲宗元祐年间当政的 309 人的黑名单，以苏轼为首。碑上有奉圣旨此 309 人及其子孙永远不得为官，皇家子女亦不得与此名单上诸臣之后代通婚姻，倘若已经订婚，也要奉旨取消。与此同样的石碑要分别在全国各县竖立，直到今天，中国有些山顶还留有此种石碑。这是将反对党一网打尽、斩尽杀绝的办法，也是立碑的宵小蓄意使那些反对党人千年万载永受羞辱的办法。自从中国因王安石变法使社会衰乱，朝纲败坏，把中国北方拱手让于金人之后，元祐党人碑给人的观感，和立碑的那群小人的想法，可就大为不同了。随后一百多年间，碑上人的子孙，都以碑上有他们祖先的名字向人夸耀。[1]

---

　［1］林语堂.苏东坡传［M］.长沙：湖南文艺出版社，2012：8.

现存元祐党人碑碑首的"元祐党籍"四字
为蔡京手书，此碑现存广西桂林市七星山瑶
光峰下龙隐岩（见图3-116）。此碑不是北宋
原刻石碑，是碑中所列梁焘的曾孙梁律在南
宋庆元四年（1198）重刻。

在徽宗崇宁五年（1106）正月……天空
出现彗星，在文德殿东墙上的元祐党人碑突
遭电击，破而为二。……徽宗大惧，因怕宰相
反对，使人在深夜时分偷偷儿把端门的党人
碑毁坏。宰相发现此事，十分懊恼，但是却
大言不惭地说："此碑可毁，但碑上人名则当
永记不忘！"[1]

雷击电毁石碑一事，使苏轼身后的名气
越来越大。他死后的前十年之间，凡碑上

图3-116　元祐党籍碑拓片

刻有苏轼的诗文或他的字的，都奉令销毁，他的著作严禁刊行，他在世的
一切官衔也全部剥夺。当时有作家在杂记中曾记有如下文句："东坡诗文，
落笔辄为人传诵。崇宁大观间，海外苏诗盛行。是时朝廷禁止，赏钱增至
八十万。禁愈严而传愈多，往往以多相夸。士大夫不能诵东坡诗，便自觉
气索，而人或谓之不韵。"[2]

雷击石碑后5年，道士林灵素向徽宗奏称，曾见苏轼的灵魂在玉皇大
帝驾前为文曲星，掌管诗文。徽宗越发害怕，急将苏轼在世时最高之官爵
恢复，后来另封高位，为苏轼在世时所未有。在徽宗政和七年（1117）以
前，皇家已经开始搜集苏轼手稿，悬价每一篇赏制钱5万文。后来金人攻
下京师，特别索取苏轼和司马光的书画，作为战利品的一部分。宋高宗为
追念苏轼，把苏轼的一个孙子苏符赐封高官。到孝宗乾道六年，赐苏轼谥

[1] 林语堂. 苏东坡传[M]. 长沙：湖南文艺出版社，2012：8.
[2] 同上书，第9页。

《清明上河图》里面的世界

号文忠公，又赐太师官阶。[1]

北京故宫研究院专家祝勇对苏轼的一生进行了精彩的概括，可以用"八三四一"来形容：八是指曾任八州知州，分别是密州、徐州、湖州、登州、杭州、颍州、扬州、定州；三是他先后担任过朝廷的吏部、兵部和礼部尚书；四是指他四处贬谪，先后被贬黄州、汝州、惠州、儋州；一是指他曾任皇帝的秘书，在翰林院知制诰的职位上干了两年多，为皇帝起草诏书八百多道。[2]

截至 2015 年 2 月，习近平总书记引用古人诗词、典故最多的是苏轼，引用苏轼 7 个名句，如"天下之患，最不可为者，名为治平无事，而其实有不测之忧。坐观其变而不为之所，则恐至于不可救"。

1936 年林语堂举家赴美，行李一再缩减，就是不舍得苏轼的书。他在《苏东坡传》中这样评价苏轼，林语堂说："苏轼是个秉性难改的乐天派，是悲天悯人的道德家，是黎民百姓的好朋友，是散文作家，是新派的画家，是伟大的书法家，是酿酒的实验者，是工程师，是佛教徒，是士大夫，是饮酒成癖者，是心肠慈悲的法官，是政治上的坚持己见者，是月下的漫步者，是诗人，是生性诙谐爱开玩笑的人。"林语堂一连用了 16 个"是"，是对苏轼的精彩的评价。但是林语堂漏了两点：苏轼还是美食家，创制东坡肉、东坡饼等名吃；他还是服装设计者，创制东坡巾、东坡履等。

苏轼有很多佛教界的朋友。有一次他游稽首山，非常兴奋，写诗一首，自感得意。诗文"稽首天外天，毫光照大千。八风吹不动，端坐紫金莲"。这诗中的"八风"指的是：得、失、谤、扬、赞、嘲、忧、喜。派书童过江送给自己的好友金山寺佛印禅师，佛印批"放屁"二字，让书童带回。苏轼很生气，跑到金山寺大骂佛印。佛印从容地说："你不是已经'八风吹不动，端坐紫金莲'了吗？怎么还会被'放屁'两字吹过江来呢？"我们从这里可以看出，人们在名誉、利益面前很难做到不为所动，一个人真正做到在"得、失、谤、扬、赞、嘲、忧、喜"面前无动于衷几乎是不可能的。应该说

---

[1] 参见林语堂著《苏东坡传》。

[2] 祝勇．在故宫寻找苏东坡［M］．长沙：湖南美术出版社，2017：311．

苏轼胸怀坦荡，乐观旷达，百折不挠，虽然屡屡被贬，仍然能在苦难中找到乐子，被贬时所写的诗词中充满了乐观与达观，他的这些诗词让他的敌人恨得牙根疼。可是，佛印一句"放屁"就让他怒气冲冲找上门来兴师问罪，连苏轼在"八风"面前都做不到平平静静，更何况是普通人了。这个故事，也让我们看到苏轼的可爱、佛印禅师的机智。

苏轼是百科全书式的人物，也是文人心目中大神级的人物，他开创了文人画的先河。从理论到绘画实践，苏轼对文人画的发展都作出了杰出贡献。文人画追求神似，绘画经常是逸笔草草，一改之前一味追求写实的画风。他十分推崇王维的诗画融合的观念，讲究"诗中有画，画中有诗"，这是中国文人画最高妙之处，也是文人审美独到之处。由于苏轼的提倡，文人画在宋代大放异彩，诞生了一批大家和杰作，文同的墨竹、米芾父子的山水，等等，成为文人宣泄感情的独到的工具。文人画不仅自己走向了成熟，还影响到了匠人画、宫廷画的审美，对这两个画种的渗透十分明显。文人画成为独树一帜的艺术，成为引领社会审美的艺术。后世的文人画发展很大程度上得益于苏轼等人的提倡和实践，把苏轼称为文人画的领袖级人物应该是恰当的（见图3-117）。

图3-117 宋 苏轼 枯木怪石图

苏轼的可爱之处，还有一点也就是希望长生，为此也曾涉猎炼丹术，还曾把得到的丹药配方推荐给朋友们，直到临去世之前，他还对寻求长生不老之药极感兴趣。当然，追求长生是人类的普遍愿望，在人们还不知道炼丹是一件荒谬的事情的时候，苏轼喜欢丹药似乎也没有什么不可。

王国维在《文言小言》中这样评价苏轼："三代以下诗人，无过屈子、渊明、子美、子瞻者。此四子者，若无文学之天才，其人格亦自足千古。故无高尚伟大之人格，而有高尚伟大之文章者，殆未有之也。"从诗人的角度把苏轼和屈原、陶渊明、杜甫相提并论，是公允的，同时，对他们的高尚人格充分加以肯定。

我们在前文说到宋徽宗的时候，曾提到中国文化的母题问题。所谓文化母题就是可以生发出无限子题的问题，具有价值的多元性和无限的扩展性，是基础性话题，是文化元话题。李白、杜甫、唐玄宗等都是中国文化的母题，他们几个人支撑起了唐代文化的半边天。苏轼就是宋代文化的精神支柱，也是中国文化的母题之一。

苏轼不仅达观、乐观，而且十分幽默。北宋词家张先 80 岁时娶了 18 岁的小妾，苏轼和众友人前往道贺，众人问老先生得此美眷有何感想，张先随口赋诗一首："我年八十卿十八，卿是红颜我白发，与卿颠倒本同庚，只隔中间一花甲。"苏轼当即和曰："十八新娘八十郎，苍苍白发对红妆，鸳鸯被里成双夜，一树梨花压海棠。"从此，"一树梨花压海棠"成为老夫少妻的委婉说法。[1] 备受争议的纳博科夫小说《洛丽塔》在台湾译为《一树梨花压海棠》，被改编成电影译名也是《一树梨花压海棠》，译名把小说和中国传统文化结合在一起，可谓精妙。

宋代有一个人物和苏轼有关，这个人在《水浒传》中名声很大，但都是恶名，那就是高俅。历史上确有其人，原是苏轼的家臣，并不是恶贯满盈，只是无所作为罢了。祝勇对高俅这个人曾作过描述，夹叙夹议，很是生动。"元祐八年（1093），苏东坡在 58 岁上被罢礼部尚书，出知定州，临行前遣散家臣，把家中一位名叫高俅的小吏（书童）送给曾布，曾布未收，苏东坡又送给王诜。7 年后，公元 1100 年，王诜派高俅给自己好友、时为端王的

[1] 介子平. 民国情事 [M]. 太原：北岳文艺出版社，2018：30.

赵佶送篦刀，正巧赶上赵佶在花园里蹴鞠，不想那高俅原来球技很高，赵佶与他对踢，他毫不含糊，赵佶一喜之下，不仅收下篦刀，连送篦刀的人也一并收下了，宋人王明清《挥麈后录》记载过此事。"[1]

历史上高俅不是地痞流氓，写得一手好字，被苏轼称赞。后来做了太尉，享受从一品的待遇，可能是碌碌无为的官员。我们需要分清历史和小说的界限。

"几个月后，宋哲宗死，赵佶继位，史称宋徽宗，高俅由殿前指挥使一路官拜太尉，以此贪功好名，恃宠营私，成了白话小说《水浒传》里的那个大反派。靠踢球当上国家领导人的，古今无二。很少有人知道，最初扶高俅上马的人，正是苏轼和他的好友王诜。所谓播下龙种，收获跳蚤，历史上恐难找出比这更经典的例证了吧。"[2]

但是，后来蔡京掌权，高俅不忘旧情，敢于和蔡京对着干，说苏轼的好话。史载，他"不忘苏氏，每其子弟入都，则给养恤甚勤"。[3]这说明历史上的高俅在个人品格方面还是有值得称道的地方。起码是不忘旧主恩情，在其危难之时还能出手相助，这才是鲜活的历史人物。

整幅图上有5件书法作品：两件在小推车上；一件在税务官的身后；一件在孙羊正店对面旅馆二楼，一书生在读书，书生身后是一件书法作品；一件在赵太丞家左邻大厅里，圈椅后面是这件书法作品（见图3-118）。

图3-118　赵太丞邻居厅堂里的书法屏风

[1]祝勇.在故宫寻找苏东坡［M］.长沙：湖南美术出版社，2017：275.

[2]同上书，第276页。

[3]同上。

《清明上河图》里面的世界

古代医疗体系的一部分——江湖郎中

　　人类进入文明社会以后，有了专门的医生。很多医生在固定的区域行医，为大家所熟悉，行医谨慎；有些所谓医生游走各地，看了病就走，这些游医或是冒充医生的人被称为江湖郎中。卖膏药和各种特效药往往是他们的叫卖重点。其中不乏有医术高明、身怀绝技者，但大多数医术一般，甚至是骗子。他们就地摆摊，引人围观，然后兜售药品，油嘴滑舌，对药品功效夸大其词。他们是整个社会医疗体系中的一部分，也是社会生活的一部分。直到现在，在一些集市和地摊市场上还能见到江湖郎中的身影。清代赵学敏写过一本书《串雅》，专门讲江湖郎中（铃医）的情况，他们懂得社会人情世故，善于察言观色，揣摩人的心理。

图 3-119　江湖郎中

　　图 3-119 中修车铺斜对面就是一江湖郎中，席地而坐，周围围了不少人，地面摆着要卖的药品等。挑担路过的人被吸引，扭头观看，但是并没有停下脚步，似乎对此习以为常。还有一人扛着杆子，正在走向江湖郎中的摊子。

亡宋谁知是石头

我国赏石历史悠久，最典型的就是赏玉，玉就是美丽的石头。除了欣赏美丽的石头，我们的先人还尝试把自然的山搬到庭院里来，于是就有了假山堆叠技术，叠石造山在秦始皇时期就开始了。他的皇家园林已经开始造假山，秦始皇希望长生不老，在他的园林兰池宫里就造了三座神山——蓬莱、方丈和瀛洲。

唐代孙棨在所著的《北里志》说到，长安平康里是妓女们的聚居地，上等妓女住在南曲、中曲，下等妓女住在北曲。南曲、中曲的殿堂宽阔、安静，园内种植花木，设怪石盆池。北曲房屋则比较卑陋。可见，怪石已经被作为园中装饰物了。明清时期的园林一定要有假山，没有假山就不能称为园林。

在《清明上河图》画面的结尾部分，赵太丞家后院有园林，一处层叠的假山，后面是一丛竹林（见图3-120）。这不由得让我们想起喜爱园林和石头的宋徽宗。

图3-120　赵太丞家园林

《清明上河图》里面的世界

1. 超级石头迷建造的园林——艮岳

宋徽宗酷爱奇石，赏石水平空前绝后，他倾一国之力以满足个人之私欲。1101年他刚即位不久，就命人从杭州调来4000余块太湖石，专供修建景灵西官使用。为了满足自己赏石玩石的愿望，令蔡京、朱勔等人征发大量民力在东京修建空前绝后的大型假山"艮岳"（位于汴京城东北，八卦方位属艮，故名）。据说是听了道士刘混康之言：因东京东北地势较低，故徽宗生子较少，如使该地地势加高就能使儿子多起来。徽宗崇信道教，对道士的话深信不疑。

据《宋史记事本末》记载，艮岳周长10余里，最高峰寿山高达90余步，有磴道通往山顶，在山顶还建有介亭，从山顶俯视可将艮岳全景一览无余。南有南山，南山之南又有小山，广二里，芙蓉城就建在这里。东有萼绿华堂，西有药寮园（据南宋王称《东都事略》载，萼绿华堂在寿山之西，为药寮园的一部分），再向西又有万松岭。万松岭下凿一大池，池中有两洲，东为芦渚浮阳，西为梅渚雪浪。该大池西通凤池，东通雁池。雁池后是挥雪厅，由挥雪厅就可通过磴道到达寿山最高峰介亭。介亭左有极目亭、萧森亭，右有丽雪亭，在半山腰向北俯视景龙江。沿江向西是漱琼轩。景龙江北是瑶华宫，瑶华宫附近有曲江池。池中有蓬壶岛，大池东至封丘门，西自天波门桥引景龙江水入池。在山石池水间养了数以万计的珍禽异兽。还仿照市井风俗设有酒肆，以供皇帝消遣。

据《东都事略》106卷记载，蜀僧祖秀曾到过艮岳的华阳宫，他对所见到的胜景进行了详细的描述：政和初年（1111）宋徽宗命造寿山艮岳。驱使军队万余人挖池筑土山，山上点缀各种奇石。石头全依其自然形状，不作人工雕饰，雄拔峭峻，千姿百态，巧夺天工。其中峰棱如削、飘然有云姿鹤态的叫飞来峰；高于城墙，如巨鲸翻滚，腰径百尺，附近种植万余株梅树的山石叫梅岭。工匠们还在较险峻的地方设磴道，在凌空而起的石壁上架栈道。在不同的景点种植各种美树，如杏岫、丁嶂、椒崖、斑竹麓、海棠川、龙柏坡等都是根据景点上的特色树木而命名的。在紫石壁上建有很深的水池，由人工汲水上池。当皇帝车驾到来时就让工匠登山放水，于是就形成瀑布飞泻的奇观。

在寿山之西的药寮园内著名的宫殿有琼津殿、降香楼等。整个工程竣工后，宋徽宗命名为华阳宫。华阳宫内众山环列，尤为壮观，在其中一块数十顷的平地上建有一园，西面开一门。进门以后，是一条比驰道（古代专供皇帝驰行的道路，一般较宽）还宽的道路，道路两侧巨大的太湖石分立两侧，徽宗将之命名为"神运""昭功""敷庆""万寿峰"等，其中神运石广百围（两臂合起来的长度称一围），高六仞（一仞合七八尺），许多小一些的太湖石像众星捧月般地环列四周，徽宗赐爵"盘固侯"。神运峰周围的群石好似群臣入侍帝君，有的战战兢兢，有的上前进谏，有的在发表危言耸听的言论，奇形怪状，形神兼备。宋徽宗将神运峰前各石一一赐名，亲自用瘦金体题写石名，将其镌刻在石头上，用黄金装饰其字。其他景点的美石则用青黑色颜料书写，以此区分石头的等级。在华阳宫内还建有跃龙涧、漾春陂、燕池、凤池、迷真洞等。宋徽宗亲自为众石命名：朝日升龙、望云坐龙、矫首玉龙、万寿老松、栖霞扪参、衔日吐月、排云冲斗、雷门月窟、蹲螭坐狮、堆青凝碧、金鼋玉龟、垒翠独秀、栖烟摊云、风门雷穴、玉秀、玉宝、锐云巢凤、雕琢浑成、登封日观、蓬瀛、须弥、老人寿星、卿云瑞霭、溜玉、喷玉、蕴玉、琢玉、积玉、垒玉、翔鳞、舞仙、玉麒麟、南屏、留云宿雾，还有藏烟谷、滴翠岩、搏云屏、积雪岭、抱犊、玉京独秀、卿云等。其中比较著名的石头多达 40 余峰。宋徽宗对这些石头的命名充分体现各石的特点，将这些石头赋予了人文精神，展现了宋徽宗卓越的赏石水平，提高了这些石头的观赏价值。艮岳的建设一方面反映了宋徽宗生活的奢靡；另一方面也充分表现了宋代造园艺术已达到炉火纯青的地步。

艮岳建好后徽宗亲自撰文《艮岳记》，记述其盛况。还将其文摹刻上石，该石碑高三丈，立于神运峰东南。据宋周密《癸辛杂识》记载，宋以前叠石造山较为显著的几乎没有，到了宋宣和年间，宋徽宗所造艮岳达到了空前的规模。徽宗将高峰、秀峰封侯并赐金带，还令画工将它们画成图加以保存。民国著名画家、收藏家叶恭绰曾购得一幅宋徽宗的《祥龙石图》（见图 3-121、图 3-122）。此图"为绢本，石用水墨钩染，作鳞状，嶙峋多洞穴"。此石顶部有一小池，池中种有花木，好像是桂树。池的右下侧写着"祥龙"两个金字，字体为瘦金书。画的左侧有宋徽宗用瘦金书题写的诗

图3-121　宋　赵佶　祥龙石图

图3-122 《祥龙石图》中的"祥龙"金字

文："祥龙石者，立于环碧池之南，芳洲桥之西。相对，则胜瀛也。其势腾涌，若虬龙出为瑞应之状。奇容巧态，莫能具绝妙而言之也。乃亲绘缣素，聊以四韵纪之：'彼美蜿蜒势若龙，挺然为瑞独称雄；云凝好色来相借，水润清辉更不同。常带瞑烟疑振鬣，每乘宵雨恐凌空；故凭彩笔亲模写，融结功深未易穷。御制、御画并书。'"此画上有"天下第一押""宣和殿宝"及元明清著名收藏家的印鉴。据叶恭绰分析，此画与《五色鹦鹉图》尺寸相同，应该是整册后来被拆散的。这是现存宋徽宗艮岳名石图中唯一存世者，为研究艮岳提供了第一手的历史资料。抗日战争时期此图丢失，1949年后由政府花重金由香港购回，归藏故宫博物院。

　　那么这些石头是怎么弄来的呢？为采集花石及其他江南宝物，宋徽宗专门命朱勔在杭州设应奉局，采集、运输等工程花费甚巨。朱勔受的是皇差，加上权相蔡京支持，骄横恣肆，横行霸道。不管是在什么地方，只要见到稍可把玩的石头、树木等就贴上皇封，令主人好好看管，稍有不从之意，就以大不敬罪论之。运走时由于有的石头体量巨大，往往要穿墙破屋，许多中产之家破产。朱勔花钱动辄百万，视府库钱为囊中之物，随用随取，不受任何限制。其手下之人借机敲诈勒索，使江浙一带民不聊生。不久便爆发了方腊起义，方腊的主要目标就是诛灭朱勔，为此宋徽宗令童贯罢花石纲。但是方腊起义被平后又恢复了花石纲。当时用于运粮的大运河上运送花石的船队首尾相连，日夜不绝。由于有些石头非常巨大，由杭州到东京很多航段是逆流而上，往往需要上千的纤夫拉纤。一路上遇有桥梁较低较窄的就将桥拆掉，遇有城门太窄太低者就将城墙拆一洞，以便石头通过。一块大石往往要花费几个月的时间才能运到汴梁，光运费就达 30 余万贯。《宋史·食货志》记载"岁运花石纲，一石之费，民间至用三十万缗"。再富的家底也经不起这样的折腾啊！

有些巨石在运输过程中因船只沉没就永远沉在了运河河底。花石纲的征集、调运使得各地人民备受搅扰，再加上一些贪官污吏趁火打劫，民不聊生，怨声载道，给宋王朝带来了无尽的灾难。有些史评家甚至认为是花石纲导致了北宋王朝的灭亡。元郝经曾有诗云："自古中原多亡国，亡宋谁知是石头。"这种说法虽然不够全面，但多少反映了花石纲对宋朝灭亡所产生的作用。

在这些美石中较为著名的是湖石，也就是太湖石，因盛产于太湖周围而得名。因此种石头多窍洞，玲珑剔透，也叫花石。太湖石有皱、瘦、透、漏四大特点，是园林建设的一朵奇葩。因历代宫廷都特别喜欢此种石头，所以又叫贡石。早在唐代，大诗人白居易就很欣赏太湖石，还专门写了《太湖石赞》。朱勔运往东京汴梁的石头大多是此种石头。据《云林石谱》记载，太湖石大多位于水下，工匠们需携带锤、凿下水采石，用很粗的绳索将湖底石头拴住，然后由船上的匠师设木架绞车，将其升至水面，再设法运到岸上。由于此种石头多窍洞，容易折损，为了防止在运输过程中发生损毁事件，当时的工匠还专门发明了一种工艺，就是在运输之前，先将太湖石用胶泥将窍洞填满，再在外面用麻筋和杂泥缠裹，在烈日下晒干使之坚实。再用巨木做成大车，运到船上，运抵东京后再将石头浸在水中，使胶泥自动脱落，这种方法非常有效。据当地人讲，由于有些石头太大，无法运走，只好留在太湖边。现在还能找到当时留下来的石头。

值得注意的是宋徽宗建艮岳的石头并不只是太湖石一种,其他还有灵璧石等。灵璧石产于安徽灵璧县,此县原名零璧,宋徽宗因喜灵璧石,视之若珍璧,故而将该县名字改为灵璧。灵璧石叩击声音十分悦耳,历史上多用于制造编磬,所以又叫磬石。编磬是历史上重要的乐器。由于此种缘故灵璧石很受人珍视。宋诗人方岩有诗:"灵璧一石天下奇,声如青铜色如玉。"

现在徐州乾隆行宫有两块灵璧石,传说是艮岳遗石。

宋靖康元年(1126)金兵围困开封城,宋徽宗仓皇之际赶紧禅位于钦宗。为了鼓舞军民守城的士气,宋钦宗下令将艮岳中喂养的10多万只珍禽,全部投进汴河;并将几千只大鹿全部杀了,让守卫开封的士兵吃掉;许多山石也被砸碎作为守城攻敌的武器。当时正是隆冬,城内的百姓没有柴烧,宋钦宗下令准许入艮岳砍柴。岳中的珍奇花木,很快就被砍光了。后来,连艮岳中台榭宫室的木料,也被拆去当柴烧。即使这样汴梁还是沦陷了,艮岳也变成了废墟。

2. 花石纲遗石今何在?

金人虽然灭了北宋,但是十分崇尚汉文化。他们将东京的很多东西搬走,其中也包括石头。皇统元年(1141)金熙宗命令士兵从艮岳中选出一批太湖石运到燕京(今北京),堆放在琼华岛,即现在北海公园的白塔山。清高士奇《金鳌退食笔记》载:"余历观前人记载,兹山(琼华岛)实辽金元游宴之地……其所垒石,巉岩森耸,金元故物也。或云:本宋艮岳石,金人载此石自汴至燕,每石一准粮若干,俗呼为折粮石。"现在由北海公园南门进入琼岛,法轮殿后通往白塔的台阶东侧有北海公园管理处所立的折粮石的标牌。

元朝定都北京,对琼华岛又进行了扩建,初名太液池,又叫万岁山、万寿山、渎山。明代将北海划归为皇宫花园,称西苑。清代称琼华岛为白塔山。其中的太湖石虽然随历史的变迁被迁走一些,但还是留下一大部分。现在北京北海公园白塔山上的石头多是花石纲遗物。白塔山北面的琼华古洞完全用艮岳遗石垒成，数量十分巨大。白塔山西侧也有数不清的花石，但这些大块石头的形状较美的不多。白塔山南麓的花石一般较大、较美，独立或三五成群放置，十分美观。北海公园东麓，有著名的"琼岛春荫"石碑，这座碑上刻的"琼岛春荫"四字，和另外三面的诗词都是清乾隆帝的御笔。其中背面有律诗一首："艮岳移来石嵯峨，千秋遗憾感怀多"。可见乾隆皇帝面对这些遗石，也是感怀连连。据说北京中山公园和故宫中的一些太湖石也是花石纲遗物。花石纲在运往燕京的过程中多有丢失。金代北运花石沿途城镇如保定等地可能有不少遗石。

琼岛花石在北京的扩散情况较为复杂，一是在朝代更替的过程中被一些豪门霸占成为私园物品；另一种情况是皇帝将花石赏赐给大臣，如现知清雍正皇帝曾将一块花石纲遗石赐给岳钟琪，后来岳宅被纪晓岚购买，太湖石就成了阅微草堂的陈设物了；再一种情况是，在建其他园林的过程中从琼岛迁去一部分花石，如清乾隆年间修建圆明园时从北海调运了一些太湖石。乾隆在歌咏圆明园的一首诗《悦心殿》中有这样一句："摩挲艮岳峰头石，千古兴亡一览中。"

可以肯定的是，金人运走的花石只是一部分，不可能把所有花石都运走，在开封应该有遗留。但是，开封在历史上多次被毁，又多次重建，在这一过程中不少花石被毁或被运走。由于历史上开封多水灾，每次洪水泛滥都带来大量淤泥，如今宋代东京古城遗址大多埋在8—10米深处。现在开封的不少地方还存有花石纲遗物，几个公园内留有一些残石。金代虽然运走了不少好石头，但动用的人力物力的规模都无法与北宋相比，留下来的花石还是很多的，可能是埋在地下或是流落某处没有被人们发现。现在可以肯定的花石纲遗物是位于开封市洛阳宾馆的一块太湖石，此石名为"宣和六十五石"；另一块存放在开封大相国寺大殿前，石头的背面写有"北宋艮岳遗石"6个字（见图3-123）。

苏州五峰园为明代文征明的侄儿文伯仁所建，园内五峰山房前有一假山，山上有5块太湖石，相传为花石纲遗物。据说朱勔在为宋徽宗组织花石纲时在苏州也为自己建了一处园林，园内遍植奇异花卉，并用花石纲采

图 3-123　艮岳遗石正、背面（开封大相国寺）

办的太湖石点缀园林。朱勔被宋钦宗下令诛杀后园林被毁，仅存两丈高的大石六七方，乱堆在柳毅桥畔，明代移至五峰园中。

　　据说苏州留园的冠云峰、瑞云峰，上海豫园的玉玲珑（见图 3-124），苏州第十四中学院内的瑞云峰（见图 3-125），都是花石纲遗石。

图 3-124　玉玲珑（上海豫园）　　　　图 3-125　冠云峰（苏州留园）

图中城门楼一段，高低错落，井然有序，树木、河流、桥梁与建筑相互辉映，人们来来往往，车辆、驼队与人流交杂，十分美观。但是这只是表面印象，这里有很多的文化密码需要解读。

1. 为何是方形门洞？

《清明上河图》上城门楼的门洞是方的，让大家觉得很奇怪。在我们的印象中，城门洞都是圆拱形的。原来，早期的城门洞都是方的，圆形拱券门洞是在元代才有的（见图 3-126、图 3-127）。

关于方形城门洞，我们从敦煌壁画中也能找到证据。绘制于盛唐时（713—766）的敦煌莫高窟 217 窟壁画上的门洞就是方形的（见图 3-128）。

《清明上河图》上的城门楼气势雄伟，单檐庑殿顶，级别较高，也是画中最高的建筑。但是，画中城墙是土墙，很不整齐，也看不到守城的士兵。

图 3-126　城门一段

图 3-127　开封清明上河园城门

图 3-128　敦煌壁画中的方形门洞

2. 城墙何时才开始包砖？

人类用砖的历史可以追溯至在公元前 3000 年至前 2500 年苏美尔人开始用烧制后的砖建造乌鲁克城。乌鲁克城使用了烧制的砖，而且砖上还有纹饰，用砖堆出了神像，用砖水平已经很高（见图 3-129）。

其实，在古代很长时间内，城墙都是土墙，用砖包城墙是很晚的事。在电视剧、电影中看到的城墙都是砖砌城墙，给我们的错觉就是历史上的城墙都是砖砌的，这是非常错误的。现在汉代的长城遗址还能看到，都是用黄土夯筑而成，有些加上红柳、芦苇等。开封现存的明代城墙，是用石灰、黄土、糯米汁筑成的，非常结实，比现在的混凝土不差多少。明代万里长城最西端的城墙都是土筑的，里外都没有包砖（见图 3-130）。

图 3-129　乌鲁克城使用的烧制的砖[1]

图 3-130　明代长城最西端的土筑长城

[1] 参见得到 APP，吴军《科技史纲 60 讲》中的《能量的密度：为什么要在城市生活？》。

古代的城源于原始先民的居住点，为防止野生动物侵扰，人们往往在居住点周围挖壕沟，在壕沟上架设横木以便通过。应该说城是由村落发展而来的，一些比较大的村落就逐渐变成了城。由于王权的存在，帝王要求安全、威仪，就开始人为规划建造新城。城市开始变得规范起来，道路笔直，城墙越筑越高。城墙外面有壕沟，壕沟注水以防止敌人攻城。城墙设置垛口，堆放滚木礌石等武器。

早期城墙都是夯土墙。西周时期出现了砖，但是初期都是铺地薄砖。西汉时期砖的类型多了起来，有了画像砖、空心砖等。城墙包砖最早始于孙权时期的铁瓮城，魏晋也有用砖包城墙的记载，后赵石虎的邺城是包砖的。从魏晋至唐代城墙包砖都不普遍，且多为城门附近、城墙转角处等。唐代的长安城是一座夯土城，政治中枢大明宫也是夯土城墙，只有城门墩台和城角处包砖。但是东都洛阳的宫城和皇城内外都是包砖的。

据记载北宋皇城四面都是用砖包裹的。宋代赣州城现在还存在 3600 多米的宋代砖石砌城墙。这座古城的下水系统十分完美，由宋代地方官刘彝负责修建，名为福寿沟。因为临近赣江，赣江洪水来临水位会高于城内，为此还设置 12 个水窗，能够有效防止江水倒灌。

宋代都城汴梁仍然是夯土城墙，只是门墩和城角包砖。大规模普及城墙包砖是在明代。明初修北京城时，也只是在城墙外面包砖，到了明正统十年（1445）才将城墙内壁包砖。[1]

即使是夯土城墙，顶部也应该十分整齐，便于行军巡逻。但是图中所绘城墙杂树丛生，顶部很不规则，显然是维护不力，作为京城的城墙，确实出乎意料（见图 3-131）。

图 3-131　土质城墙

《清明上河图》里面的世界

[1] 孙机. 从历史中醒来 [M]. 北京：生活·读书·新知三联书店，2016：193.

3. 皇宫南大门——宣德门

宣德门是东京汴梁皇城的南大门。现在辽宁省博物馆藏有一件铜钟，据研究为北宋卤簿钟，不由让人联想起靖康之变，是不是金人掠走的，非常值得研究。据分析，卤簿钟上面铸造的画面就是宣德门的场景。

宣德门"凹字形平面，城楼居中，下开五门，门楼两侧以廊庑与朵楼、两阙相连。而依宋人记载，汴京皇宫的正门为宣德楼，北宋前中期皇宫正门为三个门道，至政和八年方以蔡京倡言，据唐长安大明宫丹凤门之制扩建宣德门为五个门道"。[1]可以看到，这个城门楼的门洞也是方形的。城门楼和阙楼相连，构成一个三面包围的空间，对抵御敌人的进攻非常有利。这种形制和大明宫含元殿类似，主楼东西都有燕翅楼，并且沿左右两侧向前方延伸，就像是汉代的门阙和大门连在了一起一样。据《东京梦华录》记载："大内正门宣德楼列五门"。北京故宫午门的结构就是这样，明代建城时应该是直接继承了宋代皇城大门的规制。具体到大门的颜色和门钉，"门皆金钉朱漆"，和现在的故宫午门也完全一致。北宋宫城也有左掖门、右掖门、东华门、西华门、保和殿、延福宫，紫禁城的这些名称都应该来源于宋代宫城。

宋徽宗在《瑞鹤图》中描绘的就是宣德门（端门）的情景（见图3-132）。

图3-132 宋 赵佶 瑞鹤图

政和壬辰，上元之次夕，忽有祥云拂郁，低映端门，众皆仰而视之，倏有群鹤，飞鸣于空中，仍有二鹤对止于鸱尾之端，颇甚闲适，余皆翔翔，如应奏节，往来都民无不稽首瞻望，叹异久之，经时不散，迤逦归飞西北隅散。感兹祥瑞，故作诗以纪其实。

---

[1] 扬之水.北宋卤簿钟上的"千里江山图"[N].文汇报，2017-10-27（2）.

清晓觚棱拂彩霓，仙禽告瑞忽来仪。

飘飘元是三山侣，两两还呈千岁姿。

似拟碧鸾栖宝阁，岂同赤雁集天池。

徘徊嘹唳当丹阙，故使憧憧庶俗知。

按照宋代习惯，每年上元节（元宵节）等节日皇帝亲临宣德门，观看演出，与民同乐。在宣德门前立有好几杆大旗，其中最高一杆大旗与宣德门楼同高，被称为"盖天旗"。皇帝登楼后，在门前广场立一高杆，名叫鸡竿，高约十数丈，竿尖有一大木盘，上有金鸡，口衔红幡子，上书"皇帝万岁"。盘底有四条彩色绳索垂下，有四红巾者争先缘索而上，最快者摘得金鸡红幡，观众则山呼谢恩。同时，在这一天，皇帝也会大赦天下。开封大理寺押一批犯人到宣德楼前，犯人们都穿黄布衫，狱吏头上插鲜花。这时只听一声鼓声响起，这些犯人撤去枷锁，都被释放，他们纷纷山呼皇恩。随后，宫廷乐师奏乐，还有杂技表演，皇帝给楼上百官赐茶酒。

关于大赦与特赦。大赦基本上是对所有罪犯的统一赦免，特赦是对某一地区或某一类罪犯实行赦免。中国周代已经开始有赦免制度，历朝历代都有赦免制度。这种制度一来是表示皇恩浩荡，提高皇帝声誉，提高老百姓对政府的信任度；另一方面确实对一些犯罪情节较轻、危害社会不大的人是一种宽免，使他们尽快获得自由。同时也减轻监狱看管犯人的压力。宋代是中国历史上实行赦免最频繁的朝代。尤其是宋仁宗朝，在位40余年，降赦100余次，大赦22次。[1]宋朝平均每两年大赦一次。而且，每三年一次的郊祀大赦也被固定化。但是，一些文人士大夫对此颇有微词，比如司马光就曾说："臣窃以赦者，害多而利少，非国家之善政也。……无辜则赦，有罪则诛，使久系之人，一朝而决，故能消释气，迎致太和。非谓不问是非，一切纵之也。"大赦还有部分罪行不得赦免，北宋绍圣年间一道赦令如下："大赦天下。应绍圣四年九月五日昧爽以前罪人，除犯劫杀、谋杀、故杀、斗杀并为已杀人者并十恶、伪造符印、放火等罪并不赦外，其余罪无

[1] 吴钩.原来你是这样的宋朝[M].武汉：长江文艺出版社，2016：183.

《清明上河图》里面的世界

轻重。已觉发、未觉发、已结正、未结正，咸赦除之。"这些罪行在法律上被称为"常赦所不免"或"常赦所遇原"。[1]

《东京梦华录》记载，宣德门使用琉璃瓦。据孙机先生考证，我国西周早期已经开始使用屋瓦，"琉璃瓦的出现则不晚于南北朝时，大同方山曾出土北魏琉璃瓦。不过唐大明宫含元殿顶铺的仍是剪边琉璃，即只在屋脊与檐口处用琉璃瓦，其余部分用陶瓦。但宋代却有满铺琉璃瓦的殿顶。"[2]现在在故宫、十三陵、清东陵、清西陵、皇家寺庙见到的都是黄色琉璃瓦。那么，什么时候开始使用黄色琉璃瓦的呢？据学者们研究，唐代已经将黄色确定为皇家用色。宋代开始在皇宫使用黄色琉璃瓦。明清黄色琉璃瓦在皇家建筑中广泛使用，而且官方明文规定黄色琉璃瓦只能用于皇宫、皇家陵墓、皇家允许建造的寺庙等，其他建筑不得擅自使用。

4. 古代城防设施

（1）为什么没有瓮城？

古人在筑城的开始，就要设置城门，在阻止敌人攻城的同时，还要方便自己人出入，于是四面城墙都要设门。但城门也成了一座城池的软肋，敌人最容易通过城门攻入。于是，人们就千方百计加固城门，于是瓮城就被发明出来，有内瓮城、外瓮城，还有内外瓮城结合使用的。

从《清明上河图》的城门楼可以看出汴梁城门没有瓮城，并且没有守卫。瓮城是古代城池的重要防御工程，多呈半圆形或方形、矩形。明代的南京城，内外瓮城都有，中华门不仅有瓮城，还设有藏兵洞。

据《东京梦华录》记载："东都外城……城门皆瓮城三层，屈曲开门。唯南熏门、新郑门、新宋门、封丘门，皆直门两重，盖此系四正门，皆留御路故也。"可见东京城不仅有瓮城，而且大多是三重，只有4个正门没有瓮城。这里张择端没有具体画哪个门，否则，观者对号入座，反倒会提出问题。

---

[1] 吴钩. 原来你是这样的宋朝[M].武汉：长江文艺出版社，2016：186.

[2] 孙机. 中国古代物质文化[M].北京：中华书局，2014：151.

有城就要设置城防，要防止敌人攻城。瓮城仅仅是一种城防设施，单靠瓮城是远远不够的，还要有城防武器等。

在江南水乡，城里要有河流，以方便运输。城门就要设置水门，也叫水关，水门也会成为一个薄弱环节。所以，人们又设置了水路瓮城。苏州盘门是典型的水路瓮城。船只经过盘门需要过 3 个水门。水门上方设有"绞关石"，可以通过绞车提升、降下水门。

东京汴梁有 4 条河穿城而过，分别是汴河、蔡河、金水河、五丈河。汴河上有西水门、东水门。金水河、五丈河在城中汇合后流出，至少应该有 3 个水门。这仅仅是指外城。汴河还穿越内城，金水河水被引入内城，蔡河穿外城而过。根据《东京梦华录》记载，东京共有 7 个水门。书中特别提到东水门，"东南曰东水门，乃汴河下流水门也，其门跨河，有铁裹窗门，遇夜如闸垂下水面。"可见东水门有铁裹窗门，夜间放下。

（2）宋代开始进入火器时代。

火药在中国发明很早，随着火药的使用，唐代已经开始把火药用于军事，发明了飞火，类似火箭或火弹，点燃后用抛石机抛到敌人阵地。宋代火药进一步成熟，宋人发明了一系列火器，如霹雳炮、震天雷、引火球、突火枪、铁火炮、火箭、火球、火炮等。

宋神宗时期设军器监，下辖 4 万多人，专门生产军事器械，专设一个火药作坊、一个火器作坊，据宋代王得臣著《尘史》记载："同日出弩火药箭七千支，弓火药箭一万支，蒺藜炮三千支，皮火炮二万支。"火器生产规模已经很大。

霹雳炮就是用纸包石灰、硫磺等，纸裂之声很大，类似雷声，石灰散成烟雾，令敌人眼睛受伤。宋军曾在采石之战中使用。关于霹雳炮，学界争论较多，有人认为是爆炸性火器，有人认为是一种火箭。根据杨万里在《海鳅赋后序》中对霹雳炮"纸裂如雷"的描述，应该是爆炸性火器。但奇怪的是，在此以后未见更多史料记载宋军继续使用这种武器。另外，这种武器是如何发出去的也没有资料记载。按照宋代的情况，这类火器很可能是通过抛石机抛出，但是，这只是一种可能，缺乏文献支撑。

震天雷也称"铁公炮""西瓜炮",最初外壳是用陶制作的,后改为生铁铸造。口小,内装火药,装有引信。点燃后,可以用抛石机抛到敌人阵地,爆炸产生的碎片击中杀伤敌人,已经和现代的炮弹十分类似了。在遇到敌人攻城的时候,点燃引信后,直接丢到城墙下,通过爆炸炸伤敌人。北宋开宝八年(975)在攻打南唐时使用了震天雷。当时爆炸的杀伤力估计有限,但是威慑力很强。

突火枪,也就是火铳,也叫突火器,是世界上最早的管状火器。在大竹筒内填上火药和子弹,外壁装有引信,后端有供手持的木柄,点燃引信后发射,子弹射出击伤敌人。这种武器在当时最大射程300米左右,有效射程100米左右。这是世界上最早的手持发射式火器,移动性很强。但是,这种火器可能容易炸膛,造成武器报废,还会伤及自己人,使用寿命可能也不长。

宋代著名城防专家陈规在《守城录》中记载,他组织军事技术人员制成能够发射火药的长竹竿火枪20余支,并且组成了60人的长竹竿火枪队,他还创造性地发明了火牛进攻法,也就是在300头牛身上捆绑干竹、柴草,点燃干竹柴草后,牛就会疯狂地冲向敌阵,给敌人造成伤亡。《宋史·陈规传》中也记载了这一发明。实际上早在战国时期田单为守即墨城就曾使用火牛阵,当时用了1000多头牛,在牛角上绑上刀子,牛尾巴上绑上浸了油的芦苇,芦苇被点着后牛疯狂地冲向燕国军队,加上后面的敢死队,大败敌军。据说北宋名将杨六郎抗辽时使用的火牛阵就是从田单那里获得的灵感。

(3)古代攻城利器投石机、云梯。

图 3-133　宋代抛石机(炮车、单梢炮)

投石机包括车行炮、单梢炮、七梢炮与旋风炮等(见图3-133)。《守城录》中记载,陈规命人制成各种规格的抛石机,能够抛射30—60斤重的各种规格的泥弹、石弹,将抛石机安排在城内有利位置,由城墙上的士兵进行指挥,能够准确命中攻城敌军，给敌人造成伤亡。

但是，不知为什么，这么大规模的火器生产能力，如此先进的火器，为什么在对金军作战中屡屡败北。

一方面是防止敌人攻城；另一方面还是想尽办法攻破敌人的城池，云梯就是一件攻城武器。我国战国时期已经在使用云梯了。宋代《武经总要》中刊有云梯图（见图3-134），云梯是装在车上的，伸缩方便，便于移动。《武经总要》中的吕公车（见图3-135），一层驱动车辆，二层、三层持械凿城，四层持兵器攻城，五层直扑城顶。

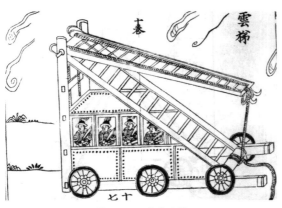

图 3-134 宋代云梯

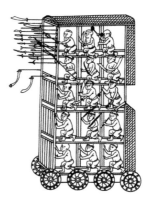

图 3-135 吕公车

（4）滚木礌石。

《东京梦华录》记载，城墙上会放置滚木、礌石等，用于打击攻城的敌人。滚木就是在比较粗的原木上加上铁制的尖状器，在滚动的过程中杀伤敌人。礌石并不一定是石质的，在中原地区大多是由泥土烧制的，形状多样。东京城城墙"每二百步置一防城库，贮守御之器"，有20名士兵守护。

河北沧州因远离山区，礌石都是由泥土烧制而成，形式多样（见图3-136）。河北大名宋代北京旧城城墙遗址也曾发现几枚礌石（见图3-137）。

关于城防，南宋时期应该说十分完备。南宋在城外挖护城河，这是历代以来的常规设施。南宋人在护城河靠城墙一侧设羊马墙，即使敌人渡过了护城河，还有羊马墙拦住他们。护城河外又有一道防御设施拒马枪，拒

图 3-136 河北沧州旧城发现的礌石 　　图 3-137 宋代北京大名府旧城城墙
遗址出土的礌石

马枪外是陷马坑，坑内有竹签等尖状物，再外一层也是壕沟，里面放一些鹿角木，最外一层是蒺藜，专门扎伤马蹄等。尽管如此严密，还是没有挡住蒙古骑兵的攻击。

（5）古代城防机关。

在古代城门处一般都有城防机关，有兵卒把守，负责检查来往行人。张择端本《清明上河图》中城门没有任何士兵把守，是一个完全开放的城门。但是在明代仇英本中则有专门城防机构和士兵，还有水门，水门上有千斤闸，有军卒、武器、盾牌、火炮弹，还有戚家军曾用武器狼筅，设有"固守城池""盘洁奸细"的牌子（见图 3-138、图 3-139）。

图 3-138 城门和瓮城（仇英本）　　　图 3-139 城防机构（仇英本）

清院本城门有瓮城，水门也有瓮城，有专门的城防机关，门口武器架子上还竖有两个大幅的牌子，清清楚楚写着"固守城池""盘诘奸细"，这才更接近城防真实情况（见图 3-140、图 3-141）。不仅如此，清院本还绘制了禁军操练的场景,操练场十分开阔,有些人正在骑马演练,阅兵台上主将端坐正中,很多兵卒分列两旁,气势威严,两个旗杆高高耸立,大旗飘扬,旁边很多百姓围观(见图 3-142)。

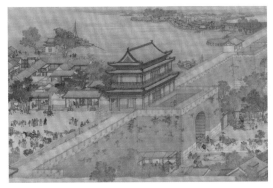

图 3-140　城门和瓮城(清院本)

图 3-141　城门内防卫人员(清院本)

图 3-142　禁军操练(清院本)

宋代官员家庭有哪些特权?

宋代把人户分为官户和民户。官户就是指一至九品之家。如果某一官吏死了,他的孩子即使做了无品小官,仍然是官户。如果是买来的官,至少得七品以上才可成官户。除官户以外的人户都是民户。官户也要交纳两税,但有很多特权,可以免除大部分职役,有时还免除科配。所谓科配,是指官府摊派正项赋税外的临时加税。犯法以后,官户有特权,有不同品级的议、请、减、赎等特权。比如宋代有"官当"制度。宋承唐制,官员犯法,法律允许被判处编管或流配罪及犯诬告或出入人罪的官员,可以用现任或历任官、职、差遣，抵徒罪若干年。所谓出入人罪，是指法官判决错误，把有罪人判为无罪，无罪人判为有罪。纳铜制度，宋代钱币发行量巨大，铜十分短缺，于是宋政府颁布一项政策，官户犯罪后，可以交纳一定量的铜来赎罪。

高级官吏俸禄非常优厚。这些官户大多有很多资产，如田地、商铺、矿产、渡口、作坊等。

荫补制度是很多朝代都有的政策，有些世袭的味道。宋朝按官员品级高低有不同的荫补政策。只有中高级官吏才享有荫补政策，下级官吏无权享受。享受范围包括子孙、本宗及异性亲属、门客等。有圣旨荫补，也就是按惯例每年逢皇帝诞辰可以荫补一次；还有大礼荫补，每三年逢郊祀时一次；致仕荫补，官员年老申请告退时可以荫补一次；遗表荫补，臣僚临死前可以上遗表申请荫补一次。

赵太丞家和他的邻家都是有品级的官户，从斗拱就可以看出。在宋代，只有有品级的人家才可以使用斗拱。这两家的房屋建筑质量也是画中最高的，赵太丞家有园林，有竹子和假山。据学者考证，赵太丞赵自化曾做过高级御医，品级应该很高。

难道屋顶也有等级之分？

中国古代是一个礼制国家，凡事都要讲等级，建筑也不例外，其中屋顶的等级规定十分明确（见图 3-143）。《清明上河图》城门楼属于四坡单檐庑殿顶，级别较高。在我国古代建筑中，重檐庑殿顶为最高等级，故宫太和殿、太庙等都使用这种屋顶。屋顶等级排序：庑殿顶、歇山顶、攒尖顶、悬山顶、硬山顶。

庑殿顶。也称四阿顶，级别最高，在《清明上河图》中只有城门楼是四坡单檐庑殿顶，其他地方没有出现。

歇山顶。等级仅次于庑殿顶，宋朝称九脊殿，清朝改称九脊顶，因为屋顶上有9条屋脊，一条正脊，四条垂脊，四条戗脊。建筑实物遗存最早的是五台山南禅寺大殿，为唐代建筑。宋元时期，歇山顶大为流行。像庑殿顶一样，也有单檐和重檐之分。北京故宫天安门、太和门都是重檐歇山顶。一般歇山顶有两个歇山，后又演化出四面歇山顶，也就是在四个方向都有歇山，最为典型的就是故宫角楼。这种建筑也被称为十字脊殿，因为其正脊是十字形的。唐代以前，只有五品以上官员府邸才可以使用歇山顶。图中孙羊正店使用了歇山顶（见图3-144）。孙羊正店只是一家商业机构，能够使用歇山顶，这说明宋代对歇山顶使用等级有所降低。

图 3-143　中国古代屋顶形式

　　图中出现的第一处建筑也是歇山顶，连码头边的小茶馆都是歇山顶，只是茅草屋，竟然也可以用歇山顶，可见宋代对歇山顶的使用较为随意（见图3-145、图3-146）。但是，这种歇山顶有些勉强，只有歇山、正脊、垂

图 3-144　孙羊正店的歇山顶

图 3-145　第一处建筑中的歇山顶

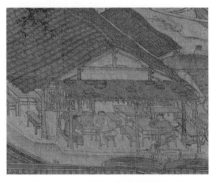

图 3-146　码头边小茶馆的歇山顶

脊，没有戗脊。第一处房屋甚至连正脊、垂脊都没有，只是一个茅草顶。

悬山顶。相较于歇山顶，悬山顶又低了一级，赵太丞家及其邻居家都是悬山顶（见图 3-147）。

硬山顶。建筑等级中最低的一等，老百姓的房子一般都是硬山顶。

图 3-147　赵太丞家及邻居房屋的悬山顶

宋代城市消防队

东京汴梁位于华北平原，冬春季节十分干燥，容易失火。东京曾经遭受过多次大的火灾，为此，官府制定严格的防火制度，设有专门的消防队，夜晚有巡逻队，还专设望火楼等。有一大将军家过生日，夜晚灯火通明，巡逻队发现后马上询问并发出警告。

图 3-148　消防队

图中城门里面，紧挨着孙羊正店就是一个消防队，这应该是中国消防队最早的图像资料了。图 3-148 中有两个大汉赤裸上身，其中一人在拉弓，臂上还悬着小水桶，似乎在训练臂力。前面是两排大木桶，应该是储水用的。关于这一处的功能有争论，也有人认为是军酒铺，大桶是酒桶。

城门里的税务机关

城门里面，紧挨着消防队，就是税务所，税务官员正坐在桌子后面，似乎在合计纳税数量（见图 3-149）。

宋代为规范纳税行为，专门颁布了《商税通例》，要求税务机关书于墙上。这可能是比较早的税务制度公开了，这样做便于商民监督税务官员的抽税行为，防止其滥用职权。税务官员背

图 3-149　税务所

后墙上是一幅书法作品，由于无法辨别其中内容，不知道是不是《商税通例》。宋朝规定，有无引子（官方颁发的特许购买凭证）纳税不一样。"有引者，税二十钱，无引者，税七十五钱。"[1]

为什么税务机关设在城门处？一方面城门是交通要道，为商旅必经之地；另一方面，宋代商税中有专门的门税。宋代商税分为过税和住税。过税由设于交通要道的税务机构向行商征收，住税则由商铺向交易地税务机构缴纳。

［1］张勇.北清明南姑苏：《清明上河图》与《姑苏繁华图》风俗画研究［M］.北京：故宫出版社，2016：32.

门税是过税的一种，专门在城门处征收。门税分为出门税和入门税，出门税主要对象是从城市贩卖商品到郊区和农村的商贩；入门税征收对象主要是由农村、郊区到城市卖东西的商贩。无论是入门税，还是出门税，征收对象都是小商小贩。但是，图中的商贩不像是小商小贩，而是大宗货物的商贩。边上有大秤，显然是称重计税用的，而且是重量比较大的物品。

许多经典名著的始作俑者——说书人

宋代的瓦舍，也称瓦子、瓦市、瓦肆，是北宋城市的娱乐中心，有很多娱乐项目，如杂剧、讲史、歌舞、傀儡戏、影戏、魔术、蹴鞠、相扑、杂技表演等。政和、大观年间京城著名的讲历史故事的人有孙宽、孙十五、曾无党、高恕、李教详等，也有卖卦、喝故衣（卖旧衣）、探博（赌博）、饮食等。东京最大的瓦舍，内设大小勾栏50余座，而最大的勾栏象棚居然可容纳千人，这简直就是宋版大型娱乐中心。

说书这种形式在没有电视机以前是一种十分受欢迎的娱乐形式，历史悠久。古代说书人为生计要千方百计把故事说得动人，对那些不好的情节加以删改，增加有趣的内容。他们又互相借鉴，代代相传，最后成就了很多名著。这些人对我国古代小说的发展起到了重要作用。《西游记》《水浒传》《三国演义》最初都是"话本"，所谓"话本"就是讲故事人的底本，这些讲故事人主要就是指说书人。这三本名著中都有说书人的巨大贡献。吴承恩、施耐庵、罗贯中虽有创造，但主要是集合了大家的智慧，他们只是把以往内容删除重复部分并加以改造和系统化罢了，这些书不是吴承恩、施耐庵、罗贯中的原汁原味的独创。

如果再向前追溯的话，说唱是人类文明传承的一种最为古老的形式，也是一种十分重要的形式，在没有文字以前，人类文明都是通过口头传播、传承的，其中说唱是很好的方式，它没有随着文字的诞生而消亡，同样也没有随着印刷术的出现而消亡。在 20 世纪 80 年代以前还广泛存在于民间。河南省宝丰县有传统的马街书会，每年农历正月十三至十五举行。届时河南省和其他省的说书艺人汇集于此，各展技艺，盛况空前。

《一千零一夜》是阿拉伯民族民间故事的集大成，包括古代波斯、古印度、古埃及等的故事，最早也是由游吟艺人传唱，后来一位法国人进行整理翻译后才得以出版，有了文字版。最早的版本是在叙利亚境内发现的 9 世纪的本子，但是，只有开篇页的一点片段。到 19 世纪后期，理查德·伯顿爵士开始将这些故事进行汇编，译成英文后共 16 卷，468 个故事。比这个本子早一些的是法文本，只有 6 卷。中东地区的印本要晚于法文本、理查德·伯顿本。现在国内的《一千零一夜》译本中，李唯中先生的译本为最全本。

世界著名史诗印度的《罗摩衍那》长期以来也是靠游吟艺人传播、传承的。没有游吟艺人，这些史诗不可能诞生，也不可能传到今天。古希腊神话长期以来也是靠游吟艺人的传唱得以流传，后来经过诗人的整理才成为图书固定下来。《格林童话》不是格林兄弟创作的，而是根据民间传唱的故事整理出来的。我国藏族史诗《格萨尔王》、蒙古史诗《江格尔》长期以来一直是靠游吟艺人传承的，20 世纪后期才整理出版。过去，这些海量的故事都是存在于说唱艺人的大脑里。

据考证，我国春秋时期已经有说书活动。汉代流行说唱活动，四川成都天回山东汉墓出土的著名的汉代击鼓说唱俑姿态滑稽、生动可爱，但不知说唱的是什么内容。

唐代流行变文讲唱，也叫"说话"，也就是用说唱的形式讲解佛经。后来，在变文说唱的基础上发展出了讲唱历史故事，再后来逐渐发展成评书。唐诗《看蜀女转昭君变》中"说尽绮罗当日恨，昭君传意向文君"，这里蜀女说唱的是昭君故事，而不仅仅限于佛经故事。至宋代，说书开始广泛流行。说书是口头文学的一种形式，说书种类有"讲经""讲史""小说"，尤其是讲历史的"讲史"和讲说灵怪、烟粉、公案、朴刀、杆棒、妖术的"小说"最受欢迎，

《清明上河图》里面的世界

也最为发达。[1]说书人不仅在瓦子、瓦市、瓦肆等固定场所演出,而且可以到乡镇流动卖艺。在固定场所演出需要听众付费,在村镇长期演出的,一般由村镇热心人到每家每户收取费用。如是临时演出,往往向听众劝交费用,多少不限,类似于乡间耍把戏的收费模式。我小时候,在农村老家,一般冬季村里都会请说书人来,一讲就是一个多月,都是晚上讲。有时是一人独讲,有时会有一个人拉二胡伴奏。一般讲到故事的关键点上,就是"预知后事如何,且听下回分解"。听书人意犹未尽,求来求去,说书人被迫再讲一回,结尾仍是一样。结果是,大家满怀希望而去,明天晚上继续来听。由村里管吃管住,结束时一次性给予报酬。

表演在瓦舍之外的,大多选择人流较多、场地宽阔的地方设摊。这类民间艺人被称为"路岐人"。这些人可能是技术差一点,没有资格到瓦子里面说书,只能游走各地,随处设摊。收入忽高忽低,十分不稳定。孙羊正店一角的说书人应该就是路岐人(见图3-150)。

在后来的仇英本也绘制了说书人的场景(见图3-151)。

图 3-150　说书人　　　　　　　　图 3-151　桥头说书人(仇英本)

---

[1] 邓广铭,程应镠.中国历史大辞典·宋史[M].上海:上海辞书出版社,1983:351.

让人羡慕的旅店条例

在《清明上河图》中有好几家旅店（见图3-152）。东京作为京城，来往客商、士人众多，旅店一定很多。为了规范旅店业的行为，宋代政府出台了邸店条例。其中有一条："客旅不安，不得起遣。仰

图3-152　王员外家旅店

立便告报耆壮，唤就近医人看理，限当日内具病状申县照会。如或耆壮于道路间抬舁病人于店中安泊，亦须如法照顾，不管失所，候较损日，同耆壮将领赴县出头，以凭支给钱物与店户、医人等。"意思是说，宋政府规定，旅店如发现住店的客人得病，不得借故赶他离店，而要告诉当地耆壮（民间基层组织领导），并就近请大夫给他看病，且在当日报告县衙。如果当地人发现路有病人，抬至旅店，旅店不得拒绝，还是按照程序请医生、报告官府。等病人病情稍轻时，店家便可以同耆壮一同到县衙结算，按实际开支报销医药费、餐饮费等。[1]这种规定现在看来仍然闪烁着人性的光辉，让人对宋代顿生仰慕之情。现在的旅馆发现病人危机，巴不得病人尽快离开，对病人进行施救也往往不情愿、不及时。如果有人抬危重病人到旅馆入住，恐怕很难找到愿意接收者。我们的法律也没有这样细致的规定，不得不佩服宋代立法的细致与严密。

[1] 吴钩. 宋：现代的拂晓时辰［M］.桂林：广西师范大学出版社，2015：41.

医院与药铺的专业化

由孙羊正店的说书摊向里，是一家医院，悬挂"杨大夫□□□""杨家应症□□"。水井边上赵太丞家也是一家医院，门口两块大牌子上书"但愿世间人长寿，不惜架上药生尘。"门外两块树立的牌子上写着："治酒所伤真方集香丸""太医出丸医肠胃病"（见图3-153、图3-154）。

图3-153　赵太丞家（医院）

图3-154　杨家应症

关于赵太丞，历史上真有其人，据《宋史·列传第二百二十·方技上》和山东平原县志记载，北宋确实有一个御医名叫赵自化，兄弟都是御医。山东平原县人。曾经服侍宋太宗、宋真宗。他的医学专著《四时养颐录》深得真宗赞赏，还为此书作序，但改名为《调膳摄生图》，并下令出版发行。[1]张择端在《清明上河图》上绘制的内容大多是有依据的，值得深度挖掘。

《东京梦华录》记载，东京城中马行街药铺、医院最多，很多药铺极为专业化，著名的药铺有杜金钩家、曹家、独胜元、山水李家，它们主要卖口

[1] 齐榕.宋朝御医赵自化[N].德州晚报，2016-12-08.

齿咽喉药。东京汴梁的医院很多是专科医院，有好几家儿科医院，比如杜金钩家、曹家、独胜元、山水李家；还有专门的妇科医院，如大鞋任家。

大相国寺东街附近有宋家生药铺，这家药铺十分奢侈，墙壁上都是大画家李成的山水，"铺中两壁，皆李成所画山水"，可见此药铺舍得花钱来装点铺面。

宋代政府规定，药店要24小时售药，否则违法，要打100杖。清代徐松辑《宋会要辑稿·职官》记载朝廷规定："熟药所、和剂局监专公吏轮流宿值，遇夜，民间缓急赎药，不即出卖，从杖一百科罪。"这100杖打下去，不死也差不多了。

一般认为慈善制度是现代社会的标志之一，也是文明社会的标志之一。在古代社会慈善大多是富人的个人行为，不具有普遍性。另一种慈善是宗教组织所为，世界上大多数宗教都提倡慈善。在我国古代，历代政府都有临时救济措施，比如遇到重大灾害，政府都会组织救济，但是从制度上建立慈善机制是宋代首创，宋代政府通过颁布政策使政府慈善常规化、制度化。宋代医疗慈善的代表就是设立官药局，用远远低于市场的价格向病人售药，另外还设立安济坊，为看不起病的穷人提供医疗服务。

"法国汉学家谢和耐在他的历史著作中，提到南宋时代杭州的官立药局，由于官府的补贴，使那些药局的药价只有市价的三分之一。他还提到过朝廷经营的安济坊，'贫困、老迈和残疾者均可在那里免费得到医疗'。但他没有提及，安济坊的创始人，正是苏东坡。"[1]

安济坊由苏轼在任杭州知州时创立，最初叫安乐坊，位于现在杭州惠民路。"苏轼拨款两千贯，自己又捐出五十两黄金，建立了这家医坊，请懂得医道的僧人担任医生，用他们的医术来普渡众生。他还建立奖励制度，对于三年内治愈千人以上的僧医，官府将奏请朝廷赐给紫衣，以资奖励。这是一份厚奖，因为紫衣是僧官才有资格穿的衣服。安乐坊不仅平时开业看病，收留贫困病人，而且还向公众免费发放圣散子（根据治疗瘟

---

[1] 祝勇. 在故宫寻找苏东坡 [M]. 长沙：湖南美术出版社，2017：268.

疫的秘方圣散子配置的药品）。后来这所医坊搬迁到西湖边上，改名为'安济坊'。"[1]

水井边的提水人

水井在没有自来水的时代是城乡最常见的取水设施，我们说离开家乡叫"背井离乡"，可见井在人们心目中的地位。在离河较近的地方，在河里取水，似乎不需要水井，但是，因为河水会有一些不干净的东西，人们仍然是要打井取水。我的老家在卫河边上的一些村庄，大家都是吃井水，而不愿意吃河水。在北方一般要用井绳把水桶降到水面，然后通过摇摆，使水桶充满水，最后提上来。一般的水桶加上水都有二三十斤，也是要一把力气的。南方水位较浅，往往只需用扁担把水桶降到水位即可取水。

图 3-155 中的水井口比较大，井口周边砌着整齐的地砖，井口向上突起，可能是为防止脏东西落入井中；为防止汲水人跌落，水井上安置了十字护架。正因为井口大，才能够同时供两个人提水。画中的两个人大概是专业的挑水人，小腿上都裹着绑腿。旁边的树上挂着两副扁担，应该是这二人的。左边一人扁担已经放到肩上，正在准备勾住水桶。

图 3-155　水井

[1] 祝勇 . 在故宫寻找苏东坡［M］. 长沙：湖南美术出版社，2017：268.

高级别官员出行

　　宋代科举去贵族化，使得大量平民出身的读书人入朝为官。读书改变命运成为一种社会共识，读书人社会地位得到提高。宋代也是文人大家辈出的时代，范仲淹、欧阳修、苏轼、陆游、王安石、辛弃疾等都诞生于这个时代。图3-156中赵太丞家门口大街上正有一支队伍通过，其主人显然是一个文官。

图 3-156　官员出行

1. 绘画的方向

　　这一行共9人，队伍很长，位于图的结尾部分。行进的方向值得注意，是走向画面中心，和开头郊外的驴队走向画面中心，扫墓轿子走向画面中心，惊马的走向，都是张择端的刻意规划，前几个场景是引导大家逐渐展开画卷，最后这个场景提醒观画者图画已结束，可以回看，使观者不自觉地被引向画面中心。我们中国形容文学作品有一个词叫"首尾呼应"，绘画也一样，这样的布局是典型的首尾呼应。

2. 马是战略物资

马在宋代是战略物资，宋朝6万多骑兵，战马仅仅能够满足五分之一的需求，所以政府对马的管制很严，当然骑马也就显得十分难得，也是一种身份的象征。通观全图，这个文官是张择端绘制的最体面、最舒展、最优雅的一个人，仪态安闲，文人官员的帅气体现得淋漓尽致。

3. 宋代官员高工资

宋代文官工资很高，"宋朝一名知府（知州）的月薪——本俸、职钱加上公使钱（特别办公费。按照宋代制度，各路州官员都发给公使钱，专门用于宴请、为其他官员赴任赠礼、罢官、来往京城的费用，随官位品级和家属人数多少而定）、职田租金及各种补贴，大概也有500贯上下，相当于年薪40万美元。"[1]"明朝文官实行低薪制，并且官员的薪俸以实物计算、发放正一品的月薪为87担大米，折成钱的话，大概只有34贯。"[2]以宋代官员的工资水平，即使作为当代人，也无法企及。宋代知州年薪40万美元，约合240多万人民币，恐怕相当于一个市长20多年的薪资总和。

这样的高薪也不一定能保证官员不贪污，宋太祖赵匡胤专门提醒官员：你们的薪俸都是来自百姓的血汗钱，他们虽然弱小，容易被你们欺负，但是上天是不可欺骗的。河北保定直隶总督署专门立有一个牌坊，把宋太祖的《戒石铭》刻在了牌坊上："尔俸尔禄，民脂民膏，下民易虐，上天难欺。"

4. 结社自由

俗话说"物以类聚，人以群分"。人是社会性动物，与他人交往是人的本性，任何人离开社会都无法生存。在社会交往的过程中，人最愿意与自

---

[1] 吴钧．宋：现代的拂晓时辰[M].桂林：广西师范大学出版社，2015：374.

[2] 同上书，第375页。

已的同好者为伍，愿意结成一定的组织，也就是社团，文人尤其爱结社。但是，并不是所有朝代都允许结社。大多数朝代的统治者害怕人们通过结社形成反政府组织，所以一般禁止人们结社，只有少数朝代允许。

宋代为文人发展提供了宽松的环境。宋代人有结社自由，文人当然也一样享有结社自由。据《东京梦华录》《西湖老人繁胜录》《武林旧事》《都城纪胜》等书记载，杭州城的社，就有上百种，演杂剧的可结成"绯绿社"，蹴鞠的有"齐云社"，唱曲的有"遏云社"，喜欢相扑的"角抵社"，喜欢射弩的可结成"锦标社"，喜欢文身花绣的有"锦体社"，使棒的有"英略社"，说书的有"雄辩社"，表演皮影戏的有"绘革社"，剃头的师傅也可以组成"净发社"，变戏法的有"云机社"，热爱慈善的有"放生会"，写诗的可以组织"诗社"，一群讼师组成"业觜社"，流氓组织"没命社"，好赌的可以加入"穷富赌钱社"，一群贵妇女因为经常"带珠翠珍宝首饰"参加佛事聚会，干脆成立一个"斗宝会"，连妓女们也可以成立一个"翠锦社"。有一个无聊文人王景亮与邻人专门结一社，为人起外号，被称为"猪觜关"，因为拿权臣吕惠卿开玩笑，被抓，猪觜关解散。[1]

清朝严禁士子结社。顺治九年二月，颁布全国儒学明伦堂前的卧碑文字，其中七、八两条说得十分明白："七、军民一切弊病，不许生员上书陈言。如有一言建白，以违制论，斥革治罪。""八、生员不许纠党多人，立盟结社，把持官府，武断乡曲；所作文字，不许妄行刊刻，违者听提调官治罪。"这些都被刻在明伦堂的石碑上，被称为"卧碑"。顺治十七年再次颁旨严禁结社结盟，清代文人的自由受到了严格的限制，与宋朝形成鲜明的对比。

5. 创办书院

文人还可以成立书院。两宋300多年竟然建立了700多所书院，著名的应天书院、岳麓书院、嵩阳书院、白鹿洞书院、石鼓书院、茅山书院、龙门书院、徂徕书院被誉为北宋八大书院。朱熹一生创设书院4所，修复书

[1] 吴钩.宋：现代的拂晓时辰[M].桂林：广西师范大学出版社，2015：222.

《清明上河图》里面的世界

院 3 所，在全国 47 所书院讲过学。这些书院是我国书院教育（高等教育）的重要组成部分，对中国思想史、学术史的发展起到了极大的推动作用。

学人办书院，主要是因为对官方办学的失望，官方办学主要是为科举服务，也就是应试教育。学人想以此重建学术、收拾人心。书院开始大多是私立，后来由于官员提倡和朝廷赐给匾额和书田，逐渐成了半官方、半私立的地方教育中心。

书院大多设在风景名胜等僻静之地，掌教者被称为山长、洞主。

6. 宋代真正的高等学府——太学

书院与太学不同。太学是官方设立的高等学府，学生有特权；书院是高等知识分子私设的高等学府，注重精神修养。

汉武帝时开始设太学。北宋仁宗庆历四年（1044）开设，分为上舍、内舍、外舍三级。内舍学生 200 人，从八品以下官员和平民的优秀子弟中选拔。宋徽宗时期，太学生名额大幅度增加。创设辟雍为外学，外舍生入外学，名额 3000 人。太学内舍生 600 人，上舍生 200 人。北宋太学生的饮食由政府供给。南宋时内舍生由官府供给，外舍生自费。外舍可以考入内舍；内舍可以考入上舍；上舍生优秀者直接授官。

宋代太学生有特权，可以免除丁役、雇人代服差役等。外舍生甚至犯了杖以下的私罪还可以拿钱赎买，内舍生、上舍生犯了脏私罪和徒以下公罪均可以拿钱赎买。

7. 官员赴任

宋代官赴任要有"印纸""告身"，也就是任命书、履历表、绩效考核表。长期以来，宋代的印纸、告身什么样不知道，因为没有实物遗存。后来浙江一个盗墓团伙从一处南宋墓（徐谓礼墓）中盗出 17 卷告身，而且保存完好，是这个官员完整的告身。因为存放在铜制圆筒中，并且用蜡封闭，所以历经 800 多年仍然保存完好。

南宋徐谓礼墓告身、印纸被鉴定为国家一级文物。分为告身、敕黄、印纸（绩效考核表）。告身、敕黄是政府委任状，印纸为沿途履历。徐谓礼一生共转官 12 次，现存 11 道告身。录白印纸记载了徐谓礼任职以来的到任、考核、解任、担保、举荐等档案。包括政绩考核表，官阶升迁，为母丁忧，为他人写的保书。共 17 卷，5 万余字。

8. 宋代官员何时退休？

致仕又称休致、致政、休退，最后一种说法和我们现在的说法"退休"调了个个。汉代有"悬车致仕"一说，意思是退休以后把车辆悬起来，不再上班了。汉代退休还被称为"乞骸骨"，意思是告老还乡、归葬故里，希望回故乡安享晚年。当然，皇帝也可以不批准，强制留任。这样的例子并不鲜见，元朝时期的郭守敬，屡次申请退休，都不被批准，最后 86 岁死于任上。

自汉代起文官 70 岁是致仕的年龄，宋代沿袭前制，武官 80 岁才致仕。有些重要官职不受年龄限制，不在致仕之列。致仕属于自愿行为，可以提前，到年龄不提出申请，政府也不会强制退休。到了年龄，本人提出申请表、扎，获得批准的告敕后才可以退休。宋神宗以前，致仕以后都解除原官职。从神宗朝开始，允许带官致仕，退休官员还享受很多待遇：①职事官致仕都给一半薪俸，立有战功的部分武官领取全奉。②致仕时都可以升转一官，以后每次遇到朝廷推恩，还可能转官。③高级官员可以荫补一定数目子孙为官，中级官员如荫补子孙，就不能再转官。④为子弟祈请"恩例"。⑤为亲属叙封或封赠、回授官爵。[1]

计算机的老祖宗——算盘

一般认为算盘发明于唐代，盛行于宋。经中日两国珠算专家将《清明

[1] 邓广铭，程应镠 . 中国历史大辞典·宋史 [M]. 上海：上海辞书出版社，1983：368-369.

上河图》赵太丞家一节画面摄影放大，确认画中之物为算盘（见图3-157）。不过，关于算盘一说有争议。

类似形状的东西还有放铜钱的木盘（见图3-158）。2017年春天，我到天津胜芳镇参观，看到一个这样的物件，突然想到《清明上河图》中的这个画面。相信专家们也考虑过这一问题，也许我是多虑了。

据吴军先生在《为什么算盘是计算机》中说，美国硅谷计算机博物馆认为算盘是最早的计算机。他们讲解计算机的历史，首先从中国的算盘开始讲起。由此可见中国算盘在计算机历史上的重要地位。世界上最早的计算类工具是美索布达米亚人发明的算筹，我国也曾长期使用算筹，也出土过不少算筹实物。公元前5世纪，古希腊发明了铜质（或木质）计算工具，中国出现算盘最早可能在东汉到三国时期，比古希腊至少晚了5个世纪。

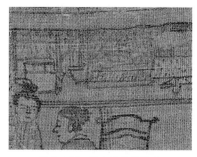

图3-157　赵太丞家的算盘

图3-158　古代盛放铜钱的木盘

坐姿的千年巨变——椅子

椅子可以说太常见了，我们几乎每天都离不开椅子，我们坐在椅子上吃饭、办公、休息等。但是，找遍整个《清明上河图》，仅发现7把椅子，其中3把是交椅，赵太丞家有一把，城门税务所有一把，久住王员外家二楼有一把。赵太丞邻居家大厅里面有一把圈椅，临河茶馆有两把靠背椅，算命铺中算命先生坐一把靠背椅。孙羊正店、十千脚店等高级酒店内没有发现椅子（见图3-159至3-163），这是怎么回事？从画面可以看到，赵太丞邻

图 3-159　赵太丞家的交椅

图 3-160　久住王员外家二楼的交椅

图 3-161　税务官员坐的交椅

图 3-162　赵太丞邻居家客厅的圈椅

家厅堂的圈椅和现在的圈椅
已经没有太大的区别，说明
当时圈椅已经很成熟了。

　　图中只有 7 把椅子，原
因可能是椅子当时主要在皇
家、官员、富人家里使用，还
没有普及到普通人家。无论
是赵太丞及其邻家，还是久
住王员外家，都是富裕人家。

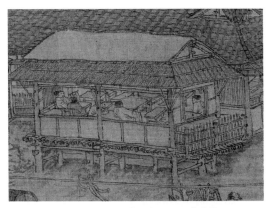

图 3-163　临河茶馆中的两把靠背椅

税务所是官家机构。临河的那家茶馆有点例外，大概是公共服务机构，赶
点时髦也在情理之中。这两把靠背椅和其他凳子放在临河大厅里，没有显
示出特别身份与地位。

1. 席地而坐

说起椅子，这就涉及古人坐的生活习惯问题。在魏晋南北朝以前人们都是席地而坐，这个习惯持续了很长时间。在椅子、凳子等高坐具传入以前人们一直是席地而坐。

图 3-164　汉代画像砖

在汉魏以前床是坐具，不是卧具。汉代画像砖上描绘了席地而坐的场景，画面上主人席地而坐，在欣赏跳丸、舞剑、长袖舞等节目（见图 3-164）。

直到现在，很多语言中还留有席地而坐的一些痕迹。比如成语"管宁割席"，管宁、华歆一同在园中锄地，忽然发现地上有片金子，管宁照样锄地，华歆拿起来看了看，又扔掉了。有一天，他们二人在同一张席上读书，外面一阵喧哗，说是有个穿着华丽的人乘坐一辆豪华的车子从这里经过，管宁读书依然如故，但是，华歆把书扔到一边，就出去看热闹了。于是，管宁拿出刀子，把席子从中间割断，说："华歆你不是我的朋友。"这个故事就告诉我们当时人们是席地而坐的。

椅子等高坐具的出现对人们生活的改变是巨大的。在席地而坐的时代，无论是盘腿坐，还是长跪都很累，而垂足坐却比较轻松，可以持续很长时间。但是，一种新技术出现以后，并不一定完全被人们接受，直到现在还有很多民族席地而坐，比如蒙古族、维吾尔族等。现在韩国、日本还有席地而坐的习惯。

席地而坐，因为地是凉的，也不干净，需要铺一张席子，然后坐在上面。一般家庭没有钱铺地砖，席子直接铺在土地上。富豪之家可以在地上铺上方砖，然后将席子铺在上面。

2. 镇的来历

坐席一般是由苇篾或者竹篾编成的，有时四角会翘起。为了防止席角翘起，就要在角上压一个重物，这个重物就被称为"镇"。我们在考古发掘中发现了很多战国至汉代的席镇。从材料上来看，有青铜、玉石、金、铁质等，造型十分丰富，有人和龙、鹿、猪、兔、牛、虎、豹、熊、龟、雁等各种动物形状，也有半圆形、秤砣形的，上面都有装饰图案，十分华丽。

3. 席地而坐何时改为垂足坐的？

由席地而坐到高坐具的垂足坐，有一个渐变的过程，这里不仅仅是一个坐姿问题，还牵涉礼法的问题。东汉末年胡床传入中原。据文献记载，汉灵帝时由北方传入"胡床"，类似今天的马扎（见图 3-165）。《后汉书》记载："汉灵帝好胡服、胡帐、胡床、胡坐……京都贵戚皆竞为之。"如果这个故事可靠的话，那么就是汉灵帝开启了垂足坐的先河，这是最早的垂足坐。后来还传进来筌蹄（束腰圆凳）、椅子、凳子等高坐具，这些都是垂足坐。这是一种新的坐姿，按照传统礼仪垂足坐不合礼法。

席地而坐的改变，应该说与西北少数民族有极大的关系。东汉末年社会大乱，魏晋南北朝时期大量少数民族进入中原，有些还建立了强大的政权，他们把自己的礼俗带到中原来，高坐具开始大量传入中

图 3-165 《北齐校书图》中的马扎

原，汉族传统礼俗也受到冲击，礼制松弛。另一方面，佛教很多造像是垂足坐，佛教的大流行，为垂足减少了阻力。唐朝是一个开放的朝代，对少数民族的礼俗采取开放态度，但是唐代的椅子、凳子并不普及，只限于贵族与士大夫家。唐末大乱，垂足坐与席地而坐并行。五代十国时期少数民族再次

大举进入中原，椅子、凳子等高坐具开始普及。

　　唐代周昉的《挥扇仕女图》中垂足坐和席地而坐并行，其中两人坐在圈椅上，三人席地而坐（见图3-166）。这是席地而坐向垂足坐转变的过渡时期的一个佐证。

图3-166　唐　周昉　挥扇仕女图

　　五代周文矩的《宫中图》上的人物既有席地而坐，也有垂足坐，高靠背扶手椅已经很完善（见图3-167）。类似这样的过渡时期的绘画还有不少。

图3-167　五代　周文矩　宫中图

在席地而坐的时代，标准坐姿是两膝着地，两小腿并拢贴地，臀部坐在小腿及脚后跟上，双手放在膝盖上，正视前方。如果腰身直立，臀部离开脚后跟就被称为踞，一般表示礼敬。还有箕踞、跌坐（盘腿坐，两小腿交叉）等坐姿。所谓箕踞，也称踞坐，两腿分开，两膝上耸立，臀部着地，这种坐姿非常不礼貌，表示待人傲慢。但是，帝王可以除外。

但是，到了宋代，帝王的坐姿一下子来了一个巨大变化，皇帝不再是盘腿坐，而是垂足坐。从图 3-168 中可以看出宋太祖是垂足坐，坐的是宝座，也就是高级的椅子。宋代仁宗和其他几位皇帝、皇后的画像都是坐在椅子上。《听琴图》中弹琴者就是宋徽宗，两位听琴者也都是垂足坐。说明皇家已经接受了椅子，已经接受了垂足坐。皇帝接受垂足坐具有示范性，对椅子等高坐具的推广起到了很大的促进作用。从《清明上河图》可以看出，北宋垂足坐从宫廷到民间都已经普及。尽管椅子不多，但是茶馆、饭店到处都是凳子（见图 3-169）。垂足坐让小腿不再承重，得到休息与放松，人们舒服多了。席地而坐已经被彻底代替，已经成为过眼烟云了。这一转变给人们的生活带来了巨大影响，包括礼制、习俗等。

图 3-168　宋　王霭　宋太祖坐像

图 3-169　茶馆中的高坐具

比《清明上河图》还早的五代南唐时期顾闳中《韩熙载夜宴图》中的椅子也已经十分成熟，样式也比较多（见图 3-170）。说明五代时期在一些官宦之家椅子已经普及。

北宋李公麟绘制的《会昌九老图》，描绘的是白居易退休以后在洛阳香山组织九老会的情景，图中人物都坐在圈椅上（见图 3-171）。虽然唐代白居易坐圈椅的可能性不大，但是，李公麟这样画说明至少在李公麟生活的时代圈椅已经很完善了。李公麟生于 1049 年，宋徽宗生于 1082 年，李公

图 3-170 《韩熙载夜宴图》中的椅子

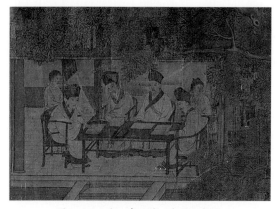

图 3-171 宋 李公麟 会昌九老图

麟比宋徽宗大 33 岁，宋徽宗 1100 年即位，6 年后李公麟去世。推测张择端应该主要活动于徽宗在位期间，李公麟活动时间应该早于张择端。因为张择端在历史上没有记载，生平仅见于金代张著的题跋，很简略。

从五代南唐时期顾闳中《韩熙载夜宴图》和李公麟《会昌九老图》看来，在张择端的时代，椅子在富家大户的普及是没有问题的，只是《清明上河图》描绘的是市井风貌，主要是普通百姓的生活，描绘的椅子少，也在情理之中。

4. 椅子是怎么来的？

关于椅子的起源众说纷纭，有人说椅子起源于三足凭几，有人说起源于榻，还有人说起源于胡床。所谓三足凭几就是供人们在榻上作为小臂凭依的一种小家具。榻是类似于床的大型坐具。胡床就是马扎子。这些说法都有一定的道理，但是，如果我们放眼世界，把椅子放在整个人类文明发展史的角度去考察，这个问题就不言自明了。

经过考察我们发现世界上最早的椅子是两河流域的苏美尔人发明的。苏美尔文明乌尔城遗址 779 号墓出土的军旗（见图 3-172），距今 4700 年。上面有十分明确的椅子的图像，这些椅子有靠背，兽足腿，在后世的家具中经常出现兽足腿，这是兽足腿家具的来源，是兽腿足的老祖宗。

图 3-172 乌尔城遗址出土的军旗

古埃及椅子的历史也比较悠久。在公元前 2500 年，古埃及已经有了高坐具，著名的法老胡夫的母亲墓中出土了完整的椅子。这种椅子也是兽足，有可能来源于西亚。还有一个细节需要我们注意，椅子上已经有了明确的榫卯结构，榫卯结构不一定中国人发明的，也可能是从西亚学来的，但是中国人把榫卯结构发展到了极致。

埋葬于公元前 1340 年的古埃及法老图坦卡蒙墓葬中也发现了精美的椅子（见图 3-173），无论是交椅，还是靠背扶手椅，都已经十分成熟。由此看来，中国的交椅由胡床、榻、三足凭几转化而来的说法就显得有些不靠谱了，我们的古人很可能直接学习埃及、西亚地区的椅子。当然其中介可能是西域或北方少数民族。长期以来，我们涉嫌对古代各种文明之间的交流估计不足，在没有汽车等现代交通工具以前，人类一直使用两脚行走，或者骑着马匹、骆驼、驴子赶路，几万年以来没有变过。只是进入汽车时代，交通速度才得到了质的飞跃。但是，古代各文明之间的交流一直没有停止过，中国的丝绸能够被运到欧洲，当然欧洲、西亚、埃及的技术和物质也能传到中国来。事实上冶铁技术、大麦、小麦、葡萄酒等都是由西亚传来的，椅子很可能也是这样传来

图 3-173 古埃及法老图坦卡蒙的椅子

的。有人说是通过胡床改造的，我觉得未必，放着现成的椅子不学习，非要改造什么胡床，说不过去。因此可以推断，中国人很可能直接从埃及、西亚地区引进了椅子和椅子制造技术。

关于交椅，有人说："到了南宋，人们便将交床改称为交椅。据说，南宋宰相秦桧坐交床时头总是向后仰，以至巾帻堕下，京尹吴渊为了拍秦桧的马屁，特地在交床后部装上托背，人称'太师椅'。"我认为，这种说法靠不住。由《清明上河图》赵太丞家门厅的椅子可以看出，加靠背不是南宋，北宋就已经有了。交椅优点很多，因其轻便、能折叠，出游、行军都可以携带（见图3-174、图3-175）。

图3-174　宋　佚名　春游晚归图（局部）

因为是席地而坐，所以就产生了很多相关的词汇，"席位""主席""出席"等词都来自席地而坐。西方"主席"一词作"chairman"，是坐在椅子上的男人，中国"主席"是指坐在主要席位上的人。由词汇上来看，椅子也应该来自西方。

图3-175　宋　佚名　蕉荫击球图（局部）

宋代的半边天

我们都把女性称为半边天，那么宋代女性生活如何呢？从《清明上河图》可以看出一点端倪。这里不是科学考据，仅是一鳞半爪，但是窥一斑可以知全豹（见图 3-176、图 3-177）。

图 3-176　在赵太丞家看病的妇女

图 3-177　孙羊正店前买花女子

1. 皇后竟然是二婚

宋代社会对女人再嫁是比较宽松的。宋真宗赵恒作襄王时，说喜欢川妹子的多才多艺，家人就去寻找，结果找到一个叫龚美的银器匠，因为生活艰难，要卖妻子，就把龚美的妻子刘氏买了回来。刘氏会拿拨浪鼓跳舞，襄王很喜欢，就娶了刘氏。赵恒做了皇帝以后，将刘氏封为美人，皇后死后又册封刘氏为皇后。真宗死后，宋仁宗即位时只有 14 岁，刘皇后垂帘听政11 年。在她主持政务时期，宋朝在四川发行交子，也就是中国最早的纸币。北宋名臣司马光对刘皇后评价很高，他说："章献明肃皇太后保护圣躬，纲纪四方，进贤退奸，于赵氏实有大功。"

《宋刑统》规定，丈夫三年外出未归，妻子可以宣布离婚。这和现在的婚姻法已经很类似了。

2. 让你惊掉下巴的女相扑手

提到相扑，我们都会联想到日本相扑。其实，中国宋代已经有了相扑，而且还有女相扑，也叫女飖。《梦粱录》《武林旧事》都记录了好几位女相扑的名字，如"赛关索""嚣三娘""黑四姐""女急快"等。仅仅凭这些名字你就可以想象这些女相扑手的彪悍了。宋仁宗在上元日带着后妃观看表演，还给了奖励，可见宋代对女性的开放态度。但是，仁宗皇帝观看女相扑一事引起司马光的反感，为此他专门写了《论上元令妇人相扑状》，提出要进行管理，女性相扑不能在大庭广众之下表演。

寺庙和行脚僧人

图 3-178 中在孙羊正店边上的十字路口，有两位僧人，一位正在和他人谈话，一位正背着行笈行走。在城门外有一处寺院临着护城河，这应该是一个很好的位置，与高大的城门楼隔河相望。寺庙大门面阔 5 间，屋檐有斗拱，门上有门钉，这都是等级的象征（见图 3-179 ）。

图 3-178　孙羊正店左边十字路口的僧人

图 3-179　护城河边的寺庙

1. 图中的寺庙究竟是哪一座庙？

人们除了满足基本的物质生活需要以外，还要有精神生活，宗教是精神生活的重要方面，也是人类的重要发明，世界上很多民族都有自己的宗教，都有自己的神系。在中国古代，无论城市还是农村，地平线上最高的建筑，就应该是寺庙，寺庙中最高的建筑是佛塔。即使是在京城，皇宫大殿的高度一般也不会超过城市中佛塔的高度。故宫太和殿当时应该是最高的了，连同台基也只有 35 米左右，佛塔高达四五十米是很正常的。欧洲城乡的地平线最高的基本是教堂，尤其是教堂的尖顶，往往高高耸入云，特别显著与突出，形成一道特别的天际线。现在城市中的地平线由高楼大厦构成，谈不上什么美感。

图中的寺庙究竟是哪一座庙呢？有人推测图中城门楼是东水门，如果是这样的话，这家寺院可能是天清寺，根据地图和文献记载天清寺在东京汴梁的东南角，在外城以里、皇城以外，现在还留有一座残塔——繁塔，虹桥也在东水门以外。

2. 寺庙前为何要有水？

佛教寺庙一般的规制有影壁、山门、大雄宝殿、藏经楼、佛塔等，还有其他附属建筑，如钟楼、鼓楼、僧舍等。图 3-179 中的寺庙我们只看到了山门，山门外的两个护法天王只露出下半身，还被栅栏围着。

寺院临着护城河，位置很好，我国古人喜欢在山南水北安居，山南水北为阳，凡是带"阳"字的地名均是如此。比如洛阳，就是洛水以北、北邙山以南。寺院前面一般都有水，有的是自然水流，有的是人工水流。在古代，在敬神之前都要斋戒、沐浴更衣。人们在水上架桥，信众走过桥梁，就象征进行了沐浴，这是礼神前的必备动作。这样的安排，既省事，也符合礼制。当你穿过寺院前的桥梁时，你可以体会其中的含义。

3. 历史上最牛的辞职者是谁？

有人说，儒家是治国的，道家是治身的，佛家是治心的。儒家像粮店，道家像药店，佛家像杂货店（南怀瑾《论语别裁》），道家及儒家是中国人灵魂的两面，而佛家则包容万象。

南北朝时期梁武帝对中国佛教的发展做出了很大贡献。梁武帝萧衍是汉代开国名臣萧何的后人。梁武帝是历史上第一个大力推崇王羲之书法的帝王，活了86岁，梁朝虽然是一个小朝廷，也是一个短命王朝，但是梁武帝在位却有48年，在中国古代400多位皇帝中排名第五。大名鼎鼎的唐玄宗在位时间也只有44年，排在第七位。梁武帝不仅在位时间长，而且还十分长寿，在历代皇帝中也十分少见，在历代皇帝中长寿第二，乾隆皇帝第一，活了89岁。梁武帝前20年励精图治，不分春夏寒暑，起早贪黑批阅奏章，十分勤政。但是，后来因为崇信佛教，4次辞职不当皇帝了，到同泰寺去做僧人，大臣们被迫花费巨资把他赎回来。546年他第三次出家，大臣们向寺里捐赠两亿钱才把他赎回来。观复博物馆馆长马未都先生称他为："历史上最牛的辞职者。"梁武帝40岁以后，不近女色。对于皇帝来说，身边美女如云，能做到后半辈子不近女色十分难得。不过这可苦了那些嫔妃们，她们再也没有机会得到临幸了。他还命周兴嗣编写《千字文》，从王羲之书法作品中选取1000个不重复的汉字，四字一句，很有文采，便于记忆。成为后世童蒙教育的经典读本，传承了1300余年。

梁武帝对佛教礼仪的规范也起到了很重要的作用。他立规矩，佛教徒开始不吃肉，同时对儒家的礼义也进行了规范，包括祭孔仪式。

4. 哪位皇帝迷倒了这位外国女性历史学者？

图3-180 《宋徽宗》书封

宋徽宗在中国历史上400多位皇帝中知名度是比较高的。他的一生具有传奇性，对艺术十分痴迷，艺术水平达到了登峰造极的程度，可以说是前无古人，后无来者，引来无数后人的关注。历史学家、文学家、诗人大多是把他作为亡国之君来对待，让后人引以为戒。

美国华盛顿大学历史学教授伊沛霞特别喜欢宋徽宗，花费数十年之功，专门研究宋徽宗，撰写了52万字的《宋徽宗》（见图3-180）一书。角度独特，有很多独到的发现。

5. 苏轼的小书童竟然成了宋徽宗的老师

宋朝整体来讲是三教并用，但是宋徽宗时期崇尚道教，道士们社会地位很高，被称为"金门羽客"。京城的道观也很多，比如醴泉观、洞元观、瑶华宫、万寿观等。徽宗对道教的赏赐非常丰厚，还要求各级官吏礼遇道士。宣和年间全国道士人数达到了百万以上。徽宗还下令成立道箓院，为道教最高学府，编入正式教学体制（官学体系），学生毕业可以考入太学。开设的课程有《黄帝内经》《道德经》《庄子》《列子》《易经》《孟子》，还有宋徽宗的《圣济方》等。徽宗还把道教经典列为科举考试内容。道箓院也专门成立道教研究机构。徽宗授意道箓院封他为"教主道君皇帝"。哪有皇帝要求下属给自己封官的？与他同样荒唐的还有明代的武宗朱厚照，他非常喜欢立战功，于是就自封为大将军。与宋徽宗不同的是，明武宗倒不是请求下属给自己封官，而是自己来。

道君皇帝就是全国道教最高教主。他宠信林灵素（见图3-181），林灵素是道教神霄派的创始人，林灵素宣称，天上九霄，神霄为最上一层。林灵素是浙江温州人，曾经是大文豪苏轼的书童，有一天苏轼问其志向，他说："生封侯，死立庙，未为贵也。封侯虚名，庙食不离下鬼。愿作神仙，予之志也。"看来这个人对生前封侯、死后进入寺庙被人朝拜都不感兴趣，一门心思要做神仙。此人胆量特大，口才也好，迷惑了很多人，辉煌时期手下信众两万多人。林灵素是如何得到宋徽宗崇信的呢？实际上，徽宗自登基以来，一直

图3-181 林灵素像

在提倡道教，但是没有合适的人响应，林灵素正是他寻找的人。他说徽宗是神霄玉清王下凡，左右近臣及宠妃都是神仙下凡。林灵素自称是徽宗的侍从，专为辅佐徽宗而下凡的。这就是神化徽宗皇帝，是对于皇帝的崇高神圣性最好的解释啊，说得宋徽宗心花怒放，对他几乎是言听计从。

《清明上河图》里面的世界

徽宗对林灵素赏赐无数，赐号"通真达灵先生"，为他专门建造上清宝箓宫，徽宗还下令在全国各地州县建造神霄宫，小的州县可以把佛寺改为神霄宫。林灵素每设大斋（道教祭祀仪式）耗费铜钱数万。光他的徒弟就有两万多人。后来又赐号"玄妙先生"。1117年，徽宗下令再铸一套九鼎，被称为神霄九鼎，放在神霄宝箓宫。

徽宗令林灵素每个月在上清宝箓宫讲道，很多官员、太学生参加。有时徽宗也参加，并且坐在听众席，把林灵素视为老师。据说，林灵素讲道时有几十只仙鹤出现。[1]据说林灵素具有运用雷鸣和闪电驱除邪魔的能力。这不是他的独创，福建、广东、浙南民间早有这种方法。这家伙不过是把家乡的文化拿来忽悠最高层罢了。

1113年徽宗命令在宫中建造道观：余庆和阳宫，后来改为玉清神霄宫。1114年建成，有3个主殿和6个配殿，共142个房间。[2]

对于中国人来说，神是凡间帝王封的。徽宗还十分喜欢给各种神上尊号，也就是封神。其实，封神行动很多朝廷都有过。宋朝不是唯一有封神举动的朝代，宋徽宗也不是唯一有封神举动的皇帝。但是，在封神方面宋徽宗确实有很多"创新"。

我国第一部《道藏》是唐玄宗主持编撰的，共收录3477卷道经。宋真宗组织编辑第二部《道藏》，1017年完成，收4350卷道经，没有印刷，抄写几部分送一些重要的道教宫观。

宋徽宗组织编辑的《政和万寿道藏》共收入5387卷道经。他亲自给道经做注释，现在的《道藏》收有《宋徽宗御解道德真经》四卷、《冲虚至德真经义解》六卷、《灵宝无量度人经符图》三卷及《西升经》四卷。这套书在福州雕版，然后运到东京，开始印刷。直到明代初年重修道藏时，印版还在使用。

历史上很多皇帝对自己做皇帝很心虚，生怕别人说来路不正，一方面说

---

[1]［美］伊沛霞.宋徽宗［M］.韩华，译.桂林：广西师范大学出版社，2018：302-303.

[2]同上书，第299页。

自己做皇帝是天意；另一方面就要给自己挂靠一个有本事的老祖宗。唐朝李家早就这样干了，说老子是他家的老祖宗。宋朝皇帝也玩这一套。宋真宗于大中祥符五年（1012）追尊赵公明（赵玄朗，财神爷）为上灵高道九天司命保生天尊大帝，还尊为宋圣祖，被认为是宋朝赵家始祖。避讳"玄""朗"二字。南宋高宗书些的曹植《洛神赋》都把"玄"写为"元"。

由于道教的流行，宋代文人喜欢穿道袍，这种服装比圆领衫方便、随意（见图 3-182）。服装是内心的外化，道教讲究隐逸，讲究超然物外，符合很多文人心态，尤其是不愿参政者的心态。图 3-183 中十字街有儒生穿道衣，斜领交裾，四周黑边，茶色外袍。苏轼也喜欢穿道衣。这种衣服是交领，四周用黑布做宽边，用

图 3-182　宋　李公麟　西园雅集图（局部）

图 3-183　道士（左图）和穿道衣的儒士（右图）

茶褐色布料做成袍子状，有时用丝带束腰。

6. 谁敢给皇帝戴上了紧箍咒?

过去我总认为天人感应论是胡扯，随着阅历的增加，后来逐渐感觉到天人感应论的伟大。在古代，皇帝至高无上，谁来监督他？大臣很难制约皇帝。如何控制皇帝不胡作非为是一个重要问题。天人感应说由来已久，早在商代周代，就很流行天命论。孔子要求人们要"畏天命"，就是要敬畏

天。同时，他还强调"获罪于天，无所祷也"，也就是说，如果得罪了天，就是再祷告也没有用。汉代大儒董仲舒将这种天命论系统化。天人感应一方面是人们关于天人关系的一种认识，同时也是古代智者给后世帝王戴上的一个紧箍咒儿。他们太伟大了！太妙了！灾异（彗星、地震、水患）、祥瑞（麒麟、嘉禾、白鹿、海晏河清）都是上天对帝王的评价。有重大灾异出现，证明上天对皇帝的统治不满意，要给予惩罚，皇帝要颁布罪己诏；有祥瑞出现，证明天下太平，政治清明，上天对帝王的统治很认可。

7. 他让佛教徒穿上道教徒服装

宋徽宗为了发展道教，还曾抑制佛教发展。1119 年徽宗颁布一个荒唐的诏书，禁止佛寺扩大土地和建筑，佛教徒改名"德士"，他们要穿道服，使用原来的姓氏。佛陀、菩萨被封了新的名号：释迦牟尼是大觉金仙，文殊菩萨为安惠文静大士。寺庙可以继续保留这些被改名的神像，但必须给它们穿上道服和帽子。[1] 这种做法让佛教徒十分郁闷，也十分愤怒，但是敢怒不敢言。1119 年，林灵素这个大忽悠由于雷法（雷电驱邪）失败，加上众人反对，偷偷溜走，在返回温州老家的路上死去，道教的威望受到冲击，1120 年正月，道箓院被废，佛寺、神祇名号得以恢复。

8. 儒道佛三教合流

据考证，先秦时期已经形成儒教，道教在东汉时期形成，东汉时期佛教传入，魏晋时期开始普及。儒教、道教、佛教都是独立宗教，怎么能合流呢？这是中国历史上特有的文化现象。梁武帝率先提出三教合流，他崇信佛教，迫使儒教、道教向佛教低头。山西悬空寺有一个三教殿，供奉孔子、老子、释迦牟尼。

关于儒家算不算是宗教的问题，历史上争论很多，不过把儒家说成儒教相沿已久，我们也借用这种说法。

---

[1]［美］伊沛霞.宋徽宗［M］.韩华,译.桂林：广西师范大学出版社,2018:314.

历史上，佛教、道教为了扩大自己的影响进行过多次大论战，佛教与儒教的冲突也不断，道教为了宣传自己高于佛教，还杜撰一本《老子化胡经》，说老子西行，就是释迦牟尼。最后道教、佛教相互吸收对方合理的一面，融会贯通，走向了合流，你中有我，我中有你。道教吸收佛教的一些东西，完善教义，制定道教仪轨。佛教为了本土化，也吸收道教、儒教的神进入自己的神系，比如在一家佛教寺院——河北石家庄毗卢寺壁画中，却有二郎神、玉皇大帝、五岳神、关公、城隍、节妇烈女，等等。

宋代文人与佛教大多关系密切，甚至是信众。苏轼号东坡居士，居士就是佛教在家修行者。东坡与佛印、王安石与僧人觉海都关系密切，神交颇多，不断有诗文往还，黄庭坚也信佛。元代道教各派都公开主张三教合一，明清两代三教融合更加彻底。

从刘松年的《碾茶图》（见图 3-184）中，我们可以看到一个小型文雅集的场面。从图中人物的衣冠可以明显看出头戴方巾者为儒生，穿道袍者为道士，光头者为僧人，他们一起品茶谈佛论道、不亦乐

图 3-184　宋　刘松年　碾茶图

乎。这一场面反映了宋代儒、道、释三教合流的历史事实。

明代三教进一步融合，明朝宪宗皇帝朱见深专门绘制《一团和气图》（见图 3-185），要求三教合流。画面正面看是一个僧人，左边看是一个儒生，右边看是一个道士，三个人融合在一起。图中笑面弥勒应为"慧远法师"；左侧应为"陆修静"，戴着道冠；右侧饰则为"陶渊明"，戴着儒巾。

庐山东林寺有条小溪，名为虎溪。传说，东林寺创始人慧远法师住在庐山修行，30 年不出山，他有一个规矩，"送客无贵贱，不过虎溪"。有一

图 3-185　明　朱见深　一团和气图（局部）

天儒生陶渊明和道士陆修静前来访问，三人相谈甚欢，临行，还没有谈够。慧远给二人送行，边谈边行，不知不觉过了虎溪，老虎大叫，三人相视大笑。这个故事告诉人们儒道释三教高层和谐相处，它的喻示作用非常明显。实则慧远与陆修静不同时代，陆修静始到庐山时，慧远已去世 30 余年，陶渊明亦去世 20 余年。本故事也仅是美丽的"故事"，但传播很广，影响深远，三教合流深入人心。对于普通老百姓来讲，他们甚至不关心什么儒道佛，有需求就去朝拜，谁家灵验，就去拜谁。

9. 何为行脚僧人？

图 3-186 中的行脚僧人和历史上的玄奘图像十分接近。行脚僧，也叫云游僧、游方僧、游方和尚、苦行僧。一般居无定所，或四处拜师，或自我修持、教育他人。图中行脚僧人的行笈（经囊背架）比较简略，但大致形状是对的。与玄奘的画像相比有不一样的地方，行笈前方悬挂物较多，还有一支拐杖。

陕西西安玄奘灵骨埋葬地兴教寺也有一幅玄奘石刻画像（见图 3-187），玄奘一手持麈尾，一手持卷轴，赤足芒履。竹制行李架，前悬一灯，应是为夜行之用。架上有很多卷轴，应是玄奘从印度取回来的经卷。据史料记载，大画家韩幹、吴道子、周昉都画过行脚僧。

日本东京国立博物馆藏有一幅《玄奘负笈图》（见图 3-188、图 3-189）。绢本设色，绘制于镰仓（1185—1333）后期，相当于南宋至元代。

图 3-186　水井边的行脚僧人　　　　　　　图 3-187　兴教寺石刻

顶端是圆形笠，脖子上戴着骷髅穿成的项链。在头部前方悬挂行灯，也有人说是香炉。

　　敦煌有关于行脚僧的绘画有 12 幅（又说是 20 幅），英国人斯坦因带走 2 幅，法国人伯希和带走 7 幅，日本人大谷光瑞带走 2 幅，俄罗斯藏 1 幅。这些行脚僧背后的行笈中都有很多卷轴，僧人手持麈尾，身披袈裟，头戴斗笠，还有老虎陪伴（见图 3-190）。

图 3-188　玄奘负笈图　　　图 3-189　《玄奘负笈图》中的行灯　　　图 3-190　敦煌遗画

《清明上河图》里面的世界

307

10. 麈尾是什么东西？

上述玄奘的图像中，玄奘手中都拿着一个带毛的类似扇子的东西。这不是扇子，而是麈尾（见图3-191、图3-192）。有人说是拂尘，也是不对的。麈尾是一种动物的尾巴，据说，麈是一种大鹿，也有人说是四不像。麈与群鹿同行，麈尾摇动，可以指挥鹿群的行动方向，群鹿都看他的尾巴来跟进。"麈尾"取义于此，盖有领袖群伦之义。

图3-191　玄奘手中的麈尾

图3-192　唐代麈尾（日本正仓院藏）

在魏晋时期，文人喜欢清谈，领袖人物一般持有麈尾。豪华的麈尾用玉石、漆器做柄。只有善于清谈的大名士，才有执麈尾的资格。在这一点上，它有点像某些外国帝王和总统手持的"权杖"。

唐代阎立本《历代帝王图》中吴主孙权手持麈尾（见图3-193），不是仆人拿着，而是孙权自己拿着。《洛神赋图》（见图3-194）中洛神所执麈尾类似图3-195中的第六种。

不是麈尾，"麈"字和"尘"的繁体字"塵"相近。有一本书叫《挥麈录》，南宋王明清著，不是《挥尘录》。麈尾在魏晋、唐代很流行，宋朝以后逐渐失传。

诸葛亮手执何物？诸葛亮一年四季都拿着类似扇子的东西，一定不是扇风乘凉的扇子，而是麈尾，因外形像扇子，也叫"麈尾扇"。电视剧《三国演义》中诸葛亮手持羽扇是不对的，据孙机先生考证应该是"麈尾扇"（见图3-196）。电视剧的道具是有问题的，在孙机先生临摹的几种麈尾中没有这种款式。

图 3-193 《历代帝王图》中的孙权

图 3-194 《洛神赋图》中洛神手执麈尾

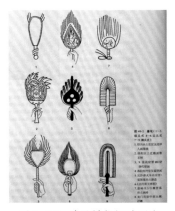

图 3-195 麈尾样式（孙机绘）

图 3-196 电视剧《三国演义》剧照

11. 和尚道士不是想当就当的

在中国古代，一个人不是可以随便出家的，出家需要得到政府的批准。得到政府批准后，就会登记在册，就等于有了僧籍、道籍了，否则就是违法，被称为私度。因为僧人可以免除徭役和赋税，如果出家人太多，政府赋税收入就会大大减少，所以对僧道实行度牒和户籍管理是一贯的制度。度牒制度和僧籍制度是紧密联系的，在唐代以前的南北朝时期可能已经开始了。据学者们考证，唐代高宗时期对僧道的管理就采用了度牒制度。度牒是政府颁发给僧道人员的合法凭证，但是出家之人要交钱才能获得度牒，实际上是官府出售度牒。度牒一般用绢、绫或纸印制。唐天宝十四年（755）安史之乱期间，军费开支浩繁，财政缺钱，皇帝就派人到太原出售度牒，10 天左右就得钱百万缗（缗是穿钱的绳子，一缗等于 1000 文）。

宋代继承了度牒管理制度，北宋政府还通过颁发度牒获得部分财政收入。宋英宗治平四年（1067）陕西大灾，皇帝赐给陕西转运司度牒 1000 多件，陕西转运司出售度牒，所得钱财卖粮赈灾。令人吃惊的是，宋英宗时卖度牒竟然成为弥补财政亏空的重要手段，有些年份度牒收入竟然超过了财政收入的十分之一。[1]

苏轼到定州任知州，定州当时就是边境，但是定州军官腐败，军队没有战斗力，军营十分破败，基本无法居住。苏轼知道向朝廷申请经费估计较为困难，所以他向朝廷申请 171 道空白度牒。第二年，苏轼要修北岳庙，又申请了 15 道空白度牒。

那么，一道度牒需要缴纳多少钱呢？据资料显示，在宋神宗以前，一道僧道度牒价格是 300 千（300 贯，一贯等于 1000 文），后来减为 190 千；宋哲宗元祐年间，又涨到 300 千；到了南宋绍熙年间，已经是 800 千一道了。可以说宋代度牒价格一路看涨。南宋孝宗时期，每年印发 12 万道度牒，价格 700 贯一道。由于发行量大，度牒贬值，南宋晚期仅仅 20 贯一道。南宋军费开支巨大，出售度牒是一项很大的收入。由此可见是僧人养活了军队啊！

12. 鲁智深倒拔垂杨柳在哪一个寺院？

东京大相国寺知名度很高，宋代关于大相国寺的记述很多。《水浒传》中鲁智深倒拔垂杨柳就是在大相国寺（见图 3-197）。

大相国寺内鲁智深倒拔垂杨柳铜雕水平一般，手部太无力了，左腿位置不对，应该向前弓才对。

[1] 邓广铭，程应镠.中国历史大辞典·宋史［M］.上海：上海辞书出版社.1983：354.

根据史料记载，东京汴梁有很多寺院、道观，比如上清宫、观音院、景德寺、开宝寺、长生宫、显宁寺、兜率寺、踊佛寺、南十方静因院、报恩寺、大相国寺、开宝寺、天清寺等，其中大相国寺、太平兴国寺、天清寺、开宝寺合称京城四大寺院，最著名的当属大相国寺（见图3-198）。大相国寺在市中心，在皇城里，离宫城不远，位置绝佳，隔两条街就是皇宫。宋代笔记资料对大相国寺记载很多，大相国寺院内能容纳上万人，每月开放5次，十分热闹，各色人等会聚于此，这里有小吃摊，还有动物、车马配件、时鲜水果、刺绣、花

图 3-197　鲁智深倒拔垂杨柳铜雕

图 3-198　大相国寺（开封）

朵、珠翠、幞头、帽子、服装、古玩、碑帖、书籍等出售，是东京最大的地摊市场，人数多达万人。李清照、赵明诚夫妇经常去买书、碑帖、文物、香药等。这简直就是一个超级百货市场，举凡百姓需要的东西，这里都能找到。而且，寺院还分出了不同的功能区，比如殿后资圣门前，主要是卖书籍、图画、香药等。佛殿两廊都是寺院尼姑卖的各种绣品、幞头、花朵、珠翠首饰等物，"皆诸寺师姑卖绣作、领抹、花朵、珠翠头面、生色销金花样幞头帽子、特髻冠子、绦线之类"。可见，当时的尼姑也要挣钱维持尼姑庵的运营。

现在我们虽然还能见到大相国寺，但是这不是宋代的，而是清代顺治至乾隆年间重修的，有些建筑比如钟楼、鼓楼是1992年才修建的，宋代的大相国寺已被深埋地下了。开封不同于长安，现在到西安去，可以见到很多历史遗存，让我们可以体味汉唐的风华，可是在开封很少能见到原汁原味的

《清明上河图》里面的世界

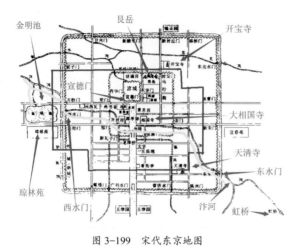

图 3-199　宋代东京地图

宋代历史遗存，它们大多被黄河泥沙掩埋了（见图 3-199）。但是，开封城也是一个奇迹，为什么呢？我国古代一座城市由于各种原因被毁后，大多是迁址重建，洛阳城、长安城就是这样，曾经多次迁址。汉代长安城和唐代长安城不在一个位置。可是，千年以来，开封城虽然一次次被黄河泥沙掩埋，但是城市并没有迁址，而是在原址上重建，连城门、大街的位置都没改变，结果就形成了城摞城、墙摞墙、门摞门、街摞街的奇观，这一点已经被现代考古反复验证。考古人员在开封地下 3—12 米的地层中发现了 6 座城池，从上到下依次为清代开封城、明代开封城、金代汴京城、北宋汴梁城、唐代汴州城、魏都大梁城。

13. 开封的铁塔和繁塔

如果你要看看北宋京城汴梁的原汁原味的建筑，那就只有铁塔、繁塔了。这是真正的北宋味道。值得欣慰的是，我们现在还能见到北宋时期的开宝寺塔，因为外部砖块都有酱色琉璃釉层，看起来颜色很深，自元代起，民间就开始把它称为"铁塔"，是现存中国最早使用琉璃构件的建筑。此塔八角十三层，因此地曾为开宝寺，又称"开宝寺塔"，始建于 1049 年（北宋皇祐元年），已经有 900 多年的历史，是 1961 年中国首批公布的国家重点保护文物之一。铁塔高 55.88 米，素有"天下第一塔"之称（见图 3-200）。铁塔外墙用砖全部为琉璃砖，这是比较少见的。南京的大报恩寺琉璃塔（塔高 78.2 米，太平天国时期被毁）、山西洪洞广胜寺的飞虹塔也都是琉璃塔，但是，都是明代建造的。铁塔是留存至今时间最早、保存最为完整的琉璃塔。至今，铁塔在那一带仍然是最高的建筑，巍然屹立，让人顿生敬畏，这是真正的北宋味道。现在开封市其他所谓的宋代建筑都是后来建造的，由于黄河泛滥，北宋汴梁城都已被埋在8—10米的地下了。黄河给开封带来了水利之便，同时也给这座城市带来不尽的灾难，历史上黄河300多次决口，每次都造成大量的泥沙淤积，很多城市、村庄被掩埋。铁塔因其建在小山包上，虽然历经多次水患，该塔第一层仍然在地面以上。铁塔历经37次地震，18次大风，15次水患，仍然十分完好，使人不得不佩服宋代工匠的伟大。

既然开宝寺塔不是真正的铁塔，那么有没有真正的铁塔呢？

图 3-200　开封铁塔

还真有，它就是湖北当阳市玉泉寺铁塔，原名"佛牙舍利塔"。铸造于北宋嘉祐六年（1061），铁塔仿木结构，为楼阁式，铸有斗拱、额枋、柱子、门窗等，平面八角形，共13层，高约17.9米，是国内现存最高的铁塔。台座八角各铸有冠胄衣甲托塔武士一尊。在二层的东南西北各面铸有塔名、塔重、铸造时间、工匠姓名及有关事迹。塔体分段铸造，再组装在一起，不加焊接。塔体修长，稳健玲珑。现为国家重点文物保护单位。其他地方还有一些小型铁塔，此不赘述。

除了铁塔以外，宋代留下来的原汁原味的遗迹还有一座就是繁塔（见图3-201），当地人把"繁"读作"pó"，是国家级文保单位，离现在的开封火车站很近，步行只需10分钟就可以到达。该塔六角形，因建在皇家寺院天清寺内，故名天清寺塔。在上文东京汴梁地图中东南角可以明显看到天清寺的位置。繁塔现高31.67米，建于开宝七年（974），比铁塔还要早75年，是开封地区比较早的一座佛塔，在现代人眼里它远不如铁塔名扬四海。这

座佛塔也十分精美，内外镶嵌7000多块佛像砖，一砖一佛，都是由信众捐赠，很多砖上写有捐赠人的姓名。这些佛砖造像十分精彩，人物表情细腻，生动逼真，内容多样，有释迦、弥勒、菩萨、罗汉、乐伎等，共有108种，是难得的宋代图像资料。佛塔外墙密密麻麻的都是这样的佛像砖，层层排列，具有一种韵律感，也十分壮观，令人震撼。但是，从远处看，这座佛塔造型生硬，三层以上的小塔，显得十分突然，体量很小，根本无

图 3-201　繁塔（王鹏飞摄）

法与底部三层塔相配，也不美观，这不符合古代佛塔的造型原则。远远望去，不像是一座佛塔，倒像是一座高台。根据记载，繁塔原来六角九层，高240尺，合80多米，十分壮观，远远高于铁塔，是当时开封的最高建筑，开封有民谚生动形象地概括了铁塔和繁塔的高度对比，曰："铁塔高，铁塔高，铁塔只达繁塔腰。"有人写诗赞颂说："台高地迥出天半，了见皇都十里春"，而且成为开封著名景观，名为"繁台春色"，是开封八景之一，当时也是一个很多人乐于游观的好地方。很不幸，元代初年繁塔遭雷击被毁去两层。开封是六朝古都，据说因王气太盛，明太祖朱元璋参观过被封开封的周王府后，命人拆去部分建筑，并把繁塔拆去几层。对此清人常茂徕在《繁塔寺记》中有记载，"明太祖以王气太盛"而削繁塔。削去繁塔的应该是朱元璋，不过民间传说很多，也有人说是明成祖朱棣。无论如何，明代初年因"铲王气"，繁塔被拆掉四层，最后只剩三层。清代初年，人们把三层顶弄平，在上面又修一座小的六级佛塔，于是就成了现在的样子，显得有点不伦不类，看起来别扭。

繁塔也是因为当时建在一座高台上，所以没有被黄河泥沙掩埋，如果当时建在平地，恐怕塔身十来米以下都被掩埋了。整个开封城只有这两座塔是宋代的建筑，其他都是后代的建筑，包括龙庭、大相国寺等。

14. 世界上哪一个民族最早使用釉面砖？

琉璃构件实际上就是在陶制构件表面加上一层釉，和现在的釉面砖原理一样。现代建筑中釉面砖的使用数量巨大。那么世界上究竟哪一个民族最早开始使用釉面砖呢？大家也许会说，那还用说吗，中国最早发明了瓷器，是瓷器大国，当然是中国了。那你就大错特错了。

据研究，世界上最早发明给陶器上釉技术的是古埃及人，他们至少在公元前 2600 多年前就掌握此项技术。通过考古发掘已经发现公元前 2650 年的青釉陶砖。这种技术广泛用于首饰等生活用品具上。后来传入西亚地区。新巴比伦王国时期的巴比伦人于公元前 604—前 562 年（相当于中国东周早期）建造的伊士塔尔门（Ishtar Gate）全部用天青色琉璃砖覆盖，上面用琉璃烧造了狮子等神兽共 120 只。从 1902 年开始，德国人用 8 年时间将伊士塔尔门从废墟中发掘出来，挖走 118 只神兽。德国人把这些文物放在了柏林帕伽马博物馆，并复建了伊士塔尔门的一部分（见图 3-202、图 3-203）。由此可见琉璃砖不是中国人发明的。

图 3-202　伊士塔尔门

图 3-203　伊士塔尔门神兽

我国的玻璃制造技术出现并不晚，西周时期已有，但是，早期的玻璃制品气泡较多，技术不稳定，数量也少。但是，后来技术成熟以后，琉璃、玻璃也一直没有成为主流的消费品。这究竟是为什么呢？有些专家认为是由于中国玉器尤其是陶瓷的大量使用客观上对琉璃、玻璃制造形成了一定的压制。

通过考古发现，现在出土的战国时期楚国的琉璃璧等佩饰较其他地区为多，说明战国时期楚国的玻璃制造技术比较先进。很多人对玻璃制造技术中的蜻蜓眼十分好奇，实际上，战国时期中国工匠已经掌握了这种神奇的技术，这一点已经通过出土文物得到证实。

15. 为什么巴比伦人没有发明瓷器？

吴军先生在得到APP《科技史纲60讲》中说：尽管巴比伦人、埃及人很早就掌握了给陶器上釉的技术，他们（赫梯人）也有世界上最早的冶铁技术，冶铁技术的炉温烧制瓷器没有问题。但是，埃及地区、中东都没有高岭土，所以他们没有能发明瓷器，所以中东地区只有釉陶，儿没有瓷器生产。

中国的青花瓷垄断世界瓷器贸易三四百年，整个明朝青花瓷在世界范围内无可匹敌。瓷器具有不可替代性，影响力远远超过四大发明。当然，所谓四大发明也是外国人的提法。

大航海时代，葡萄牙、西班牙人从中国购买瓷器卖到欧洲，能获得6倍以上的利润。在古代凡是能够长途贩运的货物利润都比较高，否则远途运输的成本难以承担。由此推知在丝绸之路上运送中国的丝绸至欧洲也最少是几倍的利润。

16. 琉璃什么时候开始在建筑上使用？

琉璃构件美观漂亮，金碧辉煌，气质高贵，符合皇家要求。如果你到过北京故宫，你肯定会被黄色琉璃瓦所震撼，尤其是站在景山顶上俯瞰故宫，满眼是金黄的海洋，在阳光的照耀下格外悦目，这个时候相信你一定会感到什么是皇家气派。明清皇家建筑对琉璃构件的使用到了登峰造极的程度，整个故宫简直就是一座琉璃宝库。当然，除了黄色琉璃瓦以外，还有蓝色、黑色、绿色等琉璃瓦及其他琉璃建筑构件，如九龙壁、琉璃花卉等。九龙壁实际上就是琉璃照壁，设计巧妙，造型精美，美轮美奂，让人叹为观止。在故宫有很多琉璃烧制的花卉，有些甚至是立体的，把它们镶嵌到墙上，黄色、绿色的琉璃花卉与红墙形成鲜明的对比，显得富丽堂皇。

那么，中国建筑史上琉璃构建的使用究竟始于何时呢？北魏时期魏收著《魏书》开始有琉璃建筑构件的记录，该书成书于554年，是最早的关于琉璃建筑构件的记录。开封铁塔是至今存世的最早的建筑琉璃构建的实物遗存。从宋徽宗《瑞鹤图》来看，当时的宣德门应该是琉璃瓦覆顶，所以铁塔在琉璃建筑史上意义重大。《东京繁华录·大内》记载："大内正门宣德楼列五门……覆以琉璃瓦。"这就证实了我们的推测。

放养的猪

在《清明上河图》中，离寺院不远处有座小桥，边上有一群放养的猪（见图3-204）。旁边一个妇女抱着小孩，不知道是不是猪的主人。毫无疑问，这些猪一定是供人们吃肉用的。在日常生活中，猪肉是人们常吃的肉类，其他还有牛肉、羊肉、鸡肉、鱼肉、鸭肉等。在古代，牛主要用于耕田，人们一般不吃牛肉，很多朝代都颁布政策保护耕牛，禁止宰杀牛。

图3-204 放养的猪

家猪应该是由野猪驯化而来，但是我们现在还不知道人类究竟什么时候完成了对野猪的驯化。根据考古发现，我国早在距今9000年以前就开始养猪了。在河南舞阳新石器时代仰韶文化遗址之一的贾湖遗址出土了猪的骨骼，这应该是最早的猪的资料，也就是说中国家养猪的历史至少已经有了9000年。

保存在浙江省博物馆的新石器时代河姆渡遗址出土的陶钵上有一个十分逼真的猪纹，距今已有 7000 多年了，也是早期家养猪的珍贵资料（见图 3-205）。河姆渡人高超的造型艺术为我们留下了十分形象的猪的图像资料。

距今五六千年的红山文化也保留了十分形象的猪的资料，红山文化玉猪龙享誉海内外。

我国甲骨文中已经有"家"字，就是房子里有一个"豕"（见图 3-206）。由这个字可以看出，有猪才可以称为家，可见在商代猪已经成为重要的家养动物。同时，在商代猪也是家庭财富的象征。

图 3-205　陶钵（河姆渡遗址出土）

图 3-206　甲骨文"家"字

通过学者们考证，商周时已经发明了阉猪技术。阉猪就是对猪进行阉割，通过手术割除公猪的睾丸、母猪的卵巢，主要目的是抑制猪发情，使它们尽快增肥，这项技术一直持续了几千年，直到现在还在使用。我小时候在老家，经常见到游走在乡间的阉猪人，他们骑一辆自行车，在自行车的横梁上放一个小搭子，里面仅有一把小刀、一点点缝线。他们阉猪速度很快，主家把猪捉住以后，大概几秒钟就可以完成对一头猪的阉割。我们老家称此为"劁猪"。现在农户已经很少养猪了，农村再也见不到劁猪人了。

从现在的出土文物来看，我国汉代开始有了猪圈。但是，据历史学家证实，在春秋时期中国人已经把厕所和猪圈建在一起，人拉的粪便可以被猪直接吃掉，现在在太行山的一些山村里还有这样的厕所、猪圈合一的情况。在实际生活中，散养猪是人们不欢迎的，尤其是猪随地拉屎撒尿，不卫生，而且还会糟蹋庄稼。大多数情况下，猪都是被圈养的。人们把猪圈起来，不光是防止它们吃别人的庄稼，还是为了积肥。猪的排泄物是最好的发酵剂，农民把树叶、秸秆等杂物不断撒到猪圈里，猪经常在猪圈里乱拱，就会把这些东西很好地混合在一起，日积月累，就会成为很好的肥料，这些肥料中含有大量的微生物，使得土壤变得疏松，有利于庄稼的生长。用猪积肥是农田建设的重要技术，在农村长期被使用。千百年来，中国的土地肥力不下降，关键在于农家肥的使用。近些年，化肥被大量使用，农家肥被废弃，使得土壤板结，土壤中的微生物含量急剧减少，土壤品质大不如前，地方农业特色产品口味也大打折扣。河北省一位农业专家说：现在的地方特产尤其是特色水果全军覆灭，比如深州蜜桃、沧州金丝小枣，风味已经大不如前。这话一点都不过分。但是，使用农家肥比较脏、比较臭，现在已经没有人愿意干这种又脏又臭的活了。再加上个体农户不再养猪，缺少了猪粪这个发酵剂，农家肥价值也大打折扣。这几年我回老家，农民已经不再使用农家肥了，全部都是化肥，使用化肥简单、干净、省事，至多是有些秸秆还田。

甘肃嘉峪关魏晋墓砖画有一幅十分形象的杀猪画面（见图3-207）。我小时候在农村老家经常见到杀猪的场面，猪被杀死后，要在后腿部表皮割开一个小口，由此向里吹气，猪的全身都鼓胀起来，然后把充气的猪放入滚烫的开水

图 3-207　嘉峪关魏晋砖画

大锅里，这样便于脱毛。画面中一头肥猪伏在案上，已经被吹满了气，一名屠夫正在给猪退毛。画面寥寥几笔，高度概括，细节、修饰很少，但却十分生动，活灵活现。

城乡商业中的游击队——流动摊贩

在农耕社会，流动摊贩是城乡活力的一部分，他们走街串巷，叫卖货物，为老百姓供应必需的商品，他们的存在也是一种社会风景。估计，宋代东京没有城管，不然的话，这些游走的摊贩早就被取缔了。他们一般都有一个高高的马扎，一个托盘，看到合适的地方，把马扎支开，摆上托盘，就可以营业了。离开的时候，把托盘顶在头上，把马扎一合，一手拎着就走了。这些小贩被称为"盘卖"。他们从事简单的小本生意，货物量很少，移动十分方便。他们一般卖一些小糕点、糖果、干鲜果之类的商品，盈利有限，但是不失为一种维持生计的手段。据有些学者研究，这些小贩每天挣100至300文就可维持三口之家的家用。《清明上河图》中描绘了很多这样的小摊贩（见图3-208）。在20世纪80年代的农村集市上还能见到这种场景。

图3-208 流动摊贩

武大郎的炊饼铺

《清明上河图》中描绘了好几家馒头铺（见图3-209），有些店家刚刚掀开锅盖，水蒸气弥漫，让人似乎闻到馒头刚出锅时的香味。在《水浒传》里武大郎是卖炊饼的，其实炊饼就是馒头。据《东京梦华录》记载，在皇城右掖门向西，就是尚书省，尚书省西门有一个西车子屈（小巷），有一家"万家馒头"，为京城

图 3-209　馒头铺

第一。大相国寺附近也有一家"孙好手馒头"。

在王家纸马店附近也有一处馒头铺，圆形笼屉描绘得很清楚，上面摆了几个馒头，一个挑担子的人，正在购买馒头，摊主拿着馒头正递给买主。

馒头是由小麦面粉制作的，小麦现在是华北主要的农作物。公元前8000年两河流域已经有了畜牧业，公元前7000多年开始有了农业，人们开始种植大麦、小麦和各种豆类植物。[1]据研究，小麦、大麦最初都是由苏美

[1]［美］吴军.文明之光（第一册）［M］.北京：人民邮电出版社，2014：54.

《清明上河图》里面的世界

尔人培育的，后来传到埃及、中国等地。苏美尔人是最早酿制啤酒的人，他们的啤酒主要通过大麦酿制。现存的部分泥版上面记载了作坊主把啤酒作为工资发给工人的一些情况。

图 3-210 是古埃及壁画，描绘了收割麦子的情景。有意思的是，在大麦筐下两个儿童在抢麦穗，互相抓着对方的头发。这是米努那十八代王朝（前 1550—前 1295）古墓壁画。

图 3-210　古埃及人收获麦子

2016 年陕西省考古所在镐京遗址进行发掘，在一处西周时期的灰坑中发现一粒小麦，距今 2800 多年。这说明，至迟在西周时期小麦已经传入中国。另外，也有人推测公元前 2000 年小麦已经传入中国。

中国的馒头不同于西方的面包，中国馒头是放在笼屉上通过蒸汽蒸熟的，面包是放在烤炉里烤熟的，口味也不一样。所以把"馒头"翻译成"bread"是不恰当的。

社会的最底层民众——乞丐

乞丐是社会的一部分，基本上处于社会最底层，任何一个社会都很难消灭乞丐，它和社会的富足与贫穷似乎关系不大。美国和欧洲一些国家很多乞丐不愿得到救助，他们喜欢这种生活方式。仇英本、清院本都绘制了乞丐，乞丐成了"清明上河图"题材绘画的标配（见图 3-211、图 3-212）。

农村的乞丐大多来去自由，没有什么头领来管他们，城市的乞丐就不一样了，大多有一定的组织，不同的乞丐组织划分乞讨的区域。在金庸的武侠小说中，我们经常能够见到丐帮组织。据《清俗纪闻》记载，乾隆年间在江浙福建一带，大户人家在办喜事以前，为避免办事当天蓬头垢面的乞丐在自家门口有碍观瞻，都会把乞丐的头目叫来，给一定的钱，五六十文或者一两百文，乞丐头目就会给这家一个收票，把这个收票贴到大门上，所有的乞丐都不会来这家乞讨了（见图3-213）。

图 3-211　乞丐

图 3-212　乞丐（清院本）

图 3-213
乞丐收票

护城河上的桥梁为何不是吊桥？

　　城门是最容易被敌人冲击的地方，城门在方便自己人出入的同时，也要防止敌人的进攻，吊桥是一种很好的防御手段。按照古代规制，城门外的桥应该是吊桥，根据需要由绞盘车起吊或放下。吊桥为便于起吊，一般为木质，桥面较窄。作为北宋京城，汴梁的城防一定是十分周密的，如果是画面中的平桥，那么敌人简直可以长驱直入，没有任何障碍。如果是吊桥，就可以通过绞车来控制桥梁起闭，在敌人来袭时吊起，没有敌人威胁的时候再放下。在平时，城市吊桥一般会在晚上吊起，白天放下，供人们出入。

　　据宋代陈规《守城录》记载："城门外壕上，旧制多设吊桥，本以防备奔冲，遇有寇至，拽起吊桥，攻者不可越濠而来。"《武经总要》记载："右钓桥，造以榆槐木。其制：如桥上施三铁环，贯以二铁索，副以麻绳，系属于城楼上。桥后去城约三步，主二柱，各长二丈五尺。开上山口，置熟铁转输为槽，以架铁索并绳，贵其易起。若城外有警，则楼上使人挽起，以断其路，亦以护门。"这说明宋代城门外护城河上的桥梁大多是吊桥，并且用铁索和绳子起吊，张择端没有画吊桥，很可能是一种艺术化的处理。东京汴梁的护城河名叫护龙河，宽十余丈。护龙河两岸都种有柳树，两侧"粉墙朱户，禁人往来"。

　　在桥上有木质栏杆，有十几个人在凭栏观水，据说在原图上可以看到水中的游鱼，其中一个人一手指向河水，仿佛是提醒边上的人观看游鱼。这些城市的闲人看看河水，随便打发时间，大概也是社会安定、闲适的象征（见图3-214）。

　　现在的西安大明宫丹凤门还保留了吊桥，也有瓮城。大同修复后的古城外也保留了吊桥。

图 3-214　护城河上的平桥

来自西域的文化符号——驼队

张择端对驼队的安排十分巧妙,一匹骆驼从城门右侧走出,城门左边还有两匹,观者可以想象城门洞里至少还有一两匹骆驼。倒数第三匹骆驼背上有一束草状物,随风飘动,类似旗帜,应是驼队的标志(见图 3-215)。

图 3-215　正在穿过城门的驼队

骆驼非中原之物,大多产自西北宁夏、甘肃、新疆一带,出现在东京的街头,证明东京是一个大都市,西域的客商也来这里买卖货物。从驼队后面的赶驼人来看,深目高鼻,正是西域人的特征。驼队至少表示宋朝与北方、西方各国有贸易往来,《清明上河图》中众多带有蓑衣的船表示与南方的贸易往来，一南一北显示了北宋的开放和包容，也显示了东京汴梁城市贸易的国际性。

仇英本、清院本也画了骆驼，但是细节不够丰富，骆驼神态也显呆滞，仇英本的骆驼就像大个的绵羊，货物交代也显粗疏；清院本虽然工细一些，但是远不如张择端本生动传神（见图3-216、图3-217）。

图3-216 驼队（仇英本）

图3-217 驼队（清院本）

交易金额巨大的绸缎庄

前文已经述及，我国丝织业历史悠久。丝绸是比较贵重的布匹，开设绸缎庄需要有很雄厚的实力。宋代丝织业发达，丝绸出口一直是宋代的外贸项目，通过海上贸易挣了很多外汇。

图3-218 丝绸铺

在图3-218中，孙羊正店十字路口向里就是一家丝绸店。屋檐下悬挂"王家罗锦疋帛铺"几个大字店铺名，右边还有一个立着的牌子。店里有两位客人坐在凳子上，一人站立。据《东京梦华录》

记载，在皇城东北角的十字路口向东去就是潘楼街，街南有很多"真珠匹帛香药铺席"，"南通一巷，谓之'界身'，并是金银彩帛交易之所，屋宇雄壮，门面广阔，望之森然，每一交易，动即千万，骇人闻见。"街北就是潘楼酒店。

宋代还有交引铺。宋代的交引铺相当于现代的证券交易所。宋代对盐、矾、茶、香药等实行间接专卖，先由商人向政府设立的榷货务入纳现钱，换取一张交引，然后凭着这张交引到指定地点取货。交引就是提货单，见引给货，认引不认人。同时也是有价证券，可以交易。很多大城市有交引铺。[1]

所谓间接专卖，就是指国家是一级批发商，专卖品的生产、运输、零售等都交给商人与市场。交引库负责印制、发行各类交引，商人凭交引买卖专卖商品。有些人缴纳现钱后，不想提货，也可以把交引卖掉。交引实际上就是有价证券。宋代的丝绸店一般是买卖交引的地方，类似现代的证券交易所。明清也对食盐间接专卖，不许民间典当、买卖盐引。

北方常见的驴队

驴子是北方常见的牲口，它们比较皮实，很少得病，性情温顺，好使唤，对草料也不挑剔，吃得比马少很多，农户都愿意喂驴，用来负重、拉车等都没有问题。但是，它们力气小，干重活不如马、牛。

在画面一开始，首先就是一个驴队驮着木炭进城（见图3-219）。前后各有一人手拿小棍在驱赶驴子前行。快到小桥边了，驴队马上

图3-219　郊外驴队

[1] 吴钩.宋：现代的拂晓时辰［M］.桂林：广西师范大学出版社，2015：308.

《清明上河图》里面的世界

要转弯了，第一个人似乎在指挥头驴转弯，头驴的头已经转向小桥的方向。小桥十分简陋，三排简单的木架上铺了一些柴草，上面覆盖一些土。和后来的虹桥、护城河上的桥的质量相差十万八千里。这也是张择端的高明之处，一处乡间小桥当然无法和交通要道上的桥梁相比了。

早春的郊外，树叶还未发，略显荒凉，一个驴队慢慢走来，给郊外带来了一些生机。我们似乎能听到驴蹄子的哒哒声。

驴队走向虹桥方向，这个处理看似随意，其实是张择端的刻意安排，引导大家逐渐展开画面进行浏览，和画面结尾官员出行队伍的方向正好相反，也是一个呼应。

驴队驮的是木炭。开封地处大平原，本地烧炭的可能性不大，应该是从西部山区运来的木炭。其实，在北宋煤已经普遍使用。南宋初年，庄绰在《鸡肋编》中回忆："昔汴都数百万家，尽仰石炭，无一家燃薪者。"宋朱翌在《猗觉寮杂记》中说："石炭自本朝河北、山东、陕西方出，遂及京师。"据资料记载，北宋东京有20多家官营煤炭厂。[1]

但是，煤炭的使用不可能完全取代木炭，直到现在，我们还在用木炭进行烧烤等。一种新的燃料的出现，往往不会完全取代旧的燃料，很可能是新旧燃料长期并行。

驴子还有一个特点，就是它的肉好吃。最爱吃驴肉的就属河北沧州河间、保定漕河了。有人说"天上龙肉，地下驴肉"。保定的驴肉火烧，据说起源于宋代，整个保定市每天要吃掉1000多头驴。

图3-220 宋 郭熙 溪山行旅图（局部）

驴子是古代画家喜欢表现的题材，在很多古画中都能见到驴子的身影。宋代著名画家郭熙在《溪山行旅图》中的驴子（见图3-220）和《清明上河图》中的驴子形象十分接近。

[1] 吴钩.宋：现代的拂晓时辰[M].桂林：广西师范大学出版社，2015：102-103.

见微知著——刘家香店背后的品香文化

在城内大千字路有一家香店，竖牌上写有"刘家上色陈檀拣香"几个大字，屋檐下是一行字，很多字难以辨认，但最后两个字可以明显看出是"香铺"二字，横幅下面垂流苏（见图3-221）。提供上好的沉香、檀香、乳香等香品。在十字街这样繁华路段经营一家香店，一定是利润丰厚。在《东京梦华录》中明确记载，在御街上，州桥以南，有一家香铺——李家香铺，没有刘家香店的记载。

图 3-221 刘家香店

北宋汴梁元宵节，很多商铺竞相制作彩灯，以奇制胜。各家香铺在元宵节前后，都会结扎彩棚，制作出奇的彩灯，其中莲花王家香铺的灯尤为出奇，还专门请僧人、道士鼓乐助兴，引得游人驻足观看，《东京梦华录·十六日》中提到："莲花王家香铺灯火出群，而又命僧道场打花钹、弄惟鼓，游人无不驻足。"这大概也是一种很好的营销手段。

香的用途很多，敬神、食品调料（香酒）、化妆品添加剂、药用、计时（香篆）、熏香、香墨、香纸、香汤（沐浴）、建筑、丧葬等。

香的种类十分丰富，有果子类、树脂类（乳香）、木材类（檀香）、根茎类、花类（丁香）、动物类（龙涎香）等。

1. 品香是一种嗅觉的奢侈

无论是哪一个朝代，品香都是一种奢侈消费，一定是富足之后的事。人们首先要吃饭、穿衣，这两项满足以后，才会有更高的生活要求。所谓文化，基本上也是温饱以后的事。宋代香很贵，有些香一片就值上万钱，一般人享受不起。

有人说早在新石器时代中国先民已经开始用香，先秦时期主要是祭祀用香。秦汉时熏香之风大盛，生活用香开始兴起。我们为敬神把自己最宝贵的东西都献给神，香是一种宝贵的东西，用香来敬神是很多民族都有的习惯。唐代香文化得到大发展，宋代走向成熟。宋代香文化大盛和它的富足有必然的联系。

2. 官方为什么都要独占好事？

为了从香料交易中获益，宋代政府规定香料经营需要政府特许（专卖），沉香、檀香、熏陆、龙涎、苏合等都在特许范围内。刘家香店显然是获得了政府的许可。

北宋皇宫中专设香药库，掌管外国进贡以及市舶司送来的各种珍贵香料、宝石等。这些香料、宝石等主要是供皇宫内部或赏赐之用，并设香药库使具体负责。宋神宗时期，宫内有 28 个香药库。

宋代海运发达，东亚、西亚的香料通过海运源源不断运抵中国。北宋开宝四年（971）设市舶司于广州。后来，又陆续于杭州、明州（今浙江宁波）、泉州、密州（今山东诸城）设立市舶司。其中香料税是政府的一项主要财政收入。

北宋神宗熙宁十年（1077），仅广州一地所收乳香即多达 20 万斤。关税一般是 10%，南宋绍兴十四年（1144）高达 40%。

北宋初年香料收入为全国岁入的 3.1%，到南宋建炎四年（1130）达到 6.8%，绍兴初达到 13%，绍兴二十九年（1159）仅乳香一项就达到 24%，几乎占到全国岁入的四分之一。[1]这一数据一方面说明香料税收对政府财政收入贡献巨大，另一方面也说明宋代香料消费量巨大。

3. 中国品香文化成熟于何时？

香几乎渗透到了宋人生活的方方面面，宋代人静坐、抚琴、读书、祭祀、饮茶都要熏香。

中国品香经典首先诞生于宋代。宋人对品香文化进行了总结，形成了很多香谱。现存最早的香谱是洪刍《洪氏香谱》，次之是陈敬著《陈氏香谱》。真宗时任宰相的丁谓著有《天香传》，沈立著有《香谱》，范成大著有《桂海虞衡志·志香篇》，颜博文著有《香史》，周去非著有《岭外代答·香门》，南宋叶廷珪《名香谱》。它们形成一个完整的香文化系统。

4. 宋人雅到了极致

说到香，都说是品香，品味一定是慢悠悠的一种状态，不可能是走马观花，不可能是一目十行，不可能囫囵吞枣，是从容与淡定的一种欣赏。在这件事上，宋人的从容与耐心得到充分体现，是典型的慢生活。

宋人用香都是合香，也就是混合香，他们发明了很多配方。合香就是把多种香料捣碎，混在一起，用蜂蜜、白芨、蔷薇露等加以调制，然后封闭在容器内，埋入地下静置一段时间。最终将香料取出，做成小饼、小丸乃至捣成粉末，即得到成品。[2]

宋人发明"花蒸香"：选一种树脂类原料，如沉香或檀香、栈香，切成小片或小块，叫作"香骨"，将它们与香气浓郁的新鲜花朵一起密封在容器里，放入蒸锅中，在灶上小火缓蒸。这样就让沉、檀诸香染上了各种不同的花香气，形成明确的、自成一格的复合香型。[3]

[1]贾天明.中国香学[M].北京：中华书局，2015：39.

[2]贾冬婷，杨璐.我们为什么爱宋朝[M].北京：中信出版集团，2018：185.

[3]同上。

"花蒸香工艺的极致,是把一批香片加工一年,在这一年中,逢到任何一种芳香名卉开花的时候,都拿这种花与那一批香片密封在一起蒸一遍,最终让相片浸透四季花香。"[1]

宋人常用的花有:茶蘼、瑞香、茉莉、素馨、栀子花、柚子花、橙花、柑花、桂花、梅花等。

5. 宋代谁是香疯子?

宋代文人如欧阳修、苏轼、黄庭坚、李清照、陆游、辛弃疾等都喜欢品香,也喜欢在诗词中写香。苏轼被贬儋州,也就是现在的海南,这里是上等沉香的产地,苏轼专门写了《沉香子赋》。欧阳修有描绘熏香的诗句"沉麝不烧金鸭冷,笼月照梨花。"

青玉案·元夕

辛弃疾

东风夜放花千树,更吹落,星如雨。宝马雕车香满路(车香)。凤箫声动,玉壶光转,一夜鱼龙舞。

蛾儿雪柳黄金缕,笑语盈盈暗香去(体香)。众里寻他千百度,蓦然回首,那人却在、灯火阑珊处。

宝马雕车走过,留下一路的香味,女人们的化妆用品暗香浮动,共同构成一个浪漫的世界。诗中"蛾儿""雪柳""黄金缕",皆为古代妇女元宵节时头上佩戴的各种装饰品,这里指盛装的妇女。

黄庭坚被贬处闹市也不忘焚香。他在《题自书卷后》说:崇宁二年十一月,余谪处宜州半岁矣。官司谓余不当居关城中,乃以是月甲戌抱被入宿于城南。予所僦舍"喧寂斋",虽上雨傍风,无有盖障,市声喧愦,人以为不堪其忧,余以为家本农耕,使不从进士,则田中庐舍如是,又何不堪其忧邪。既设卧榻焚香而坐,与西邻屠牛之机相直为资深书此卷,实用三钱买鸡毛笔书。

黄庭坚被称为香痴(见图3-222),自己摸索很多配方,有《药房帖》

[1] 贾冬婷,杨璐.我们为什么爱宋朝[M].北京:中信出版集团,2018:186.

存世。香方中有：角沉（海南产沉香）、丁香、麝香、甲香（海螺类）、牙硝等香料。陈敬在《陈氏香谱》中收入黄庭坚四帖香方，称为"黄太史四香"，分别是：意合香、意可香、深静香、小宗香。这些香方都是黄庭坚自己创造的。因为黄庭坚曾于元祐（哲宗）年间任太史一职，古人有以官职代称的习惯，故他创立的香方被称为"黄太史四香"。

黄庭坚《香十德》被一休禅师推广，在日本广为香界人知（见图3-223）。一休禅师原名一休宗纯，《聪明的一休》的主人公原型，是日本佛教史上重要的禅师，还是诗人、画家、书法家，是一个传奇人物。他师从临济宗，对佛教教条提出很多批评。自己也不守戒律，喝酒吃肉，出入风月场所。日本的香道主要来自中国宋代，茶道也是如此。

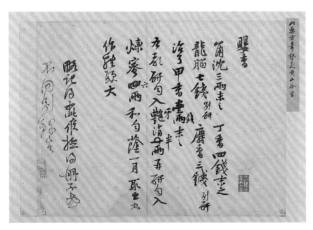

图 3-222　宋　黄庭坚　制婴香方帖　　　　　图 3-223　香十德

6. 最早享受香的国家是哪一个？

要考证人类何时开始用香是一件十分困难的事情。

人类大概是从花香中得到启发，荷花香、桂花香、梅花香等香气迷人。花香虽然可爱，但不可保留，怎么才能把香味留住，以便随时使用，这种想法可能就是人类开始探索用香的原动力。

追溯人类用香的历史发现，最早开始用香的应是古埃及人，现在考古发现公元前 3000 年古埃及人已经开始用香了。他们利用亚麻籽油、芝麻油、杏仁油、橄榄油制作香精。有些是直接从鲜花中提取，有些是用有香味的其他材料提取。古埃及人烹调时放入胡椒、桂皮、石竹花、茴香和锦葵籽。这种习惯沿袭至今，我们现在炒菜时也习惯先放油，然后放一些花椒、八角等香料。

很多香料遇热散发比较快，所以要加热、燃烧。古埃及人很早就用燃烧树脂香料来祭神，他们认为燃烧的烟就是通往天国的"天路"，沟通天堂与人间。古埃及人相信，要想得到神的怜悯和眷顾，就要献上最宝贵的东西。树脂型香料没药、乳香都十分珍贵，气味馥郁，成为献祭的首选。佛教、道教敬神都用香。古希腊、古罗马人敬神也烧香。

7. 古埃及女人头上的小包包是干什么用的？

我们在很多古埃及的壁画中都能看到女人头上有一个类似发髻状的小包包，比馒头还要大一些，经研究，这是一种香球。古埃及女人把香球放到头上，香球经太阳照射就会散发香气，只是不知道能留香多久（见图 3-224）。

图 3-224　古埃及女人头上的香球

8. 什么样的香料能够持续发香 3500 年？

古埃及是最早使用芳香油的地区。古埃及人常常用香料来陪葬，图坦卡蒙墓中就陪葬有一种香料"Kypi / Kyphi"，至今还很香，带有甜味。墓中还有这种香料的配方，这是人类现存最早的香料配方。古埃及人在傍晚燃烧这种香料，来祭祀太阳神。

9. 埃及艳后如何用香?

埃及艳后克利奥帕特拉是全世界最知名的王后,她的故事成筐成篓。有部电影就叫《埃及艳后》,20 世纪福克斯公司拍摄,1963 年放映,伊丽莎白·泰勒扮演埃及艳后。

这个绝色艳后经常使用 15 种香油沐浴。她还把自己乘坐的驳船都涂满香料,香气传播好几英里。据说是她的香水味道迷倒了凯撒的大将、后三头同盟之一的安东尼,与她热恋。后来屋大维进攻埃及,艳后和安东尼一同自杀。为此,很多人为她惋惜。

有人说,克利奥帕特拉是世界上所有诗人的情妇。绝色美女加王后身份当然是一个绝佳的文学题材,也是好故事的关键词,她的故事广为传诵自然在情理之中。

10. 什么人奢侈到在建筑上用香?

古希腊人、古罗马人同样喜欢香料。古罗马人用香到了豪奢的程度,他们竟然在建筑砂浆中添加香料,太阳照射,香料挥发,整个建筑都香气四溢,不要说去现场体验,听听这些故事都让人心醉神迷。中东地区的人们在用香方面也不逊于古罗马人,他们在清真寺建筑过程中在砂浆里添加麝香。西非摩洛哥的一座清真寺的宣礼塔在建造过程中添加了上万袋的香料。

我们中国人在建筑中用香的历史也十分悠久,中国古代的椒房也是发香建筑。屈原《九歌·湘夫人》记载,湘君为湘夫人建造专门的殿堂,用花椒和泥抹墙,释放香气。春秋时,美女西施、郑旦被送给吴王,吴王夫差专门建造"椒华之房"供她俩居住。汉代未央宫有椒房殿,是皇后的居处。[1]后来椒房一词专指后妃居所,也是后妃的代称。

晋代石崇用花椒和泥涂抹墙壁,他的宠姬绿珠就住在这样的房子里。绿珠出身青楼,才貌双绝,随石崇后,恩爱有加。晋武帝也看上了绿珠,但碍于君臣礼仪,没有动手,但是赵王伦却指明要绿珠,石崇不舍,绿珠跳楼自杀。

[1] 孟晖.画堂香事[M].南京:南京大学出版社,2012:21.

《清明上河图》里面的世界

南朝齐东昏侯宠爱潘贵妃，为之建造神仙殿、永寿殿、玉寿殿，用麝香掺在涂料中涂刷墙壁。南朝陈后主，宠爱张丽华，在宫中建造临春、结绮、望仙三座高阁，窗扇、壁带、悬楣、栏杆护槛都用沉香木和檀香木制作。

五代时，南汉开国皇帝刘䶮建了一座南薰殿，殿中的 24 根柱子一律中空，柱身雕满剔透的镂空花纹，柱下的石础中则安放香炉。把藏在柱础里的一个个香炉点燃，殿柱就会自下而上处处飘散香烟，整座大殿随之香云缭绕。[1]似仙境一般。

11. 图中的女人在干什么？

图 3-225　明　陈洪绶　斜倚熏笼（局部）

图 3-225 中女人斜倚在熏笼之上。这种熏笼主要是熏被子、衣服用的。我国战国时就有了熏笼，在清代以前这是一种十分普及的香器。内放薰炉，有香丸，慢慢燃烧，使香气进入衣服、被子等。同时，也起到防护作用，避免被烤伤或衣被被烤糊。

晋《东宫旧事》记载："太子纳妃，有漆画手巾薰笼二，又大被薰笼三、衣薰笼三。"太子纳妃仅薰笼就要 8 个。而且各有专用，有手巾薰笼、被子薰笼，还有衣服薰笼。

白居易有句诗描写薰笼："红颜未老恩先断，斜倚薰笼坐到明。"这句诗与陈洪绶的画简直是穿越近八百年的绝世佳配！

12. 中山靖王刘胜的香炉究竟奢华到什么程度？

中山靖王是汉景帝的儿子，汉武帝的异母哥哥。他的墓出土了好多酒

---

[1]孟晖.画堂香事[M].南京：南京大学出版社，2012：134.

瓮，还有真酒。一共生了 120 多个孩子。《三国演义》中刘备说自己是中山靖王之后，可能性是有的。

1968 年河北保定满城陵山发现一座汉墓，后来证实是刘胜墓，该墓保存完好，没有被盗过，出土大量精美器物，其中有一件错金银博山炉，工艺十分精细，炉盖铸有海上三仙山：蓬莱、博山、瀛洲，山上还有瑞兽。燃香之后，香烟袅袅，好似仙山。汉代人崇尚长生不老，海上三仙山是他们乐意表达和接受的题材。错金银博山炉级别很高。据文献记载，汉武帝多次向臣下赏赐博山炉。此炉应该是汉武帝赏给哥哥刘胜的。

13. 汉武帝赏赐卫青的"鎏金竹节熏炉"什么样？

汉代熏香盛行，皇家贵族非常流行熏香。1981 年出土于陕西兴平县豆马村西汉武帝茂陵阳信长公主墓陪葬坑的鎏金竹节熏炉（见图 3-226），现藏于陕西历史博物馆，国宝级文物。造型精美，炉口外侧和圈足外侧刻有铭文，记其原为未央宫物，后归阳信家，应是汉武帝赐给自己的姐姐阳信长公主及其丈夫大将军卫青的赏物。

我国品香历史悠久，《诗经》《楚辞》《山海经》记载了很多香料。现在考古已发现不少战国时期的熏香炉，比如陕西雍城出土的凤鸟衔环铜熏炉。

图 3-226　鎏金竹节熏炉

14. 汉成帝每晚耗百金只为一窥

据《赵飞燕外传》记载：汉成帝妃子赵合德用香汤沐浴，"浴豆蔻汤，傅露花白英粉"。某晚，赵合德沐浴，因为练就道术，身体发光，被汉成帝发现，汉成帝十分惊奇，禁不住经常窥视，因为侍女告发，赵合德躲藏。汉成帝于是用黄金贿赂宫女以达目的，每晚耗百金。当然，这只是故事（见图3-227）。

图3-227 明清 佚名 窥浴图

15. 曹操"分香卖履"的故事

三国时期，曹操崇尚节俭，再三禁止家人熏香佩香。在我们的印象中，曹操和刘备是竞争对手，诸葛亮是刘备的军师，曹操对诸葛亮应该是恨之入骨，但是，据资料记载曹操曾向诸葛亮寄鸡舌香5斤。

虽然，曹操再三禁止家人用香，但是在那个以用香为时尚的时代，以曹操的地位不可能不用香，只不过是有所限制罢了。事实也确实如此，曹操临死前，要求丧事从简，不随葬珠宝，生前剩余的香料分给各夫人，让这些夫人闲的时候织鞋销售，以贴补家用。"魏帝遗命诸子曰：吾死之后，葬于邺之西岗上，与西门豹祠相近，无藏金玉珠宝。余香可分诸夫人，不命祭吾。"（《邺都故事》）"（诸夫人）舍中无所为，可学作组履卖也。"（陆机《吊魏武帝文序》）这就是"分香卖履"的故事。

16. 杨贵妃如何用香？

杨贵妃的故事妇孺皆知。集万千宠爱于一身，和唐玄宗有说不尽的话题。风流、浪漫、美丽、多才多艺，又逢大唐盛世。白居易的《长恨歌》更为她的故事增添了无尽的神秘感和悲剧色彩。

在唐代，旃檀香、郁金香、苏合香、龙涎香大多是通过丝绸之路传入中土的。在唐代以前，女人化妆大多仅仅是扑粉、施朱。粉就是铅粉，朱就是朱砂。

香料的传入，使得唐代女人化妆发生了革命性变化。杨贵妃使用了"太真红玉膏"，这种化妆品含有很多名贵香料。从史料中留下的制造过程来看，杨贵妃用的"太真红玉膏"是一种面霜："杏仁去皮、滑石、轻粉各等份为末，蒸过，入脑麝少许，以鸡子清和匀，常早洗面毕傅之，旬日后色如红玉。"

17. 香料当银子用

关于丝绸之路上各个民族的商人是如何支付的，一直是一个困扰我的问题。当时没有国际通用货币，他们地跨万里，风俗语言不同，究竟如何交易？后来读书才发现，丝绸之路上仍然存在大量的以物易物的情况，其中香料、丝绸实际上被当做通用货币来使用。丝绸之路实际上是一条香料之路，香料的交换历史悠久，具体起源于何时已经不可考。唐代，大量粟特人、波斯人来中国购买丝绸，不是支付金银货币，而是通过香药来换购。香的种类繁多，如乳香、安息香、龙涎香、冰片、苏合香、绛真香、没药、沉香、木香、砂仁、芦荟、乌片（乌香、鸦片）、底野迦（含鸦片的膏丸）、牛黄、犀角、海狗肾。明代万历皇帝接受外国朝贡的乌香，也就是鸦片，吸食上瘾，经常不上朝，成为中国历史上少有的长期不上朝的皇帝。

18. 香囊里的黑科技

图 3-228 是法门寺出土的香球，上下球体均饰五朵双蜂纹团花，通体为镂空的阔叶纹样，直径 12.8 厘米，链长 24.5 厘米，重 547 克，是唐代香囊存世品中迄今发现最大的一枚。法门寺地宫文物大多数为皇家捐赠，香球也应是皇家之物。

这种香球十分神奇，无论香球如何摆动，内里的香盂始终保持向上。类

《清明上河图》里面的世界

图 3-228　香球

似陀螺仪的工作原理。可以放在袖中，也可以放在被窝里，不用担心失火。这种香球何家村出土过一枚，西安西南沙坡村出土过一枚，日本正仓院藏有一枚唐代香囊，英国的哈克期美术馆也有收藏。

据说，唐玄宗因安史之乱逃往四川，在马嵬坡发生士兵哗变，杨贵妃成了替死鬼。清人赵长令诗："不信曲江信禄山，渔阳鼙鼓震秦关。祸端自是君王起，倾国何须怨玉环。"这里的"曲江"指张九龄，是唐玄宗的宰相，曾劝唐玄宗杀死安禄山，唐玄宗没有采纳，最后酿成大祸。这场大祸使大唐从此一蹶不振，根本原因在于唐玄宗自己忠奸不辨，怎能责怪杨玉环啊！这是作者要表达的意思。从四川回来之后，唐玄宗非常想念杨贵妃，派高力士去挖开坟墓，尸体已经腐烂，捡回一只香球。杨贵妃随葬的香球一定是金属的，否则早就烂掉了，也许就是这种香球。

根据东晋葛洪辑抄品《西京杂记》记载，香熏球的发明人被认为是房风，但是后来一度失传。巧工丁缓重新发掘出它的制作工艺，再次发明了平衡环。《西京杂记》记载："长安巧工丁缓者，又作卧褥香球，一名被中香炉，本出房风，其法后绝，至缓始复为之，为机环转运四周，而炉体常平，可置被褥，故以为名。"

这种香球也都是香囊的一种。据成书在 9 世纪初的慧琳和尚的《一切经音义》，两次为香囊专立条目，其卷 7 里的解释尤其详备："按香囊者，烧香器物也。以铜、铁、金、银玲珑圆作，内有香囊，机关巧智，虽外纵横圆转，而内常平，能使不倾。妃后贵人之所用之也。"不仅说清了名称、材料、形制、设计、功能，还指出了使用者。金属香囊可以佩挂在衣外，也常常置于袖中。使用者不仅有"妃后贵人"，还有风流少年，随身携带香囊甚至成了贵胄的典型标志，故章孝标《少年行》诗云："平明小猎出中军，异国名香满袖熏。画槛倒悬鹦鹉嘴，花衫对舞凤凰文。"[1]

19. 宋真宗一次焚烧 17 斤龙脑香

北宋香文化发展到顶峰，皇家祭司用香量巨大。《邵氏闻见后录》记载宋真宗为求雨，一次焚烧 17 斤龙脑香。看来宋真宗还是十分虔诚，为求雨舍得花血本。宋代宫中用香非常频繁，赏香之风炽盛，"册封皇后、节日庆祝、君臣欢宴、赏封功臣等，皇帝都赐香以示恩宠。《天香传》中记录丁谓因深得真宗信任而获赐沉香、乳香、降真香等，足以自用。"[2]

宋代还在宫廷用蜡烛中添加香料，在茶中添加香料。《齐东野语》记载，广东经略使向秦桧送了添加香料的蜡烛，燃烧后，满屋异香。

遍布城乡的茶馆

茶叶最早可能是因为其药用价值而被人食用的。早期人们是把茶煮成粥来饮用的，被称为茶粥。中国人何时开始饮茶争议较多，但是至少在魏晋时期已经广泛饮用了。

1. "柴米油盐酱醋茶"的由来

到了唐代，从达官贵人到普通百姓都开始饮茶。唐代已经有了商业性茶馆。根据唐代封演在他的《封氏见闻记》卷六"饮茶"中记载，当时自山东到河北，直至都城长安，人们到处煮茶，饮茶成为市井风俗，而且"城市多开店铺，煮茶卖之，不问道俗，投钱取引"。这应该是关于商业性茶馆的较早的记载了。《旧唐书·李珏传》记载："茶为食物，无异米盐，于人所资，

---

[1] 尚刚. 大唐香囊[J]. 书城, 2014（10）：

[2] 贾天明. 中国香学[M]. 北京：中华书局, 2015：26.

《清明上河图》里面的世界

远近同俗。既怯竭乏，难舍须臾，田间之间，嗜好尤甚。"这说明，在唐朝茶已经成为人们生活必需品，须臾不能离开了。这大概就是后世"柴米油盐酱醋茶"成为口头俗语的社会现实原因了。

不仅如此，唐代还诞生了一批茶学著作，除了大名鼎鼎的陆羽的《茶经》以外，还有温庭筠的《采茶录》、王敷的《茶酒论》、裴文的《茶述》、张又新的《煎茶水记》等，茶学已经开始形成。这些著作开启了茶文化的先河，为后世的茶文化精致化奠定了基础。[1]

唐代还诞生了最早的描绘煮茶场面的图画，就是阎立本的《萧翼赚兰亭图》。在辩才和尚的大椅子后面，左侧一老一少正在炉子边煮茶。

唐代开始讲究茶器的精美。陆羽在《茶经》对越窑青瓷、邢窑白瓷赞美有加，"邢瓷类银，越瓷类玉，邢瓷类雪，越瓷类冰，邢瓷白而花色丹，越瓷青而茶色绿。"至宋代，饮茶方法更加细致，茶器更加精美，尤其是文人给茶赋予了丰富的人文内涵。

经过五代十国的发展，宋代茶已经完全融入了人们的生活，成为日常生活必需品。王安石在《议茶法》中说："夫茶之为民用，等于米盐，不可一日以无。"南宋吴自牧在《梦粱录》中说："盖人家每日不可阙者，茶米油盐酱醋茶。"我们终于知道这句挂在中国人嘴边的话诞生于何处了。

2. 固体茶向叶茶的过渡

宋代饮茶与现在不一样，被称为吃茶，原因是宋代把茶叶都做成砖、饼、团，饮用前需要研磨成末，再冲调、饮用。宋代是由固体茶向散茶过渡的时期。宋徽宗著有《大观茶论》，蔡襄著有《茶录》，二书都是茶文化的经典作品。宋代建安茶为最好，建安凤凰山一代被称为"北苑"，北苑皇家御茶园共有46所。

宋代崇茶、尚茶简直到了疯狂的程度，尤其在达官贵人之间更是如此，著名书法家、政治家蔡襄在任职福建期间，在皇家贡茶基地北苑制成的"小

---

[1] 王旭烽. 茶文化通论: 品饮中国[M]. 杭州: 浙江大学出版社. 2020.

龙团",一斤值黄金二两,时称"黄金可有,而茶不可得"。[1]

除了固体的茶砖、饼、团以外,宋代也有叶茶,高级人士饮用固体茶,老百姓喝叶茶。喝叶茶成为习惯并广泛流行和明太祖朱元璋有关,他认为固体茶耗费民力太多,遂下令取消固体茶,从此喝叶茶成为习惯。

3. 为什么要用开水浇茶神陆羽?

很长时间内,人们不知道中国历史博物馆藏的一件小瓷人是谁,也不知道是干什么用的。这个小瓷人整体呈白色,盘腿而坐,双手持一展开的卷轴,正在阅读。孙机先生经过考证,认为是茶神陆羽。我们都知道唐代陆羽写过大名鼎鼎的《茶经》,在茶叶发展历史上,具有神一样的地位。北宋、南宋书上说,"卖茶的人将瓷做的陆羽即茶神像供在茶灶旁,生意好的时候用茶祭祀,生意不好的时候用热开水浇灌。"[2]这个故事也告诉我们中国人信仰的功利性,我们对神的态度完全取决于他们能给我们带来什么,我们敬神,是要和神作交换,比如要求神赐给儿子、财富、官职等,如果没有灵验,就可以打神、骂神,这种情况在民间普遍存在。

图3-229中是一家临河又临街的茶馆,靠近码头,位置绝佳。荆条编的棚顶上面压着砖块或石块,这样的设施使我们怀疑茶馆主人是否侵占了公共空间。茶馆内有三人围坐一桌,桌上三只茶碗,一人盘一腿侧坐,非常放松。

图3-229 茶馆

[1]祝勇.在故宫寻找苏东坡[M].长沙:湖南美术出版社,2017:218-219.

[2]孙机.中国古代物质文化[M].北京:中华书局,2014:57.

《清明上河图》里面的世界

另一桌上只有一位客人，似乎有点寂寞，正在转头看经过茶馆门前的挑夫。

4. 茶馆名称中的标题党

一家茶馆要想兴旺发达，不仅善于经营，还要有个好名字，一个好名字让人们津津乐道，自动传播。宋人很善此道，南宋杭州茶坊的名字很有意思，如朱骷髅茶坊、一窟鬼茶坊、黄尖嘴蹴球茶坊、车儿茶坊、将检阅茶肆等。有些高级茶坊专供官员、文人聚会，"插四时花，挂名人画，装点店面"，又"列花架，安顿奇松异桧等物于其上，装饰店面"。一窟鬼茶坊、黄尖嘴蹴球茶坊、车儿茶坊、将检阅茶肆比较清雅，适合文艺和学术沙龙。黄尖嘴蹴球茶坊有蹴鞠表演，有些茶坊还有说书表演。有些低级茶坊，同时也是劳务市场。还有些茶坊提供色情服务，如俞七郎茶坊、朱骷髅茶坊、郭四郎茶坊就是"花茶坊"，"楼上专安着妓女""非君子驻足之地也"。[1]

一窟鬼茶坊、朱骷髅茶坊名字都涉嫌搞怪，用现在的话说就是标题党。这样的名字有趣、好记，便于传播。同时，也是基于惊悚题材的发挥与创造，人们对这类题材既害怕又喜欢，这也是惊悚小说流行的主要原因。

5. 最早的茶单图像

图 3-230　茶单

在棕盖车经过的十字路口，算命铺右边有一家茶馆，在这家茶馆的墙上挂着一幅茶单（见图 3-230），推测标示了茶品的价格等信息。这也许是最早的茶单图像资料了。茶馆前一位妇人可能是刚刚饮完茶，正准备上轿。

[1] 吴钩.原来你是这样的宋朝[M].武汉：长江文艺出版社，2016：13.

6. 流动卖茶人

宋代都市中还有流动的卖茶人。据《梦粱录》记载，南宋杭州城内外到处都有卖茶人，有很多移动的茶摊，"夜市于大街有车担设浮铺，点茶汤，以便游观之人"。想来，北宋汴京卖茶人也不会少。图3-231中在孙羊正店边上的十字路口有一个手拎茶壶的人，茶壶下面还带着加热的炉具，卖茶人另一只手里拿的似乎是叫卖用的响板，正与一位头顶货物的盘卖小贩擦肩而过。这种茶壶（茶瓶、注子）可能是中国最早的保温瓶了，一般为广口，流（壶嘴）特别细长，几乎是宋代饮茶、斗茶的标配，在刘松年的《茗园赌市图》中出现5把，其中女人手提的茶瓶和《清明上河图》中的茶瓶高度相似，而且细节更多。细看《清明上河图》，在棕盖车旁边的茶馆也有一只黑色茶瓶，造型极相似（见图3-232、图3-233）。

图3-231　卖茶人

图3-232　饭店的茶瓶

陆羽《茶经》里引用《广陵耆老传》中的一个故事：晋元帝时，有一个老婆婆，每天提着一个茶瓶，到市场卖茶，很多人买，但是茶瓶中的茶水却不见减少，她把得来的钱都散给路边贫穷或要饭之人，很多人感到奇怪，于是州官把她抓到狱中。第二天，她却从窗户飞走了。这则资料说明在晋代已经有人在市场上提瓶卖茶。这是最早关于茶摊的记录，只不过是行走的茶摊、移动的茶摊罢了。

图3-233　北宋　龙泉窑青瓷蕉叶纹注子（浙江省博物馆藏）

7. 赛茶会——斗茶

《茗园赌市图》描绘的是斗茶的场景（见图3-234），在一副茶担旁，几位茶客有的在品饮，有的在击茶。图中的茶瓶、茶炉和《清明上河图》中的图像十分接近，茶瓶装于竹篮中，下部有炉，随时可以加热。这样的茶瓶、茶炉在宋代绘画中比较常见。茶客也是每人一套茶瓶、茶炉，似乎是在斗茶。茶瓶嘴细长，便于向小茶盏中注水。每名茶客腰部各有一包，里面应是斗茶用的工具。图中拎茶瓶的妇女着装开放，脚很小，可能已裹脚。上衣下裤，穿着围裙。茶的箱笼上斜幅有"上等红茶"字样。

图3-234　宋　刘松年　茗园赌市图

碾好的茶末放在罐子里（见图3-235、图3-236）。山西大同元代冯道真墓东壁绘有《备茶图》（见图3-237），桌上有茶罐，标有"茶末"字样。国家博物馆藏宋画像砖，女子洁盏，桌上放有类似茶罐。

图3-235　宋　刘松年
碾茶图（局部）

图3-236　碾茶图（河北宣化下八里辽墓壁画）

孙机："这种斗茶法要验水痕……白色的痕迹在黑瓷盏上显得最分明。……《茶录》说：'建安所造者绀黑，纹如兔毫，其坯微厚，熁之久热难冷，最为要用。'除兔毫盏外，建窑的油滴盏俗称'一碗珠'；油滴在黑釉面上呈银白色晶斑者，称'银油滴'，呈赭黄色斑者，称'金油滴'。……遗址在今江西

图3-237　备茶图（孙机临摹）

吉安永和墟的吉州窑也是宋代黑瓷的著名产地，这里烧的黑瓷盏上以鹧鸪斑著称。鹧鸪斑黑盏是在黑色的底釉上再洒一道含钛的浅色釉，烧成后釉面呈现出羽状斑条，同鹧鸪鸟颈部的毛色。"[1]

　　宋代茶碗口大，底小，便于斗茶；壁厚，便于保温。宋代建盏很受欢迎，建盏壁厚，颜色较深，方便斗茶使用（见图3-238）。日本静嘉堂美术馆藏有宋代鹧鸪斑建盏和曜变天目建盏，被视为国宝。

图3-238　建盏（现代仿宋制品）

宋代的抵押贷款服务——典当铺

　　对于"解"字大家有不同的理解，故宫博物院余辉认为这个铺子是解命铺，也就是算卦铺。画面中在典当铺对面，王员外家旅店有书生准备赶考，赶考前很多人愿意算一卦，预测一下未来，解命很有市场。但是，大多数人认为是当铺，又称质库、解库，也是银行（见图3-239）。质库对外放贷，贷

[1] 孙机.中国古代物质文化［M］.北京：中华书局，2014：65

《清明上河图》里面的世界

图3-239 典当铺

款者需要提供物品作为抵押。当时的贷款月息2%至4%。宋代城市抵押贷款业务十分兴盛，有些富家开有多处质库。宋代政府也开设抵当所，需要用金银物品抵押，月息3%，两年为期，到期不能赎回的话，抵押物归抵当所所有。政府还专设抵当免行所，简称抵当行所，属太府寺管理。以官方的钱作资本，老百姓可拿物品抵押贷款，官府收取利息。抵当所在王安石变法期间归都提举市易司管理。

宋代很多富人把钱交给他人打理，实际是一种委托理财。宋人廉布在《清尊录》中说："凡富人以钱委人，权其子而取其半，谓之'行钱'，富人行钱如部曲。"受托人可以自行决定利率、选择用钱客户，所得利息与富人各得一半。

幞头、笠帽的历史演进

《清明上河图》中的市井百姓多戴幅巾，戴幞头的很少。

1. 难道是宋太祖赵匡胤发明了抗疫利器？

宋代朝服一个显著的特征是展脚幞头，幞头脚左右延伸很长。宋代的几位皇帝画像就可以印证这一点（见图3-240）。这是为什么？有人说是宋太祖为了防止朝堂上大臣交头接耳，而特意发明的。这种说法有一定道理，就好像前一段时间杭州某小学为抗疫，让小孩们戴一米帽一样，确实能够提醒大家保持适当的距离。

首先追溯一下这种帽子的历史，它在历史上被称为幞头。幞头最初就是包在头上的一块方形头巾。现在我们理发是一件习以为常的事，但是，我国古人认为，头发不能轻易剪掉，这是对父母孝的开始，《孝经·开宗明义》记载"身体发肤，受之父母，不敢毁伤，孝之始也。立身行道，扬名后世，以显父母，孝之终也。"所以，我们的古人无论男女都把头发挽成发髻盘在头顶。女子爱美，她们的发式五花八门、花样繁多，如

图 3-240　宋仁宗像

双环髻、坠马髻等。为了装饰发髻，也为遮风避雨，幅巾、帽子等就应运而生了，各种首饰也诞生了，甚至首饰成了区别高低贵贱的主要标志。

但是，满族入关，要求汉人剃发。顺治二年的六月十五日，福临再次颁布"剃头令"：京城内外，限 10 日；各省自诏令到达之日算起，亦限 10 日，官军民一律剃发，迟疑者按逆贼论，斩！清廷把剃发作为归顺的标志之一，口号是："留头不留发，留发不留头。"这是对汉族几千年来传统发式习惯的极大挑战，很多人接受不了，引起了强烈反抗。

在头上裹头巾这种做法不是中国所独有，在世界上具有普遍性，现在的印度以及阿拉伯地区人们还在用头巾。至今，我国很多地区的人也还在用头巾，使用的方式各不相同。陕西人把长方形白羊肚手巾两端向前包抄在额前打结，山西、河北、河南等地的农民则把白羊肚手巾两端在脑后打结，各自形成独特的服饰文化。

据考证，这种头巾大约出现在东汉时期。东汉末年的黄巾军得名就是因为头裹黄色幅巾的缘故。南北朝时期北周武帝进行改进，在幅巾四个脚上裁出四条带子，并将其接长，裹发时，幅巾覆于顶上，后两脚向前包抄，系于额前；前两脚向后，绕于脑后，打结后下垂。这样做可以使幅巾在头上更牢靠，可以防止被风吹走。有的人还把后两脚在下巴下打结加以固定，那就更加牢靠了。但是，这种方法每天系扎很麻烦，后来聪明的人在幅巾内加

上竹子、藤草或金属内衬，就成了这种帽子，原来用于在后方打结的两个垂脚，就作为装饰物保留下来。南北朝时期已经有了各种各样的幞头，两脚自然下垂的是软脚幞头；两脚向两端展开的叫硬脚幞头；两端上翘的被称为翘脚幞头。硬脚幞头大多用铜、铁丝作骨，使幞头脚能够平直向两端延伸或向上翘起。此外，还有两脚向上的朝天幞头，两脚交叉的交脚幞头，插花的簪花幞头，等等。《步辇图》中的李世民戴的就是幞头（见图3-241）。

早先的幞头有软硬之分，软幞头就是幅巾；硬幞头就是加了硬质内衬，实际上等于帽子，戴用十分方便，不用再裹来裹去（见图3-242）。据说，隋代大业十年（614），吏部尚书牛弘建议在幞头内加硬质内衬，既方便戴用，又挺实美观。

图3-241　《步辇图》中唐太宗戴的幞头

图3-242　《文苑图》中的幞头

宋代沈括在《梦溪笔谈》中有关于幞头的记载：

幞头，一谓之"四脚"，乃四带也。二带系脑后垂之；二带反系头上，令曲折附顶，故亦谓之"折上巾"。唐制，唯人主得用硬脚。晚唐方镇擅命，始僭用硬脚。本朝幞头，有直脚、局脚、交脚、朝天、顺风、凡五等，唯直脚贵贱通服之。又庶人所戴头巾，唐人亦谓之"四脚"。盖两脚系脑后，两脚系颔下，取其服劳不脱也；无事则反系于顶上。今人不复系颔下，两带遂为虚设。

这一记载印证了上述的说法，同时也提供了一个重要信息，那就是硬脚幞头在唐代只有皇帝才能用。唐末藩镇割据，礼制混乱，军阀头子们也开始僭越，很多人用展脚幞头。五代十国时期，很多小王朝的皇帝也都用这种幞头。到了宋朝，无论皇帝还是一般官员们都用展脚幞头，而且两脚向两端延伸较长，达到了前无古人、后无来者的登峰造极水平。后世，再也没有出现展脚如此之长的幞头。宋代幞头的样式更加多元化：直脚幞头也叫平脚幞头、展脚幞头；局脚幞头是脚弯曲上卷的，也叫卷脚幞头；交脚幞头是脚向上折并交叉的；朝天幞头是脚90度上折、上下垂直的；顺风幞头是两脚顺向一侧倾斜的。

据《东京梦华录》记载，禁军殿前司各部门的军士所戴幞头都不一样，有卷脚幞头、局脚幞头、一脚指天一脚圈曲幞头等，"天武官皆顶双卷脚幞头……殿前班顶两脚屈曲向后花装幞头……御龙直一脚指天一脚圈曲幞头。"宋代皇家禁军隶属殿前都指挥使司，简称禁军殿前司、殿司。这里的御龙直是宋代禁卫军的一种，宋代皇城禁卫军共分五重：第一重为皇城司亲从官；第二重为宽衣天武；第三重为御龙弓箭直、弩直；第四重为御龙骨朵子直；第五重则为御龙直。这些直部武士都是选拔武艺卓绝者担任。御龙直就是皇帝的贴身侍卫，最亲近的扈从者。御龙直戴这种幞头是一种专门的制度规定，这种幞头样式十分奇特，一脚直角卷折向上，一脚卷折向上后再次直角卷折向另一脚，二脚十字交叉。这种幞头标志特别明显，显示皇帝近侍的威严。在山西繁峙金代岩山寺壁画中有这种一脚指天一脚弯曲的幞头（见图3-243）。文献与文物相互印证，更加证实了这一信息。

图3-243　岩山寺壁画中的幞头

宋辽时期有些杂技艺人还有各种花式幞头，他们在幞头上插上各种花卉，花样繁多，也更加美观。河北宣化下八里辽墓壁画反映了多种幞头样式（见图3-244）。

宋代的幞头大多内衬木骨，或以藤草编成巾子作为里子，外面罩一层

图 3-244　河北宣化下八里辽墓壁画中的簪花幞头（左）和交脚幞头（右）

漆纱。宋代幞头，皇帝、高官可以戴，普通百姓也可以戴，无论贵贱。大多是展脚幞头，幞头脚越长越尊贵，士人庶民所戴幞头的脚短些。由于需求量巨大，在当时的东京有专门的帽子店铺，如"帽子田家"，田家帽子工艺精致，售价昂贵，有的帽子售价竟然高达 5000 贯。还有专门经营幞头的店铺，如东京李家幞头天下称善。

到了明代，幞头的两个翅（脚）变成了椭圆形的纱网状，而且短了很多。

幞头由实用到装饰，再到等级化，有这样一个变化过程。

有意思的是，张择端《清明上河图》上有不少戴幞头的人（见图 3-245），但却没有戴展脚幞头的，不知道为什么。

图 3-245　《清明上河图》中的各种幞头

2. 唐宋时尚——帷帽

《清明上河图》中多处出现帷帽和笠。帷帽就是在帽子边沿加上一些纱布类的轻薄布料，有的是整个覆盖住帽子，四周下垂，有的仅是在帽檐处加上纱帘，纱帘可以垂下，也可以撩起来，主要目的是防风沙。帷帽唐代很流行，来自西域。西域风沙很大，帽子上加了帷子，就可以防止风沙迷眼。华北平原冬春季节风沙也很大，帷帽很实用。这种帷帽让人看起来有些朦胧，对于女性来讲，有一种别样的美。直到现在，一些女性的帽子仍然喜欢罩一层薄纱。唐代还有一种封闭更严的类似帽子的东西——羃，羃为软质，有的没有了帽子的支撑，就是一个上小下大的布袋，从头上套下来，在脸部留一个口子。有的还保留帽子，只是在帽子四周垂有纱帘。这种羃和帷帽已经区别不大（见图3-246）。

关于羃还有一个故事，故事主人公用羃来隐藏自己的真实面目。据《旧唐书·李密传》记载：李密投降唐朝后又反叛，带领上千士兵，化妆成女性，戴羃，羃内藏刀，到县城后，变装持刀杀出，占领了县城。[1]

图3-246 《树下人物图》中
戴面羃的妇女

高祖武德到太宗贞观年间（618—649），女性多穿"羃"，"全身障蔽，不欲路途窥之"。到高宗永徽（650）以后，不穿"羃"了，流行"帷帽"，"拖裙到颈，渐为浅露"。咸亨二年（671）曾经下诏书想让女性不要"弃羃"，……到武则天执政（684）以后，"帷帽大行，羃渐息"，……到玄宗开元（713—741）初期，女性又不戴帷帽了，"皆著胡帽，靓妆露面，无复障蔽"。……再以后，她们连胡帽也不戴了，"露髻"而行。[2]从这个过程也可以看出，唐代女性着装由封闭走向开放。

[1]黄正建.从文物看唐代女性装束特点[N].文汇报，2017-09-08（16）.
[2]同上。

《清明上河图》里面的世界

在考古发掘中，出土了很多唐代戴帷帽的女性。有些帷帽和我们的时装模特儿戴的纱帘帽已经十分接近，当时一定是一种时尚。

《清明上河图》中的帷帽和冪区别不大，只露出脸部，帷子垂至胸前（见图3-247）。

图 3-247　帷帽

3. 士庶都可戴笠

笠是一种用竹篾编的帽子，比较硬挺，不易变形，很多人都可以使用。画面中高级文人戴着笠，一个小贩也戴着笠，但是，士人戴的笠的质量明显比小贩的高出很多。士人的笠帽檐向外平展较多，帽筒较窄、较高，小贩的笠帽檐向下垂，帽筒粗矮（见图3-248、图2-249）。

图 3-248　士人戴的笠　　　　图 3-249　街头小贩戴的笠

绘画的色彩为何如此灰暗？

现在我们看《清明上河图》的颜色很淡，除了黑色之外，只有一些淡淡的绿色、红色。可能是因为时间太久，色彩褪色了。可是五代时期绘制的《韩熙载夜宴图》、宋代临摹的《虢国夫人游春图》却颜色艳丽，变化不大。这究竟是为什么？

这就涉及中国画的种类问题，就颜色来讲，国画基本可分为水墨淡彩和工笔重彩两种。所谓水墨淡彩，就是在画面淡淡地施一些色彩，主要是靠线条来表现内容。工笔重彩则要层层晕染，颜色饱和度高，色彩厚重。我国古代绘画使用的大多是矿物质颜料，这种颜料历千年也不变色。但是，化工颜料就不行了，往往几年就褪色。山西运城地区的芮城县有一处元代建筑——永乐宫，壁画十分精彩。中华人民共和国成立之初，因为修建三门峡水库，被迫迁址。在迁移前将壁画分块切割，然后易地重装，装好后由中央美院画家对切割缝隙进行补绘，补绘完毕，基本看不出和原画有什么差别。但是，才过了几十年，现在这些切割痕迹上补绘的颜料已经褪色，看起来十分别扭。

《清明上河图》本身是水墨淡彩，色彩本来就淡，再加上历经 900 多年，绢也老化变色，画面颜色灰暗是自然而然的事情。而《韩熙载夜宴图》《虢国夫人游春图》都是工笔重彩，工笔重彩多用矿物质颜料，所以较为稳定，历千年不变色。

写意人物

《清明上河图》中的人物表现全是写意，并不细致勾画，很多人物脸部没有细节，但是很传神（见图3-250）。

图3-250　各种人物

《清明上河图》中的人物和《晴峦萧寺图》中的人物非常相似，线条古拙，所绘人物给人的感觉不舒展（见图3-251）。

《清明上河图》中人物都很小，难以刻画细部，略显粗犷。但是，宋代是写实绘画大发展的时代，台北"故宫博物院"藏南宋李嵩的《市担婴戏》（见图3-252）是工笔人物画，须发必现，和《清明上河图》中的人物形成鲜明的对比。货郎身上挂着眼睛标志，还有"专医牛马小儿"字样的条幅，说明他也是医生。提起宋代，很多人习惯性地联想到儒家礼教，想当然地认为宋代女性比较保守，图中妇女正在哺乳，双乳外露，无所避忌，这说明宋代女子也有开放一面。图中左边树干上写有"五百件"，可见货郎担的商品之丰富。图中绘有农具类如斧头、锯子、锄头、木耙等，日用品则有扫帚、簸箕、瓦罐、杯盏、木桶、针线包、草帽、扇子、灯笼、号角、药材等，食物有蔬菜、鱼肉、油盐酒醋和各式果饼，另外，更有大量的儿童玩具，像风筝、葫芦、弓箭、小旗等,甚至还有喜鹊、八哥、青蛙等活的动物。

图 3-251　五代　李成　晴峦萧寺图

图 3-252　宋　李嵩　市担婴戏

　　在我国古代,货郎就是移动的百货商店,他们从城市、集镇批发货物,运到农村,几百年都是这样(见图 3-253、图 3-254)。他们沿街叫卖,走街串巷,兜售货物。货郎吸引顾客的办法很多,比如摇货郎鼓,敲锣,吹牛角、海螺等。他们叫卖起来,也是各显神通,有的编顺口溜,有的唱歌。我小时候,老家经常有一个推独轮车的货郎,人很和气,把商品编成了歌,选定一个地方后,就开始唱,很多家庭妇女、孩子都会围上来听他唱歌,在那个时代,农村娱乐很少,很多人愿意听他唱歌,当然,商品卖得就多。如果有一段时间他没来,大家还想念他。

图 3-253　石家庄毗卢寺壁画中的货郎图

图 3-254　宋　苏汉臣　杂技戏孩图

关于宋代女性着装开放的例子，还可见于《骷髅幻戏图》《纺车图》（见图 3-255、图 3-256）等。

图 3-255　宋　李嵩　骷髅幻戏图

图 3-256　宋　王居正　纺车图

月牙形的扁担——挑桌

在孙羊正店旁边，紧挨着说书摊有一个小贩，担子很独特，呈月牙形状，两头翘起很高，有人考证为挑桌。挑桌可以说是移动的店铺或柜台。在挑桌旁，一人带着小孩正在购买，摊主正在把商品递给顾客，卖的应该是美味小吃（见图 3-257）。孙羊正店对面有一人正挑着挑桌走过，担子上撑着一把遮阳伞，两根绳子连接着担子的两端，后面还挂着斗笠，真是风雨无阻啊。旁边的牌子：李家赎卖上□□。大概是一家商店（见图 3-258）。

现在已经很难见到这种器物了，担子的两端各有一个只有两条腿的桌子，靠扁担作为支撑保持平衡，摊主随便在什么地方一放，就可以卖东西，而且在行走过程中，货物也是展示在外面的，顾客如感兴趣，可以随时停下来卖给他们。但是桌面面积有限，展示的物品不会太多，一般是卖小吃的小贩使用。在山西金代岩山寺壁画中画有一副这样的扁担，摊主卖的应该也是一种小吃，一位母亲正接过摊主递来的小吃，小朋友已经有些急不可耐，举着手想要。明代《明宪宗元宵行乐图》描绘的是明代宫廷玩乐的场

图 3-257 挑桌

图 3-258 过路小贩

景，出现了这种扁担摊主销售的东西比较丰富、奢侈，有巨大的遮阳伞、各种彩旗，还有瓶、壶、盒子、葫芦、碗碟等物（见图 3-259）。

在明代仇英本《清明上河图》中也有这种挑桌，仇英本是按照苏州的景色绘制的，苏州把这种挑桌叫作"骆驼担"，大多是小吃摊贩的用具，一般是卖馄饨、小圆子、糖粥等，制作这些食品所需原料简单，体积小，便于携带。担子的一头放有简单的炉具、柴火等，另一头放有做好的肉馅、调料盒等，是一个移动的厨房。摊贩们随街游走，哪里热闹就在哪里驻留，随即开始制作，现做现卖，味道新鲜。比如庙会、戏台、桥梁、十字路口附近等，都是他们爱去的地方。

明代《货郎图》中挑桌的扁担十分粗壮（见图 3-260）。两个小朋友急切地拉着姐姐要购买。

图 3-259 《明宪宗元宵行乐图》中的挑桌

图 3-260 《货郎图》中的挑桌

仇英本的挑桌相对于张择端本简略很多，而且不再是两端高高翘起的月牙形状，近乎平直了，挑桌前方仅仅是一个大罐，可能是现成的食品，因没有炉灶（见图3-261、图3-262）。

图3-261　虹桥上的挑桌（仇英本）

图3-262　农田附近的挑桌（仇英本）

侵街

里坊制被废弃，商贩临街设铺，为吸引顾客的注意，必然会占用街道的公共空间，搭设席棚、把商品摆到街上，甚至翻盖房屋时把墙基向街上拓展，本来很整齐、宽阔的街道，被两边的住户侵占得犬牙交错、参差不齐，变得狭窄，甚至造成通行困难，尤其是一些强悍者，不断侵占街道，很多人敢怒不敢言。侵街问题是古代城市管理的一大难题（见图3-263）。北宋政府对侵街事件没有一刀切，对官员宅邸侵街管理很严格。如太平兴国五年（980）七月，八作使（相当于城建局局长）段仁海在家门前修筑了一道墙垣，侵占景阳门街，宋太宗大怒，"令毁之，仁海决杖"。[1]而对商家侵街处理

［1］吴钩. 宋：现代的拂晓时辰［M］. 桂林：广西师范大学出版社，2015：139.

较为灵活，如元祐五年（1090），给事中范祖禹上书宋哲宗说，虽然"百姓多侵街盖屋，毁之不敢有怨"，但"有司毁拆屋舍太过，居民不无失所"，所以，他求皇帝下旨，"除大段窄碍处量加撤去外，无令过当拆屋。"[1]

宋太宗有一次想扩建宫城，因为居民多不愿迁徙而作罢。

康定元年（1040），宋仁宗"车驾行幸"，尽管当时街道狭窄，仁宗却没有下令拆迁、封路什么的，而是简化了仪式。[2]

宋哲宗绍圣年间，向太后娘家想在祖坟修一座慈云寺，户部尚书蔡京欲巴结太后，就圈了一块地给太后家人，但是人们不愿拆迁，告到开封府，范正平（范仲淹的孙子）判不拆迁，人们还不罢休，又告到登闻鼓院，判决蔡京"坐罚金二十斤"。[3]

虹桥是来往汴河两岸的交通要道，人流如织，是摆摊设点的好地方，虹桥上的商贩严重侵街，几乎占去了一半桥面，使本来不宽的桥面显得更加拥挤（见图3-264）。针对这种情况，皇帝专门下诏禁止在京城所有的桥上搭棚摆摊。仁宗天圣三年（1025）正月，巡护惠民河田承说奏："河桥上多是开铺贩鬻，妨碍会簻及人马车乘往来，兼损坏桥道，望令禁止，违者重置其罪。"仁宗下诏："在京诸河，桥上不得令百姓搭盖铺占栏，有妨

图3-263　纸马铺、解所前的席棚店铺　　　　　图3-264　虹桥上的侵街场景

［1］吴钩.宋：现代的拂晓时辰［M］.桂林：广西师范大学出版社，2015：139.

［2］同上书，第140页。

［3］吴钩.宋朝小民的硬气［J］.视野，2015，（16）：18.

碍车马过往。"由图上可知，虽然有诏令禁止，但是桥上侵街行为仍然没有禁绝。

清明时节好种花

图中出现两处卖花的摊位，孙羊正店门口有一处，护城河边十字路口有一处，他们用荆条编成的篓子盛放花木（见图 3-265）。虹桥上游不远处有一条大船是专门运送花木的。清明前后，正是北方种树种花的好时节。在庭院中种植花木的历史不知从何时起，爱花几乎是每一个人的爱好。皇家、贵族会有专门的园林种植花木；一般家庭可能仅仅是在庭院里随意种上一两棵。赏花不是富人的专利，当你有机会去农村时，可能会在一个十分破旧的农家院里看到农民在破碗、破罐子里种的小花，可能是移植的野花，也可能是平常花卉，这都不重要，关键是从这里看出农民的一份闲趣。东京作为一个人口达百万的城市，对花木的需求一定不小。

图 3-265　花木摊

东京汴梁人最喜欢吃什么肉？

在孙羊正店的一角，说书铺的里面，就是一家卖肉的摊位，柱子边上挂着一个牌子，上书"斤六十足"（见图3-266）。店里的伙计好像正在用刀切割案上的肉。这是一处绝佳的位置，在大十字路口，人流如织，是经商的好地方。羊肉味道鲜美，能御风寒，在北方很受欢

图 3-266　羊肉铺

迎，尤其是冬春季节，人们喜欢吃羊肉补补身体。据《东京梦华录》记载，东京汴梁羊肉消费量巨大，占比很高，而且宫廷主要是吃羊肉，很少吃猪肉。据司马光《资治通鉴》记载："饮食不贵异品，御厨止用羊肉。"据《宋会要辑稿》记载，宋神宗时期皇宫每年吃掉43.4万斤羊肉，宋真宗时期每天要宰杀350只羊才能满足皇宫需要。[1]《东京梦华录》还记载了很多种羊肉的吃法，如羊角、羊脚子、乳炊羊、点羊头、排炊羊、虚汁垂丝羊头、宅生软羊面等。

宋代流行婴戏图

《清明上河图》中描绘了一些儿童形象。孙羊正店门口有一位父亲驮着

［1］黄璐. 中国人吃肉史［J］. 食品与健康，2018（9）.

《清明上河图》里面的世界

自己的小孩，这种玩法有的地方叫"骑毛驴"。小孩的位置高，视野开阔，一般都很高兴。在一家饭铺里也有一个小孩，店里面没有客人，似乎在自己玩耍。在画面刚开始的部分，惊马边有一儿童，大人正在惊慌中走向孩子。在一个行进中的豪华大船上也有一个儿童，似乎有母亲陪伴，正在临河观水（见图 3-267）。

图 3-267　各种儿童形象

婴戏图是专门描绘儿童嬉戏的绘画品种，宋代以前，没有专门的婴戏图，儿童出现在画面中多是点缀，在宋代婴戏图形成独立的绘画种类。在中国这样一个崇尚多子的国度，儿童题材绘画受到社会各个阶层的欢迎，这种绘画大多表现喜庆场面，也是春节人们爱买的画种，我国民间年画很大一部分是婴戏题材绘画。民间剪纸、木雕、石雕、瓷器都喜欢用婴戏图来表达或装饰。宋代磁州窑生产的童子钓鱼枕、童子猜拳枕、童子骑竹马枕等都是婴戏图中的精品。据宋代《东京梦华录》《梦粱录》《岁时广记》等记载，每年七夕，家家都买一种泥塑玩具，是婴儿形状，为的是乞巧，也可能是祈求男孩的意思。这种玩具也叫磨喝罗，或摩喉罗、摩合罗等。杭州南宋六和塔的砖雕中有两幅婴戏图十分可爱（见图 3-268）。宋代也诞生了一批擅长婴戏题材绘画的画家，如杜孩儿、刘宗道、苏汉臣等，都是著名的婴戏图绘制者。

图 3-268　六和塔砖雕婴戏图

内敛简朴的宋代服装

整体来讲，唐文化比较张扬，宋文化比较内敛。960 年赵匡胤建立宋朝，结束了唐末以来的战乱。宋代对女服的要求是："惟务洁净，不可异众。"各代皇帝要求"务从简朴""不得奢侈"。宋代官服不同级别之间外观上区别不大，没有像明清时期等级分明的前后胸绣的补子。

长期以来，上衣下裳一直是中原人一个传统穿着习惯，所谓裳，就是裙。到了宋代，对于底层人民来说，已经不再是上衣下裳，而是上衣下裤，穿裤子劳动方便多了。士人、官吏因不需要体力劳动，上衣下裳仍然很普遍。《清明上河图》中大量的劳动人民都是上衣下裤。

古人以露髻为非礼，所以图上街头的每一个人头上都包一个头巾。明代李时珍在《本草纲目·服器·头巾》中说："古以尺布裹头为巾，后以纱罗布葛缝合，方者曰巾，圆者曰帽，加以漆制曰冠。"

1. 何谓方心曲领？

方心曲领是一种项饰，由白罗制成（见图 3-269）。清华大学美术学院贾玺增认为方心曲领是宋代朝服最显著的特征之一，但在《清明上河图》中并没有出现这种服装。实际上，方心曲领在隋唐已经存在，而且有文献记载。但是，方心曲领究竟什么样，说不清楚。宋代设计的这个项圈确属独创，也许和古意并不吻合。但是，明代前期还在沿用，嘉靖时才废止。元明时期的很多寺观壁画，比如山西芮城永乐宫壁画上的神的穿着大多是方心曲领，这几乎是一种定制。

方心曲领还传到韩国、日本，韩国祭祀时仍然戴方心曲领。故宫南熏殿旧藏宋宣祖像（见图3-270）也有方心曲领。

图 3-269　河北石家庄毗卢寺壁画中的方心曲领

图 3-270　宋宣祖（赵匡胤父亲）像

2. 唐肥宋瘦话褙子

图 3-271　穿褙子的妇女

褙子，又称背子，直领对襟长上衣，在宋代非常流行，也是宋代特征比较明显的一种服装。宋代褙子样式为对襟、窄袖，领、袖口、衣襟下摆都镶有缘饰。胸前衣襟部分敞开，两边不用纽扣或绳带系连，任其露出内衣（见图3-271、图3-272）。

一般是女装，也有男子穿，上至后妃，下至寻常百姓，包括教坊女子，均可穿褙子。多罩在其他衣服外面，长度可以至膝上、齐膝、膝下，甚至可

图 3-272 《歌乐图》中的褙子

以至脚踝。衣服一般两侧开衩，自腋下不缝合。褙子至明代演变为披风。

唐代女人爱在脸上贴花钿，爱在眉心点画，宋代基本没有了。唐代女人大胆、开放、潇洒；宋代女人给人的感觉是不张扬、沉稳、安静；唐代女人较为丰腴，宋代女人较为苗条。褙子这种服装显得女性较为修长，符合宋代对女性的审美习惯。其实，这是一种笼统的感觉，唐代以丰腴为美也不是一开始就这样，唐玄宗时期才开始，而且，即使如此，长期以来的以长白（高个子，皮肤白皙）为美、细腰为美的审美观念也一直在并行中，并没有消失。对此的认识断不可绝对化，这就是历史多样性的迷人之处。

3. 霞帔

霞帔，由披帛转化而来，是女子礼服的一部分。披帛是一种西来的服装装饰品，在古希腊的雕塑和绘画中经常能够见到披帛。霞帔并没有替代披帛，宋代女子着披帛也很多。宋代命妇（指有封号的女子，一般是指官员的母、妻，俗称"诰命夫人"）要着霞帔，还有霞帔坠子。霞帔随丈夫的品级有不同的纹样，皇后霞帔绣龙凤纹，命妇绣鸟禽纹。坠子由金玉制成，不会再像披帛那样飘逸（见图 3-273）。

图 3-273 杜太后（赵匡胤母亲）像

4. 宋代女子也男装

　　对于唐代女子着男装的情况，可能很多人都了解，其实，宋代女子也有着男装的，南宋《女孝经图》中有多位女侍从着男装（见图 3-274）。她们头戴软脚幞头，身穿圆领袍，腰系革带。在《清明上河图》中未见到男装女子，大概这种情况仅仅出现在宫廷中。

图 3-274　宋　佚名　女孝经图

5. 衣服下摆系在腰间

　　宋代长裤已经十分流行，上衣下裳中的裙大多被省略，但是上衣仍然很长，对于劳动人民来讲还是不方便，于是人们就习惯把上衣的下摆拢起来掖在腰间，这样行动就方便多了。《清明上河图》中很多劳动者如抬轿子的、撑船的、小贩、挑夫、牙人都是这种装束（见图3-275）。这大概和现在的人习惯把衬衣下摆束在裤子里类似。

图 3-275　衣服下摆系在腰间

6. 成人也穿开裆裤

按照我们现在的生活常识，只有小孩子才穿开裆裤。可是，在宋代成人也穿开裆裤。那不就走光了吗？看看下文再说。

图3-276中有一条小船，小船棚顶正在晾晒的裤子很独特，是研究宋代服饰的重要资料。这叫"绔"或"袴"，只有裤管，没有腰，没有裆。这是一种内衣，系在腰上。或者是两个单独的裤管，分别套在两胫上，也叫"胫衣"，为的是给腿部保暖。需要配合裙或深衣才能穿，不然就走光了。这种衣服主要是社会中上层人士穿用。老百姓穿的时候，需要在内部加兜裆布。据资料显示，先秦时就有这种服装。

由于裤子都是穿在里面的，所以，都用质地较次的布料制成，但是，一些富人也用丝织品制裤，所以被称为"纨绔子弟"。

图3-276　小船上晾晒的裤子

赵武灵王胡服骑射，汉人开始穿裈，也就是有裆裤。裆是指两裤腿相连的地方。但是，无裆裤并没有消失，直到宋代还在穿。可能是里面穿有裆裤，外面穿无裆裤，仅仅是为了腿部保暖。

汉代以前人们都是席地而坐，穿无裆裤起立、上马过程中都容易走光。秦代以前，无论男女都穿裙，或深衣，里面是不穿裤子的。盘腿坐，很容易在起立过程中走光。跽坐，则可以避免走光。跽坐，就是长跪。古人坐时臀部贴脚后跟，臀部离开脚后跟，腰伸直，就是跽。到了高坐具普及以后，跽坐才消失。

秦陵兵俑，这种姿势如果不穿裤子是要走光的。可见，秦代已经在穿裤子。

这种开裆裤在考古中已经发现一些实物，福建南宋黄升墓出土裤子24件，其中合裆裤8件，开裆裤16件。黄升墓是黄升和丈夫赵与骏（赵匡胤第十一世孙）及赵与骏另一妻子李氏合葬墓，出土354件丝织品。黄升的父亲是福州知州兼提举市舶司，应该说十分富有。

7. 裤腿绑扎

《清明上河图》中很多人裤腿在膝盖处绑扎，看来是一种大众习俗。这样做应该是便于行走。图中有这种习惯的人都是劳动者，比如算卦摊旁边站立的两个人、街边流动小贩、城门边上的赶驼人等，由此可以看出，这种习惯是劳动人民才有的（见图3-277）。

图3-277　绑着裤腿的人

参考文献

[1] 张新建 . 艺术也疯狂 [M] . 北京 : 三辰影库音像出版社 , 2014.

[2] [美] 伊沛霞 . 宫廷收藏对宫廷绘画的影响 : 宋徽宗的个案研究 // 千里江山图的故事 [C] . 北京 : 故宫出版社 , 2017.

[3] 贾冬婷 , 杨璐 . 我们为什么爱宋朝 [M] . 北京 : 中信出版集团 , 2018.

[4] 祝勇 . 故宫记 : 祝勇建筑笔记 [M] . 北京 : 海豚出版社 , 2014.

[5] 陈寅恪 . 寒柳堂集 [M] . 北京 : 生活·读书·新知三联书店 , 2001.

[6] 傅杰 . 王国维论学集 [M] . 北京 : 中国社会科学出版社 , 1997.

[7] 祝勇 . 在故宫寻找苏东坡 [M] . 长沙 : 湖南美术出版社 , 2017.

[8] [美] 马克·科尔兰斯基 . 一阅千年 : 纸的历史 [M] . 吴奕俊 , 何梓健 , 朱顺辉 , 译 . 北京 : 中信出版集团 , 2019.

[9] 吴钩 . 宋 : 现代的拂晓时辰 [M] . 桂林 : 广西师范大学出版社 , 2015.

[10] 余辉 . 隐忧与曲谏 : 《清明上河图》解码录 [M] . 北京 : 北京大学出版社 , 2015.

[11] [美] 吴军 . 文明之光 (第一册) [M] . 北京 : 人民邮电出版社 , 2014.

[12] 张玮 . 历史的温度 : 寻找历史背面的故事、热血和真性情 [M] . 北京 : 中信出版集团 , 2017.

[13] 翁昕 . 如何看懂艺术 [M] . 北京 : 北京联合出版公司 , 2018.

[14] [日] 野岛刚 . 故宫物语 [M] . 张慧君 , 译 . 上海 : 上海译文出版社 , 2018.

[15] 吕少卿 . 大众趣味与文人审美——两宋风俗画研究 [M] . 天津 : 天津人民美术出版社 , 2014.

[16] 丁牧 . 宋徽宗之谜 [M] . 北京 : 现代出版社, 2016.

[17] 叶康宁 . 风雅之好 : 明代嘉万年间的书画消费 [M] . 北京 : 商务印书馆, 2017.

[18] 刘永华 . 中国古代车舆马具 [M] . 北京 : 清华大学出版社出版, 2013.

[19] 董伯信 . 中国古代家具综览 [M] . 合肥 : 安徽科学技术出版社, 2004.

[20] 邓广铭, 程应镠 . 中国历史大辞典·宋史 [M] . 上海 : 上海辞书出版社, 1983.

[21] 孙机 . 中国古代物质文化 [M] . 北京 : 中华书局, 2014.

[22] 曹星原 . 同舟共济 :《清明上河图》与北宋社会的冲突妥协 [M] . 杭州 : 浙江大学出版社, 2012.

[23] 包伟民 . 宋代城市研究 [M] . 北京 : 中华书局, 2014.

[24] 孙机 . 从历史中醒来 [M] . 北京 : 生活·读书·新知三联书店, 2016.

[25] 张勇 . 北清明南姑苏 :《清明上河图》与《姑苏繁华图》风俗画研究 [M] . 北京 : 故宫出版社, 2016.

[26] 林语堂 . 苏东坡传 [M] . 长沙 : 湖南文艺出版社, 2012.

[27] 易中天 . 中国智慧 [M] . 上海 : 上海文艺出版社, 2011.

[28] 贾天明 . 中国香学 [M] . 北京 : 中华书局, 2015.

[29] 王中旭 . 千里江山 : 徽宗宫廷青绿山水与江山图 [M] . 北京 : 人民美术出版社, 2018.

[30] 徐建融 . 宋代绘画研究十论 [M] . 上海 : 上海大学出版社, 2008.

[31] 宋迪非 . 怎样读一幅古代中国画 [M] . 哈尔滨 : 黑龙江教育出版社, 2017.

[32] 柯继承 . 大明苏州 : 仇英《清明上河图》中的社会风情 [M] . 苏州 : 古吴轩出版社, 2018.

[33] [英] 迈克尔·苏立文 . 东西方艺术的交会 [M] . 赵潇, 译 . 上海 : 上

海人民出版社, 2014.

[34] 刘斌 . 中西绘画图式与时空观念比较 [M] . 北京 : 清华大学出版社, 2017.

[35] 令狐彪 . 宋代画院研究 [M] . 北京 : 人民美术出版社, 2011.

[36] 杨健 . 画外因 [M] . 北京 : 东方出版社, 2018.

[37] [日] 平松洋 . 名画中的符号 [M] . 俞隽, 译 . 南昌 : 百花洲文艺出版社, 2017.

[38] 王耀庭 . 如何看中国画 [M] . 北京 : 中信出版集团, 2016.

[39] 石守谦 . 移动的桃花源 : 东亚世界中的山水画 [M] . 北京 : 生活·读书·新知三联书店, 2015.

[40] 梁志宾 . 风雅宋 : 宋朝生活图志 [M] . 北京 : 中国财政经济出版社, 2014.

[41] [英] 大卫·霍克尼 . 隐秘的知识 : 重新发现西方绘画大师的失传技艺 [M] . 杭州 : 浙江人民美术出版社, 2018.

[42] 李霖灿 . 中国名画研究 [M] . 杭州 : 浙江大学出版社, 2014.

[43] 吴钩 . 生活在宋朝 [M] . 武汉 : 长江文艺出版社, 2015.

[44] 韦羲 . 照夜白 : 山水、折叠、循环、拼贴、时空的诗学 [M] . 北京 : 台海出版社, 2017.

[45] [美] 巫鸿 . 重屏 : 中国绘画中的媒材与再现 [M] . 文丹, 译 . 上海 : 上海人民出版社, 2010.